Deutsc

Ein Lehrwerk fü

Lehrbuch 2

Gerd Neuner, Reiner Schmidt, Heinz Wilms,
Christoph Edelhoff, Josef Gerighausen und Theo Scherling

LANGENSCHEIDT

BERLIN · MÜNCHEN · WIEN · ZÜRICH · NEW YORK

Deutsch aktiv

Ein Lehrwerk für Erwachsene

Lehrbuch 2

von
Gerd Neuner, Reiner Schmidt, Heinz Wilms,
Christoph Edelhoff, Josef Gerighausen und Theo Scherling

in Zusammenarbeit mit
Bjarne Geiges (Fotografie)
Hermann Funk (Wortschatz)

Redaktion: Gernot Häublein und Hans-Reinhard Fischer

Umschlaggestaltung: Arthur Wehner, Grafik-Design BDG

| Druck: | 9. | 8. | 7. | Letzte Zahlen |
| Jahr: | 88 | 87 | 86 | maßgeblich |

© 1980 Langenscheidt KG, Berlin und München

Druck: Druckhaus Langenscheidt, Berlin
Printed in Germany · ISBN 3-468-49910-8

Inhaltsverzeichnis

Kapitel 0 . . . . **8**

Sprechintentionen: Berichten; jemanden einladen; Wege beschreiben; sich erinnern; einen Vorgang rekonstruieren; ein Märchen erzählen

Grammatik: Wiederholung von Perfekt und Präteritum

Kapitel 1 . . . . **14**

Thema: Familie

Sprechintentionen: Wünsche vorsichtig äußern; jemanden zu überreden versuchen; Zustimmung/Ablehnung – Begründung; hypothetische
Bedingungen formulieren

Grammatik: Der Satz: die Satzreihe I, das Satzgefüge I ("wenn"-Sätze); der
Temporalsatz; der Konditionalsatz mit "wenn"; der Relativsatz I;
Konjugation: Konjunktiv II; Konjunktiv II: Gebrauch; Wortbil-
dung I: Substantive

Kapitel 2 . . . . **26**

Thema: Schulangst

Sprechintentionen: Sich nach jemandem erkundigen;
Tiere und Menschen beschreiben nach Alter, Herkunft, Charakter, Temperament

Grammatik: Der Text I: Wer oder was ist gemeint?; der Satz: die Satzreihe II,
das Satzgefüge II ("daß"- und "weil"-Sätze); direkter und indirekter Fragesatz; das Verb und die Satzglieder: Ergänzungen
und Angaben, Sätze als Ergänzungen; Konjugation: reflexive
Verben; Wortbildung II: Verben

Kapitel 3 . . . . **38**

Thema: Gesundheit/Krankheit

Sprechintentionen: Eine Anleitung geben und verstehen – etwas genau erklären;
Personen charakterisieren; Sympathie/Antipathie/Indifferenz
gegenüber Leuten ausdrücken

Grammatik: Der Satz: die Satzreihe III, das Satzgefüge III (Relativsätze und
"daß"-Sätze); Infinitivsätze mit "zu" I; der substantivierte Infinitiv; das Passiv; Wortbildung III: Adjektive

Kapitel 4 . . . . **51**

Thema: Auto

Sprechintentionen: Erfragen und besprechen, was Leute interessiert; sich mit
                     jemandem freuen; Anteilnahme zeigen – Hilfe anbieten

Grammatik: Der Text II und III; Infinitivsätze mit "zu" II; das Verb und die
                     Satzergänzungen: Verbativergänzung; Passiv mit "werden"
                     und Passiv mit "sein"; Konjugation: Futur I

Kapitel 5 . . . . **63**

Situationen: Auf der Post
                     In der Autowerkstatt

Kapitel 6 . . . . **66**

Thema: Junge Leute

Sprechintentionen: Geplante/zukünftige Aktivitäten oder Abläufe erfragen,
                     beschreiben und präzisieren

Grammatik: Der Text IV: zeitliche Gliederung; Das Verb und die Satzergän-
                     zungen: Präpositionalergänzung; Person und Sache; "Rezi-
                     proke" Verben; dreimal "es"; dreimal "als"

Kapitel 7 . . . . **77**

Thema: Arbeit und Beruf

Sprechintentionen: Sich solidarisieren/einverstanden erklären; Argumentationshil-
                     fen anbieten; kontroverse/gegenteilige Ansichten/Meinungen
                     vertreten

Grammatik: Konstruktionen mit Partizip; der Finalsatz; Konjugation: Kon-
                     junktiv I; direkte und indirekte Rede; das Verb und die Satzer-
                     gänzungen: Genitivergänzung; Ergänzungen nach Substanti-
                     ven; Ergänzungen nach Adjektiven

Kapitel 8 . . . . **86**

Thema: Freizeit

Sprechintentionen: Zu gemeinsamen Aktionen auffordern; Vorschläge machen/
annehmen/ablehnen, Gegenvorschläge machen

Grammatik: Kausalsätze; Futur I: Gebrauch

Kapitel 9 . . . . **94**

Thema: Merkwürdigkeiten

Sprechintentionen: Räumliche Orientierung; Hilfe erbitten

Grammatik: Plusquamperfekt: Konjugation und Gebrauch; Konjunktiv aus
"haben"/ "sein" + Partizip II: Konjugation und Gebrauch
(irreale Bedingung, indirekte Rede)

Kapitel 10 . . . . **104**

Situationen: Beim Friseur
Im Kaufhaus

Kapitel 11 . . . . **106**

Thema: Politik/Medien

Sprechintentionen: Verstehen/Nichtverstehen ausdrücken; sich über Kommunikation vergewissern; Äußerungen als Aussage/Frage/Behauptung
kennzeichnen

Grammatik: Der Adversativsatz; der Konsekutivsatz; Aktionsarten I; Wortstellung I: Sätze mit Nominativergänzung, Akkusativergänzung
und Angabe; Wortstellung II: Sätze mit Nominativergänzung,
Dativergänzung und Angabe

Kapitel 12 . . . . **116**

Thema: Kultur

Sprechintentionen: Gewißheit, Annahme/Vermutung, Ungewißheit ausdrücken

Grammatik: Modalität; Aktionsarten II; Wortbildung IV; Substantive

Kapitel 13 . . . . **125**

Thema: "Gastarbeiter"

Sprechintentionen: Gegensätze ausdrücken, wiedersprechen, streiten; eine Darstellung dementieren – Äußerungen als unwahr kennzeichnen

Grammatik: Der Konzessivsatz; Nebensätze ohne Konjunktion

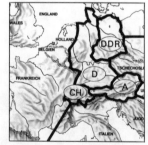

Kapitel 14 . . . . **134**

Thema: Deutschsprachige Länder

Sprechintentionen: Begeisterung/Freude – Enttäuschung/Ärger ausdrücken

Grammatik: "Funktionsverben"; Vergleichssätze mit "als" und "wie"; der Relativsatz II; Wortbildung V: Adjektive; Wortstellung III: Sätze mit Akkusativergänzung und Dativergänzung im Mittelfeld; Wortstellung IV: Sätze mit Nominativergänzung, Akkusativergänzung und Dativergänzung im Mittelfeld

Kapitel 15 . . . . **144**

Situationen: An der Tankstelle
Im Reisebüro

Alphabetisches Wortschatzregister **147**

Quellennachweis für Texte und Abbildungen **159**

O
1

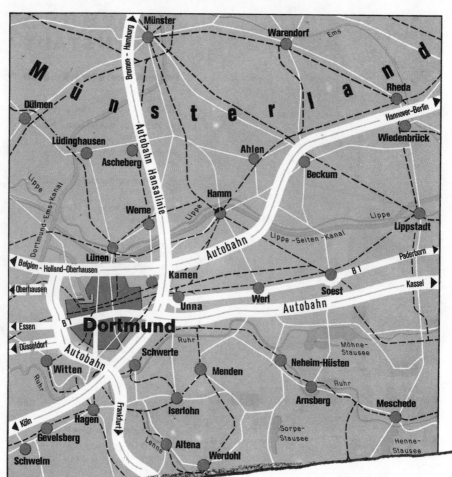

12. August

Liebe Freunde,

in den letzten Jahren haben wir im Ausland Ferien gemacht. Das war immer ziemlich teuer: die Reise, Hotelübernachtungen, Verpflegung usw. Außerdem waren wir nach langen Autotouren - den üblichen Staus - oft ganz k.o. Wir haben uns darum entschlossen, diesmal nicht so weit wegzufahren und hier in der Nähe Urlaub zu machen. Wir haben uns ein Vier-Personen-Zelt gekauft und campen jetzt an der Sorpe (Stausee) - bis zum 30. August.

Wir möchten Euch nun fragen, ob Ihr nicht Lust habt, hier mit uns ein paar Tage zu verbringen. Erika sagte neulich am Telefon, daß Ihr noch nichts geplant habt für dieses Jahr. Dann habt Ihr doch sicher Zeit. Überlegt mal!

Der Weg hierher ist einfach: Wenn Ihr von Bremen kommt (Autobahn), fahrt an Dortmund vorbei; gleich hinter Dortmund müßt Ihr auf die Autobahn Richtung Frankfurt gehen. Nach einer kurzen Strecke kommt die Ausfahrt nach Iserlohn. Dann fahrt Ihr über Iserlohn Richtung Neheim-Hüsten/Arnsberg. Vorher kommt die Abzweigung zum Sorpe-Stausee (nach rechts). Der Campingplatz ist am Ostufer.

Hoffentlich bis bald!

Campingplatz
Sorpe-Stausee

Eure

Renate und Hans-Dieter

8

Ü 1 Die beiden haben auch noch Freunde in Essen, Hannover und Frankfurt. Können Sie die Wege beschreiben?

Ü 2

Ist dort Firma Schubert? . . . . .

Hier ist Martens, Kolmarer Straße. . . . . .

Unser Fernseher ist kaputt. Den haben wir bei Ihnen gekauft. . . . .

Ja, das Bild, alle Programme. Können Sie vorbeikommen? . . . . .

Geht das heute noch? Heute abend ist das Fußballspiel! . . . . .

Wunderbar! Wissen Sie, wo die Kolmarer Straße ist? . . . . . Nein?

Passen Sie auf: Sie kommen über den Ruhrschnellweg, weiter Rhein-landdamm, bis zur Lindemannstraße; dann rechts in die Lindemannstraße. Geradeaus bis zur dritten Querstraße links: Das ist die Kreuzstraße. Also, links rein, und dann die zweite rechts: Das ist die Kolmarer Straße. Nummer fünf ist unser Haus, auf der linken Seite. Wir wohnen im dritten Stock rechts. . . . . .

▶ Sie sind Herr Schubert. Was sagen Sie? Spielen Sie das Telefongespräch.

▶ Zeichnen Sie Ihre Fahrtroute im Stadtplan ein.

▶ Jetzt sind Sie die Kundin/der Kunde. Sie wohnen Kolmarer Str. 5 und rufen die Firmen Getränke-Krämer/Auto-Meyer/ Rhenania/Taxi-Klein/Wild an. Beschreiben Sie die Fahrtroute zu Ihrer Wohnung.

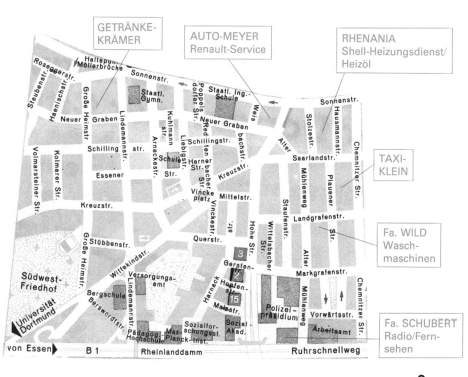

2

② ●● Entschuldigen Sie, haben Sie hier etwas gefunden?

○ Was haben Sie verloren?

●● Geld.

○ Wieviel Geld?

●● 1000 Mark.

○ Wir haben keine 1000 Mark gesehen, leider!

●● Na ja, nicht so wichtig. Auf Wiedersehen!

○ Auf Wiedersehen!

● Jetzt suchen wir die anderen 500 Mark! Los!

① ○ Du, ich habe 500 Mark gefunden!

● Wo denn?

○ Im Park, unter einer Bank.

● Hat es niemand gesehen?

○ Nein, niemand.

● Was machst du mit dem Geld?

○ Ich will mir ein Fahrrad kaufen.

● Du mußt das Geld abgeben.

○ Ich bin doch nicht verrückt!

● Vielleicht gehört es einem armen Menschen.

○ Ich bin *auch* arm.

● Bring es zur Polizei, du bekommst Finderlohn.

○ Wieviel?

● Vielleicht 50 Mark.

○ 50 Mark? Ich behalte die 500!

● Moment, da kommt jemand. Da, aus dem Mercedes!

③ ● Jetzt haben wir den Salat! Der hat gesagt, daß er uns anzeigen will.

○ Wir müssen ihm etwas von dem Geld abgeben.

● Das hilft nichts! – Verflixt, ich habe dir gleich gesagt, daß du das Geld abgeben sollst!

○ Was? *Du??* Du hast gesagt: "Jetzt suchen wir auch noch die anderen 500!!"

● Unsinn, das hast *du* gesagt! *Ich* habe gesagt, daß du sofort zur Polizei gehen sollst!

○ So eine Frechheit!! Du hast gesagt, ...

● Glatt gelogen!

○ So, jetzt mal der Reihe nach! Zuerst bin ich gekommen und habe dir gesagt, daß ich 500 Mark unter einer Bank gefunden habe. Dann . . . . .

● Und ich habe dir gesagt, ...

○ . . . .

Ü 1 **Was passiert hier? Wie geht die Geschichte wohl weiter?**

Ü 2

Was sagen die Leute?

Der Kontrolleur sagt, daß das verboten ist.

Die Frau . . . .

. . . .

Ü 3

''Ich habe gesehen, daß der Mann schnell wegging . . . . ''

3

Der Hase und der Igel
Nach einem Märchen der Brüder Grimm

✳

Es war an einem schönen Sonntagmorgen im Herbst. Frau Igel wusch gerade ihre Kinder, trocknete sie ab und zog sie an. Inzwischen ging ihr Mann im Feld spazieren.

✳

Er war noch nicht weit weg, da traf er den Hasen. Er grüßte ihn höflich: "Guten Morgen, Meister Lampe!" Aber der Hase, der ein ebenso vornehmer wie unhöflicher Herr war, antwortete ihm nicht. Er sagte erst nach einer Weile: "Was machst du hier schon so früh im Feld?" – "Ich gehe spazieren", sagte der Igel. "Spazieren?" lachte der Hase, "Du, mit deinen krummen Beinen?" Das ärgerte den Igel sehr, und er sagte: "Glaubst du, daß du mit deinen Beinen schneller laufen kannst als ich?" – "Aber natürlich", antwortete der Hase. Da sagte der Igel: "Machen wir einen Wettlauf, und ich werde dich überholen!" – "Das ist ja zum Lachen", rief der Hase, "du mit deinen krummen Beinen! Aber wir können es versuchen. Was kriegt der Sieger?" – "Ein Goldstück und eine Flasche Schnaps." – "Gut, fangen wir gleich an!" – "Moment", sagte der Igel, "ich muß erst frühstücken, in einer halben Stunde bin ich wieder hier."

✳

Als der Igel zu Hause ankam, rief er seine Frau und sagte: "Ich habe mit dem Hasen um ein Goldstück und eine Flasche Schnaps gewettet, daß ich schneller laufen kann als er; zieh dich schnell an und komm mit!" – "Ach du lieber Gott, bist du verrückt . . . . ." – "Sei ruhig, das ist meine Sache, zieh dich an und komm mit!" Unterwegs sagte der Igel zu seiner Frau: "Paß gut auf! Wir machen den Wettlauf auf dem langen Acker. Der Hase läuft in der einen Furche, und ich laufe in der anderen Furche, und wir fangen da oben an. Stell du dich hier unten hin; und wenn der Hase ankommt, dann rufst du: 'Ich bin schon da!'"

✳

Der Igel ging nach oben zum Hasen. "Fangen wir an?" – "Ja, fangen wir an!" – "Eins – zwei – drei", zählte der Hase und rannte los. Der Igel machte nur drei, vier Schritte und blieb dann sitzen. Als der Hase unten ankam, rief die Igelfrau: "Ich bin schon da!" Der Hase war total überrascht, dann rief er: "Noch einmal!" – und rannte wieder zurück. Als er oben ankam, rief der Igelmann: "Ich bin schon da!" – "Noch einmal!" schrie der Hase und rannte wieder los. Und "Noch einmal!" und "Noch einmal!". So lief der Hase noch dreiundsiebzigmal, und immer hörte er: "Ich bin schon da!"

✳

Beim vierundsiebzigstenmal blieb der Hase tot liegen. Der Igel nahm das Goldstück und die Flasche Schnaps, rief seine Frau, und beide gingen vergnügt nach Hause. Und wenn sie nicht gestorben sind, dann leben sie noch heute.

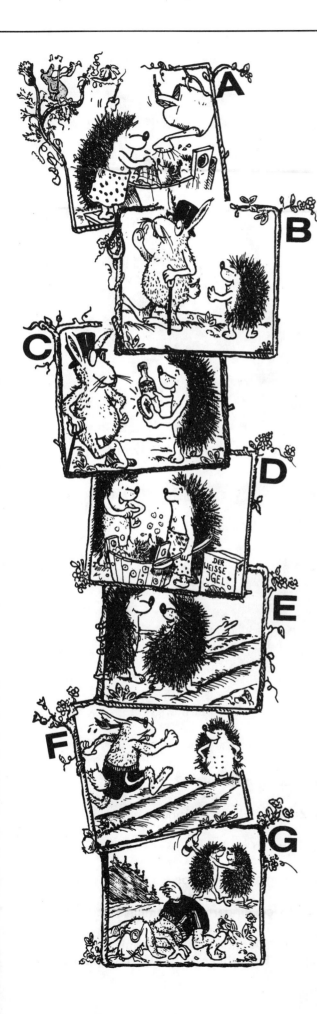

Ü 1 **Bild und Text – was gehört zusammen?**

① Als er zu Hause ankam, rief er seine Frau und sagte: "Ich habe mit dem Hasen gewettet, daß ich schneller laufen kann als er." – "Ach du lieber Gott, bist du verrückt?"

② "Was kriegt der Sieger?" – "Ein Goldstück und eine Flasche Schnaps." – "Gut, fangen wir gleich an!"

③ Beim vierundsiebzigstenmal blieb der Hase tot liegen. Der Igel nahm das Goldstück und die Flasche Schnaps.

④ Als der Hase unten ankam, rief die Igelfrau: "Ich bin schon da!" Der Hase war total überrascht, dann rief er: "Noch einmal!"

⑤ Es war an einem schönen Sonntagmorgen im Herbst. Frau Igel wusch gerade ihre Kinder.

⑥ "Paß gut auf! Wir machen den Wettlauf auf dem langen Acker. Der Hase läuft in der einen Furche, und ich laufe in der anderen Furche."

⑦ Der Igel grüßte den Hasen höflich. Aber der Hase, der ein vornehmer und unhöflicher Herr war, antwortete ihm nicht.

Ü 2 **Kennen Sie ein ähnliches Märchen in Ihrer Sprache?
Erzählen Sie bitte.**

Vier von fünf jungen Leuten wollen heiraten, ... aber immer mehr bleiben ledig

a)

Die Illustrierte QUICK fragte 1979 2000 junge Leute: "Möchten Sie heiraten?"
Die Antwort:

		Männer	Frauen
"Sicher."	++	31,3%	47%
"Ja, vielleicht."	+	51,9%	39%
"Nein, kaum".	–	8,9%	6,1%
"Sicher nicht."	– –	7,7%	6,8%

b)

wu. Stuttgart (Eigener Bericht)
Seit etwa 1970 bleiben von Jahr zu Jahr immer mehr Menschen ledig.
1977 blieben mehr als 53 Prozent der Frauen im Alter zwischen 21 und 25 Jahren unverheiratet, während 1970 nur 40 Prozent ledig blieben. In der "heiratsintensiven" Altersgruppe der Männer (zwischen 25 und 30 Jahren) stieg im gleichen Zeitraum der Anteil der Ledigen von 35 auf 47 Prozent.

Ü 1 Wie sind die Prozentzahlen in b)?

1977	53%	der Frauen
	waren	nicht
1970	. . . .	verheiratet
1977	. . . .	der Männer
1970	. . . .	

Ü 2 Vergleichen Sie a) und b): 31,3% der Männer wollen heiraten, aber . . . . .

c) Einige Tatsachen:

■ In Österreich, der Schweiz, der DDR und der Bundesrepublik nahm die Zahl der Eheschließungen in den letzten Jahren ab, die Scheidungen nahmen zu.
■ Jede zweite Ehe in der Bundesrepublik bleibt ohne Kinder. Nur sehr wenige Familien haben drei oder mehr Kinder.
■ Kinder sind teuer. Für ein Kind muß man im Monat ca. 500 Mark ausgeben.
■ In den nächsten 20 Jahren geht die Bevölkerung der Bundesrepublik wahrscheinlich von 60 auf 56 Millionen zurück.

Ü 3 Richtig oder falsch?

1. Die Zahl der Eheschließungen geht zurück.

2. Mehr Frauen als Männer wollen heiraten.

3. Viele Ehen sind kinderlos.

4. Es gibt viele kinderreiche Familien.

5. Im Jahr 2000 gibt es wahrscheinlich nur noch 56 Millionen Einwohner in der Bundesrepublik.

Rockos Familienstammbaum **2**

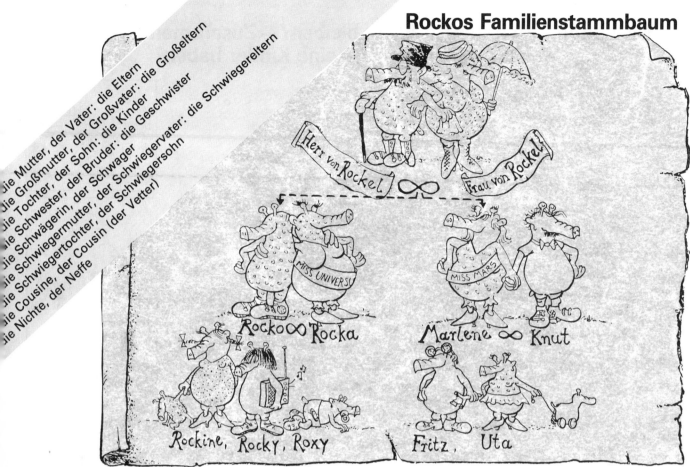

die Mutter, der Vater: die Eltern
die Großmutter, der Großvater: die Großeltern
die Tochter, der Sohn: die Kinder
die Schwester, der Bruder: die Geschwister
die Schwägerin, der Schwager
die Schwiegermutter, der Schwiegervater: die Schwiegereltern
die Schwiegertochter, der Schwiegersohn
die Cousine, der Cousin (der Vetter)
die Nichte, der Neffe

Ü Rocko ist der Sohn von Herrn von Rockel und der Vater von . . . . .

Zwei Interviews **3**

a) Die Woeslers haben vier Kinder.

Das ist Familie
Woesler.
Frau Woesler ist
Ärztin. Sie arbei-
tet halbtags.
Herr Woesler ist
an der Universi-
tät. Er ist oft
nicht zu Hause.

Wir haben mit Woeslers ein Interview gemacht.
Überlegen Sie bitte vorher:

- Wie alt sind wohl Herr und Frau Woesler und ihre Kinder?
- Wie lange sind die Woeslers vermutlich schon verheiratet?
- Welchen Beruf hat wohl Herr Woesler?
- Beide Eltern arbeiten. Was machen sie wohl mit den Kindern?
- Haben die Woeslers wohl finanzielle Sorgen mit den vier Kindern?

b) Karin und Hermann sind seit einem Jahr verheiratet, aber sie wollen noch keine Kinder.

Karin, 26, Sozial-
pädagogin.
Hermann, 26,
Lehrer, zur Zeit
arbeitslos.

Wir haben Karin und Hermann interviewt. Lesen Sie bitte vorher:

Sie wollen Kinder, aber . . . . .
- Hermann hat keine Stelle; Karin arbeitet.
- sie wollen gerne unabhängig sein.
- sie fahren viel zusammen weg.
- sie gehen gerne am Abend aus.
Karin: "Die meisten Frauen arbeiten. Heute ist es für die Frau nicht mehr wichtig, verheiratet zu sein."
Hermann. "Die Gesellschaft akzeptiert es, wenn Leute zusammenleben, ohne verheiratet zu sein."
Bei Karin und Hermann sind die traditionellen Rollen anders verteilt: *Er* ist zu Hause, und *sie* ist berufstätig.

4 **Meinungen: Heiraten? – Allein bleiben? – Zusammen leben? – Viele Kinder haben? – Keine Kinder haben?**

Ich will endlich das tun, was ich für gut halte!

" .... "

Unsere Städte sind kinderfeindlich!

Man muß den berufstätigen Müttern helfen. Es fehlen Halbtagsstellen.

Warum soll ich heiraten, wenn ich auch so alles habe?!

Die Wohnungen sind zu klein und zu teuer.

Auto, Fernseher und Urlaub sind wichtiger als Kinder.

Jeder Mensch braucht einen Partner, zu dem er gehört.

Immer weniger Kinder – und wer sorgt dann für uns??

Warum bleiben denn die Männer nicht zu Hause und lassen die Frauen zur Arbeit gehen?!

Die Bundesrepublik ist sowieso zu dicht bevölkert!

Wenn man Kinder will, soll man auch heiraten!

Sie sind berufstätig. Sie haben 3 Kinder. Sie haben nie Zeit. Ihre Familie ist zu groß. Sie wollen Ihren Beruf nicht aufgeben. Sie wollen eine Halbtagsstelle.

Sie haben einen interessanten Beruf. Sie haben Erfolg. Sie sind gerade 30. Sie haben einen festen Freund. Sie wollen jetzt noch keine Kinder haben. Sie wollen Reisen machen.

Sie haben gerade geheiratet und sind sehr glücklich.

Sie haben aufgehört zu arbeiten. Sie haben nicht viel Geld und keine große Wohnung. Aber das ist nicht so wichtig.

Sie finden die traditionelle Verteilung der Rollen zwischen Mann und Frau schlecht. Warum soll ein Mann nicht kochen, putzen, die Kinder erziehen?! Sie finden, daß der Staat mehr für die Kinder tun muß. Weniger Kinder: Das ist kein Fehler!

Was meinen Sie selbst?

?

Ü 1 **Wer denkt oder sagt was?**

Ü 2 **Machen Sie ein Diskussionsspiel!**

Meiner Meinung nach sind Städte kinderfeindlich.	Ich glaube auch, daß . . . . .
Ich glaube, daß jeder Mensch einen Partner braucht.	Ja, aber . . . . .
Wahrscheinlich sind die Wohnungen zu teuer.	Das schon, aber . . . . .
Vermutlich ist die Bundesrepublik zu dicht bevölkert.	Das ist richtig, aber . . . . .
Vielleicht haben wir zu wenige Halbtagsstellen.	Das glaube ich nicht, denn . . . . .
	Sie sagen, daß . . . . Aber . . . . .
	Andrerseits ist/sind . . . . .

Junge Leute schreiben ihre Meinung

Jede Woche schreiben junge Leute in der Zeitung DIE ZEIT, was sie denken.

Hartwig, 16:

Also, ich gehe nicht von zu Hause weg!
Hier habe ich alle Freiheiten und Möglichkeiten und bin doch unabhängig.
Mein Zuhause gibt mir alles, was ich
brauche: Liebe und Sicherheit. Eine
Gruppe kann mir nicht so viel geben wie
meine Familie.

Regina, 16:

Ich persönlich bin dagegen,
daß man zu früh von zu Hause weggeht. Viele Eltern sind
dann enttäuscht und beleidigt. Man braucht die Eltern.
Wenn man Schwierigkeiten
bekommt, sind sie immer
da.

**Wann
soll man
von
zu Hause
weggehen?**

Maren, 20:

Weggehen, bevor es
zu spät ist!!

Überall behandelt man
Leute mit 18 oder 20
wie Erwachsene, nur
zu Hause nicht!

Susanne, 17:

Meiner Meinung nach sollte
man weggehen, wenn man
mit der Schule oder Ausbildung fertig ist.
Nur wenn man selbständig
ist, kann man sich frei entwickeln. Wenn man immer
Rücksicht nehmen muß auf
die Eltern und Geschwister,
dann geht das nicht.

Ralf, 15:

Man sollte von zu Hause
weggehen,
– wenn es immer Ärger gibt
  über den Freund oder die
  Freundin;
– wenn man jeden Abend
  schon um 8 Uhr zu Hause
  sein muß;
– wenn man kein eigenes
  Zimmer hat, wo man al-
  lein sein kann.

Ü 1   Wer sagt was?

Weggehen:

– Wenn man mit der Schule fertig ist.
– Man muß selbständig werden.
– Ich will nicht jeden Abend um 8 Uhr zu Hause sein.
– Zu Hause werde ich wie ein Kind be- handelt.
– Ich muß immer Rücksicht auf meine El- tern und Geschwister nehmen.
– Zu Hause kann ich mich nicht frei ent- wickeln.
– Ich brauche ein Zimmer, wo ich allein sein kann.
– Meine Eltern mögen meine Freunde nicht.

Maren
Ralf
Regina
Hartwig
Susanne

Zu Hause bleiben:

– Wenn man zu früh weggeht, sind die Eltern enttäuscht.
– Zu Hause bekomme ich Liebe und Sicherheit.
– Ich habe zu Hause alles, was ich brauche.
– Die Eltern braucht man immer.
– Eine Gruppe ist nicht so gut wie die Familie.

**Ü 2   Was ist die Meinung von Maren/Susanne/
Ralf/Hartwig/Regina?**

Ü 3   Was ist Ihre Meinung?

1

6

Über die Liebe

Erich Kästner

Sachliche Romanze

Als sie einander acht Jahre kannten
(Und man darf sagen: sie kannten sich gut),
Kam ihre Liebe plötzlich abhanden.
Wie andern Leuten ein Stock oder Hut.

Sie waren traurig, betrugen sich heiter,
Versuchten Küsse, als ob nichts sei,
Und sahen sich an und wußten nicht weiter.
Da weinte sie schließlich. Und er stand dabei.

Vom Fenster aus konnte man Schiffen winken.
Er sagte, es wäre schon Viertel nach vier
Und Zeit, irgendwo Kaffee zu trinken.
Nebenan übte ein Mensch Klavier.

Sie gingen ins kleinste Café am Ort
Und rührten in ihren Tassen.
Am Abend saßen sie immer noch dort.
Sie saßen allein, und sie sprachen kein Wort
Und konnten es einfach nicht fassen.

Worterklärungen:

Titel: "Romanze" = Liebesgeschichte
Zeile 3: "kam . . . . . abhanden" = ging verloren
Zeile 5: "betrugen sich heiter" = waren nicht
      wirklich lustig
Zeile 12: "nebenan" = im nächsten Zimmer oder
      Haus
Zeile 17: "konnten es . . . . nicht fassen" = konnten es
      nicht glauben

Ü 1 **Sehen Sie bitte alle anderen neuen Wörter im Lexikon nach.**

Ü 2 **Erzählen Sie die Geschichte**

1. Was ist geschehen?
2. Wie fühlen die beiden sich und was tun sie?
3. Was sehen und hören sie?
4. Was tun sie dann?

○ Wir wollen morgen in Urlaub fahren.
  Könnten Sie vielleicht . . . . .   Wäre es möglich . . . . .?
● Die Katze?
○ Ja, unsere Katze – wenn es geht?! – Nur für drei Wochen . . . . .

●

Ja, natürlich.
Das machen wir.
Unsere Kinder
freuen sich bestimmt.

Oh!
– Wir hatten noch nie eine
  Katze.
– Was frißt die?
– Ist sie sauber?
– Beißt sie? Kratzt sie?
– Müssen wir die jeden
  Tag hinauslassen?
Na gut, wann sind Sie
wieder zurück?

Das geht leider nicht.
– Wir haben einen Hund.
– Wir fahren selbst in Urlaub.
– . . . .
– Wir sind beide
  berufstätig.

Wir würden es sonst
gerne machen!

Könnten Sie
dann im August
unser Kaninchen
füttern?

○

– Das ist wirklich nett von Ihnen!
– Sie helfen uns sehr!
– Wir helfen Ihnen später auch mal!

– Das verstehe ich natürlich.
– Schade, dann geht es natürlich nicht.
– Aber selbstverständlich.

Ü **Spielen Sie bitte die Szenen:**

①

Sie wollen in Ihrer Miet-
wohnung eine Geburtstags-
party machen. Es wird
vielleicht ein bißchen laut.
Sie entschuldigen sich schon
vorher bei Ihren Nachbarn.

②

Sie wollen Ihre Wohnung
renovieren und haben nur
abends Zeit. Sie gehen zu
Ihrem Nachbarn und sagen
ihm, daß es ziemlich laut wird.

③

Sie haben neue Nachbarn, sehr
nette Leute. Eines Tages
kommt der neue Nachbar und
entschuldigt sich: Er will am
Abend eine Feier machen. Sie
möchten gerne, daß er Sie
auch einlädt.

2 Was würden Sie machen, wenn Sie sehr viel Geld hätten?

Wenn ich sehr viel Geld	hätte,	würde ich . . . .!!
10 000 Mark im Monat		
jeden Tag 500 Mark ausgeben	könnte,	
überhaupt nicht sparen	müßte,	
sehr reich und berühmt	wäre,	

Ü **Was würden Sie machen, wenn Sie weniger Geld hätten?**

In der Bundesrepublik konnte 1978 eine Familie mit 4 Personen monatlich 2.640 Mark ausgeben (Statistik). Viele Familien müssen aber mit viel weniger Geld auskommen; sie müssen sparen.

Ausgaben 1978:

○ – Stellen Sie sich vor, ... – Nehmen wir einmal an, ... – Angenommen, ...	Was würden Sie tun?	● – Also, ich würde . . . . . – Zuerst würde ich . . . . ., dann . . . . .
– Was wäre denn, wenn . . . . .? – Was würden Sie machen, wenn . . . . .?		

1. Der Satz: Die Satzreihe I

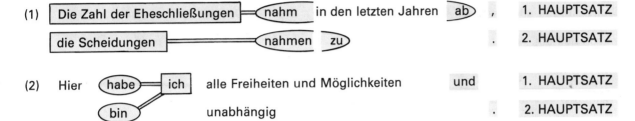

(1) Die Zahl der Eheschließungen — nahm in den letzten Jahren ab ,   1. HAUPTSATZ

die Scheidungen — nahmen zu .   2. HAUPTSATZ

(2) Hier habe — ich alle Freiheiten und Möglichkeiten und   1. HAUPTSATZ

bin unabhängig .   2. HAUPTSATZ

2. Der Satz: Das Satzgefüge I

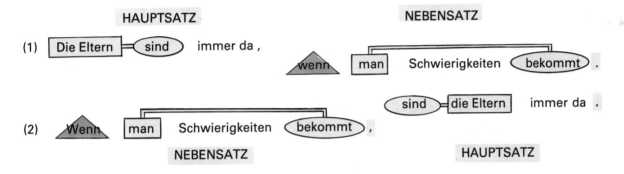

HAUPTSATZ   NEBENSATZ

(1) Die Eltern — sind immer da ,   wenn man Schwierigkeiten bekommt .

sind — die Eltern immer da .

(2) Wenn man Schwierigkeiten bekommt ,

NEBENSATZ   HAUPTSATZ

3. Der Temporalsatz

3.1. Der Temporalsatz mit "wenn"

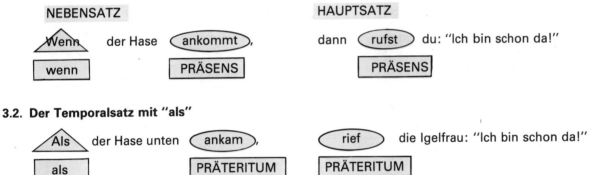

NEBENSATZ   HAUPTSATZ

Wenn der Hase ankommt ,   dann rufst du: "Ich bin schon da!"

wenn   PRÄSENS   PRÄSENS

3.2. Der Temporalsatz mit "als"

Als der Hase unten ankam ,   rief die Igelfrau: "Ich bin schon da!"

als   PRÄTERITUM   PRÄTERITUM

4. Der Konditionalsatz mit "wenn"

4.1. im Indikativ: Die Bedingung ist wirklich (real)

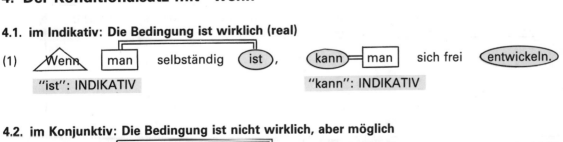

(1) Wenn man selbständig ist ,   kann — man sich frei entwickeln.

"ist": INDIKATIV   "kann": INDIKATIV

4.2. im Konjunktiv: Die Bedingung ist nicht wirklich, aber möglich

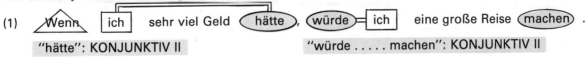

(1) Wenn ich sehr viel Geld hätte ,   würde — ich eine große Reise machen .

"hätte": KONJUNKTIV II   "würde . . . . . machen": KONJUNKTIV II

5. Der Relativsatz I

(1) Mein Zuhause gibt mir **alles, was** ich brauche. → *Deutsch aktiv 1*, 9D4

(2) Ich will endlich **das** tun, **was** ich für gut halte.

(3) Junge Leute schreiben **(das), was** sie denken.

(4) Ich habe **kein eigenes Zimmer, wo** ich allein sein kann.

6. Konjugation: Konjunktiv II

6.1. "Unregelmäßige" Verben

Singular

1. Person	ich	wär-e	hätt-e	käm-e	flög-e	führ-e	-e
2. Person	du Sie	wär-(e)st wär-en	hätt-est hätt-en	käm-(e)st käm-en	flög-(e)st flög-en	führ-(e)st führ-en	-(e)st -en
3. Person	er/sie/es	wär-e	hätt-e	käm-e	flög-e	führ-e	-e

Plural

1. Person	wir	wär-en	hätt-en	käm-en	flög-en	führ-en	-en
2. Person	ihr	wär-(e)t	hätt-et	käm-(e)t	flög-(e)t	führ-(e)t	-(e)t
3. Person	sie	wär-en	hätt-en	käm-en	flög-en	führ-en	-en

→ *Deutsch aktiv 1*, 7D4 und 10D2

6.2. Modalverben

Singular

1. Person	ich	müß-t-e	könn-t-e	dürf-t-e	möch-t-e	woll-t-e	soll-t-e	-e
2. Person	du Sie	müß-t-est müß-t-en	könn-t-est könn-t-en	dürf-t-est dürf-t-en	möch-t-est möch-t-en	woll-t-est woll-t-en	soll-t-est soll-t-en	-est -en
3. Person	er/sie/es	müß-t-e	könn-t-e	dürf-t-e	möch-t-e	woll-t-e	soll-t-e	-e

Plural

1. Person	wir	müß-t-en	könn-t-en	dürf-t-en	möch-t-en	woll-t-en	soll-t-en	-en
2. Person	ihr	müß-t-et	könn-t-et	dürf-t-et	möch-t-et	woll-t-et	soll-t-et	-et
3. Person	sie	müß-t-en	könn-t-en	dürf-t-en	möch-t-en	woll-t-en	soll-t-en	-en

→ *Deutsch aktiv 1*, 10D2.2.

6.3. Konjunktiv II mit "würd-" + Infinitiv

Singular		
1. Person	ich	würd-e
2. Person	du Sie	würd-est würd-en
3. Person	er/sie/es	würd-e
Plural		
1. Person	wir	würd-en
2. Person	ihr	würd-et
3. Person	sie	würd-en

schreiben, fliegen, singen, kommen, nehmen, fahren
rufen, antworten, sagen, kaufen . . . . .

$$\boxed{\text{würd-}} \quad + \quad \boxed{\text{INFINITIV}}$$

7. Konjunktiv II: Gebrauch

7.1. "Vorsichtiger" Wunsch

Könnten Sie vielleicht unseren Hund nehmen?

Wäre es möglich, daß Sie unseren Hund nehmen?

Würden Sie bitte unseren Hund nehmen?

Dürften wir Sie bitten, unseren Hund zu nehmen?

7.2. Bedingung (nicht wirklich, aber möglich)

⟶ *Deutsch aktiv 2*, 1GR4.2

8. Wortbildung I

8.1. Substantive aus SUBSTANTIV + SUBSTANTIV

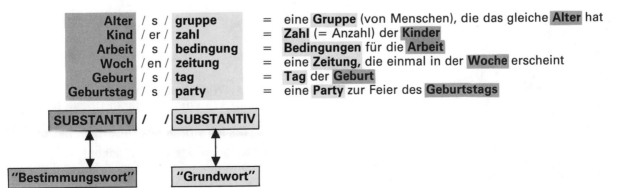

Alter	/ s /	gruppe	= eine **Gruppe** (von Menschen), die das gleiche **Alter** hat
Kind	/ er /	zahl	= **Zahl** (= Anzahl) der **Kinder**
Arbeit	/ s /	bedingung	= **Bedingungen** für die **Arbeit**
Woch	/ en /	zeitung	= eine **Zeitung**, die einmal in der **Woche** erscheint
Geburt	/ s /	tag	= **Tag** der **Geburt**
Geburtstag	/ s /	party	= eine **Party** zur Feier des **Geburtstags**

$$\boxed{\text{SUBSTANTIV}} \; / \quad / \; \boxed{\text{SUBSTANTIV}}$$

"Bestimmungswort"   "Grundwort"

8.2. Substantive aus ADJEKTIV + "-heit/-keit"

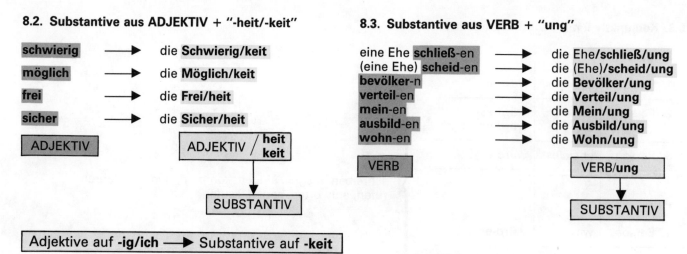

schwierig ⟶ die **Schwierig/keit**

möglich ⟶ die **Möglich/keit**

frei ⟶ die **Frei/heit**

sicher ⟶ die **Sicher/heit**

ADJEKTIV

ADJEKTIV / **heit / keit**

⟶ SUBSTANTIV

8.3. Substantive aus VERB + "ung"

eine Ehe **schließ**-en ⟶ die Ehe/**schließ**/ung

(eine Ehe) **scheid**-en ⟶ die (Ehe)/**scheid**/ung

bevölker-n ⟶ die **Bevölker**/ung

verteil-en ⟶ die **Verteil**/ung

mein-en ⟶ die **Mein**/ung

ausbild-en ⟶ die **Ausbild**/ung

wohn-en ⟶ die **Wohn**/ung

VERB

VERB/**ung**

⟶ SUBSTANTIV

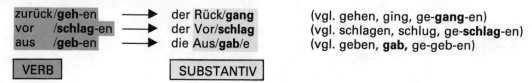

Adjektive auf **-ig/ich** ⟶ Substantive auf **-keit**

8.4. Substantive aus VERBEN

zurück/**geh**-en ⟶ der Rück/**gang** (vgl. gehen, ging, ge-**gang**-en)

vor /**schlag**-en ⟶ der Vor/**schlag** (vgl. schlagen, schlug, ge-**schlag**-en)

aus /**geb**-en ⟶ die Aus/**gab**/e (vgl. geben, **gab**, ge-geb-en)

VERB   SUBSTANTIV

Ü 1 **Fangen Sie mit dem Nebensatz an**

Beispiel: Die Eltern sind immer da, wenn man Schwierigkeiten bekommt.
Wenn man Schwierigkeiten bekommt, sind die Eltern immer da.

Aufgabe: Es gibt Schwierigkeiten, wenn man viele Kinder hat. – Man soll heiraten, wenn man Kinder will. – Man kann sich frei entwickeln, wenn man selbständig ist. – Man sollte von zu Hause weggehen, wenn man mit der Schule oder Ausbildung fertig ist (wenn es immer Ärger über den Freund oder die Freundin gibt – wenn man jeden Abend schon um 8 Uhr daheim sein muß – wenn man kein eigenes Zimmer hat – wenn man zu Hause wie ein Kind behandelt wird).

Ü 2 **Gebrauchen Sie den Konjunktiv II**

Beispiel: Wenn ich sehr viel Geld habe, mache ich eine große Reise.
Wenn ich sehr viel Geld **hätte, würde** ich eine große Reise **machen.**

Aufgabe: Wenn ich reich und berühmt bin, arbeite ich weniger. – Wenn wir Zeit haben, besuchen wir euch. – Wenn ich einmal weniger Geld habe, verkaufe ich mein Auto. – Wenn ich älter bin, heirate ich. – Wenn wir mehr Geld haben, kaufen wir uns eine Wohnung. – Wenn ich Zeit habe, lerne ich noch mehr Fremdsprachen. – Wenn wir drei Kinder haben, suchen wir eine größere Wohnung. – Wenn ich einen anderen Beruf habe, verdiene ich mehr.

Ü 3 **Fragen und antworten Sie**

Beispiel: (öfter in Urlaub fahren)

(a) **Was würdet ihr machen, wenn ihr mehr Zeit hättet?** –   **(1) Wir führen öfter in Urlaub.**
(2) Wir würden öfter in Urlaub fahren.

(b) **Was würdest du machen, wenn du mehr Zeit hättest?** –   **(1) Ich führe öfter in Urlaub.**
(2) Ich würde öfter in Urlaub fahren.

Aufgabe: (mehr Bücher lesen) – (morgens länger schlafen) – (öfter ins Kino und ins Theater gehen) – (mehr Briefe schreiben) – (öfter spazierengehen) – (jeden Abend Freunde einladen) – (jeden Tag zwei Stunden lang zu Mittag essen) – (mehr Sport treiben) – (jeden Tag zehn Kilometer laufen)

Ü 4 Sagen Sie das anders ("vorsichtiger")

Beispiel: Nehmen Sie unsere Katze! – **(1) Könnten Sie vielleicht unsere Katze nehmen?**
(2) Würden Sie bitte unsere Katze nehmen?
(3) Dürften wir Sie bitten (Dürfte ich Sie bitten), unsere (meine) Katze zu nehmen?

Aufgabe: Lassen Sie die Katze hinaus! – Kommen Sie etwas früher! – Machen Sie etwas früher Schluß! – Sprechen Sie etwas lauter! – Wiederholen Sie das noch einmal! – Nehmen Sie uns mit dem Auto mit! – Helfen Sie mir! – Geben Sie mir Ihre Adresse! – Rufen Sie mich an! – Warten Sie noch zehn Minuten! – Kommen Sie morgen noch einmal! – Fahren Sie etwas langsamer!

Ü 5 Ergänzen Sie bitte

Beispiel: Er ist noch nicht hier? **Eigentlich müßte er schon lange hier sein.**

Aufgabe: Der Unterricht ist noch nicht vorbei? – Du bist noch nicht verheiratet? – Ihr habt noch keine Kinder? – Er ist noch nicht Millionär? – Sie ist noch nicht in Hamburg? – Du bist noch nicht mit der Ausbildung fertig? – Sie kennen Berlin noch nicht?

Ü 6 Ergänzen Sie bitte

Beispiel: Eine Altersgruppe ist eine **Gruppe** (von Menschen), die das gleiche **Alter** hat.

Aufgabe: Die Kinderzahl ist die . . . . . der . . . . . – Die Arbeitsbedingungen sind die . . . . . für die . . . . . – Eine Wochenzeitung ist eine . . . . , die einmal in der . . . . . erscheint. – Der Geburtstag ist der . . . . . der . . . . . – Eine Tageszeitung ist eine . . . . , die . . . . . erscheint. – Eine Weinflasche ist eine . . . . . für . . . . . – Ein Teeglas ist ein . . . . . für . . . . . – Die Platznummer ist die . . . . . des . . . . . – Die Hautfarbe ist die . . . . . der . . . . . – Die Seitenlänge ist die . . . . . der . . . . . – Ein Schinkenbrot ist ein . . . . . mit . . . . . – Ein Reisepaß ist ein . . . . . für . . . . . ins Ausland. – Ein Kinderzimmer ist ein . . . . . für . . . . .

Ü 7 Unterstreichen Sie die Adjektive in den Substantiven

Beispiel: die Schwierigkeit: **schwierig** – die Freiheit: **frei.**

Aufgabe: die Möglichkeit – die Sicherheit – die Dummheit – die Klugheit – die Schönheit – die Häßlichkeit – die Buntheit – die Ehrlichkeit – die Einsamkeit – die Faulheit – die Freundlichkeit – die Gemütlichkeit – die Krankheit – die Richtigkeit – die Schlankheit – die Schwachheit – die Sicherheit – die Traurigkeit – die Unabhängigkeit – die Wirklichkeit.

Ü 8 Erkennen Sie die Verben in den Substantiven?

Beispiel: die Verteilung: **verteilen** – die Meinung: **meinen**

Aufgabe: die Zeichnung – die Wohnung – die Verbindung – die Störung – die Sitzung – die Reinigung – die Regierung – die Öffnung – die Lösung – die Entschuldigung – die Einladung – die Begrüßung – die Anmeldung

1 a) Ein Schulzeugnis

Ü **Beantworten Sie bitte folgende Fragen:**

Volksschule
an der Heinrichstraße

(Grundschule)

Schuljahr 1980/81   4. Jahrgangsstufe

ZWISCHENZEUGNIS

für

Astrid Schuster

Astrids Betragen und Fleiß waren vorbildlich. Sie beteiligte sich rege und interessiert am Unterricht.

Religionslehre	1
Deutsch	2
Schrift	2
Mathematik	3
Heimat- und Sachkunde	2
Musik	1
Kunsterziehung	2
Hauswirtschaft/Handarbeit	2
Werken	
Sport	1

Notenstufen: 1 = sehr gut, 2 = gut, 3 = befriedigend, 4 = ausreichend, 5 = mangelhaft, 6 = ungenügend

1. In welche Schule geht Astrid?
2. In welcher Klasse ist sie?
3. Ein Jahr/es/zeugnis bekommt man am Ende des Schuljahres. Und ein Zwischen/zeugnis?
4. Wie waren Astrids Betragen und Fleiß?
5. Wie beteiligte sie sich am Unterricht?
6. "Religion", "Deutsch", "Mathematik" sind "Fächer". Welche Fächer hat Astrid in der Schule?
7. Welche Fächer haben die Kinder in *Ihrem* Land in der "Grundschule" (= in den ersten 4 Jahren)?
8. In welchen Fächern ist Astrid am besten?
9. Was bedeutet "1"? Was bedeutet "3"?
10. Wie sind die Noten in Ihrem Land?

b) Astrid hat ein gutes Zeugnis, aber . . . . .

Zeugnis-Angst

Schulberater helfen in der Not

Schulstreß führt ins Sanatorium

15jähriges Mädchen wirft sich vor die S-Bahn

„Macht die Schule krank?"

Druck am stärksten in Realschule und Gymnasium

Angst vor der Angst der Eltern

Zahl der Kinderselbstmordversuche stark gestiegen

Notdienst für Schulkinder

Noten-Ärger
Am LZ-Telefon geben
Schul-Experten Tips

Rufen Sie heute zwischen 12.30 und 14 Uhr an!

Klaus Hamm ist weg!

17. Februar. Die Schüler haben heute Zwischenzeugnisse bekommen.
Klaus Hamm (10 Jahre) ist nicht nach Hause gekommen. Seine Freunde sagen, daß sein Zeugnis sehr schlecht war und daß er Angst hatte, nach Hause zu gehen.

Klaus Hamm (10)

Ulrike (9):

"Ich habe Klaus um 11.30 Uhr am Bahnhof gesehen. Ich glaube, daß er mit dem Zug weggefahren ist. Ich weiß nicht, wohin!"

Herr Jansen (Klaus' Lehrer):

"Die Kinder sind so um 11 Uhr nach Hause gegangen. Ich habe vorher noch mit Klaus über das Zeugnis gesprochen. Er war ganz ruhig und sehr vernünftig. Er sagte, daß er jetzt mehr für die Schule tun will.
Ich bin sicher, daß er bald nach Hause kommt."

Hans (10):

"Klaus hat geweint. Herr Jansen hat ihm gesagt, daß er nie aufs Gymnasium kommt. Klaus hat mir nicht gesagt, daß er abhauen* will. Es kann sein, daß er zu seiner Oma gefahren ist."

*abhauen = weglaufen

Frau David (Nachbarin):

"Der Klaus, so ein netter Kerl. Ich kann mir nicht denken, daß der Unsinn macht. Vielleicht ist er nur mit dem Rad weg und kommt bald wieder."

Ü 1   **Notieren Sie Stichworte**

1. Was sagt Ulrike?
2. Was sagt Herr Jansen?
3. Was sagt Hans?
4. Was sagt Frau David?

Ü 3

Ü 2   **Erzählen Sie Ihrem Nachbarn**

1. Was hat Ulrike gesagt?
2. Was hat Herr Jansen gesagt?
3. Was hat Hans gesagt?
4. Was hat Frau David gesagt?

Diese Mistschule! Und was hat der Lehrer gesagt?

Daß Klaus ganz ruhig war und jetzt mehr arbeiten will.

Hat ihn jemand nach der Schule gesehen? – Wir müssen sofort zur Polizei!

Vielleicht ist es gut, daß der mal nachdenkt. Er war wirklich zu faul!

Du warst auch schlecht in der Schule!

Nun ist aber Schluß!

Spielen Sie die Gespräche . . . . .

1. . . . . . zwischen Mutter und Vater;
2. . . . . . zwischen Großmutter und Großvater;
3. . . . . . zwischen Mutter und Lehrer;
4. . . . . . zwischen Vater und Ulrike und Hans;
5. . . . . . zwischen Lehrer und Klaus.

3 a) Anruf bei der Polizei

Ü Spielen Sie das Gespräch

Mein Sohn Klaus ist heute nicht von der Schule nach Hause gekommen. Heute war Zeugnisausgabe . . . . .

. . . .

. . . .

. . . .

. . . .

. . . .

. . . .

. . . .

. . . .

. . . .

Wann war die Schule aus?

Wer hat Ihren Jungen zuletzt gesehen?

Hans Deinwallner . . . . ., was hat er gesagt?

Hat ihn noch jemand gesehen?

Am Bahnhof? Ist er weggefahren? Haben Sie Verwandte oder Freunde in der Nähe?

Haben Sie da schon angerufen?

Haben Sie schon mit dem Lehrer gesprochen?

Und was hat er zu Ihrer Frau gesagt?

Wir machen eine Suchmeldung! Beschreiben Sie bitte Ihren Sohn! Größe, Gestalt, Gesichtsform, Haarfarbe, besondere Merkmale.

Was hat der Junge an?

Vielen Dank! Wir melden uns wieder!

b) Der Polizist hat Stichworte notiert: Ü Erzählen Sie die Geschichte nach den Stichworten

17. II.

Hamm, Klaus (10)
(Gartenstr. 27a , 08141/1397)
Deinwallner, Hans : "Nicht aufs Gymnasium"
                      evtl. → Oma
Krüger, Ulrike : 11:30 Uhr Bahnhof !!
Jansen (Lehrer): K. ganz ruhig, Zeugnis schlecht

1,42 m, schlank, Gesicht rundl. , Haar halblang glatt, dunkelblond

dunkelblauer ~~Anorack~~ Anorak
blaue Jeans, gelbe Gummistiefel
hellbraune Schultasche

Suchmeldung

4

Hilfen zum Verstehen:
– Die Polizei sucht und meldet:
– Klaus Hamm wird vermißt (ist weg).
– Er wurde an der S-Bahn-Station gesehen.
– Er ist vermutlich (wahrscheinlich) nach München gefahren.
– So sieht Klaus Hamm aus: . . . . .
– Seine Kleidung: . . . . .
– Hellbraune Schultasche
– Informieren Sie die Polizei!!

> Eine Suchmeldung der Polizei:
> Seit heute vormittag 11 Uhr wird der zehnjährige Schüler Klaus Hamm aus Fürstenfeldbruck vermißt. Der Junge wurde zuletzt an der S-Bahn-Station in Fürstenfeldbruck gesehen. Es wird vermutet, daß er nach München gefahren ist. Klaus Hamm ist 1 Meter 42 groß, schlank, hat ein rundliches Gesicht, halblanges, glattes, dunkelblondes Haar. Er ist bekleidet mit einem dunkelblauen Anorak und blauen Jeans; er trägt gelbe Gummistiefel. Er hat eine hellbraune lederne Schultasche bei sich. Wer hat den Jungen gesehen? Sachdienliche Hinweise an jede Polizeidienststelle!

Ü Beantworten Sie diese Fragen:

1. Wer wird vermißt?
2. Seit wann wird er vermißt?
3. Wo wurde er zuletzt gesehen?

4. Wie sieht er aus?
5. Was hat er an?
6. Was will die Polizei?

Zeugnis

„Gell, Babba — im Lotto waarn ma oft froh um an Sechser . . .". Zeichnung: Ernst Hürlimann

Verstehen Sie Bayerisch? Nein?

Gell = nicht wahr?
Babba – Papa, Vater
waarn = wären (Konjunktiv II)
ma = wir
Sechser = 6 richtige Zahlen (Lotto),
            Note 6 (Zeugnis)

Zeugnis–Lotto

5

Viele Menschen in der Bundesrepublik spielen Lotto: Sie raten Zahlen.
Wenn sie **6** richtige Zahlen raten, können sie über eine Million Mark gewinnen.

Im Lotto ist **6** eine Glückszahl; im Zeugnis . . . . .?
(Sehen Sie 2T1 an!)

SÜD-LOTTO »6 aus 49«
Spielabschnitt
NORMALSCHEIN

Name: HANS GLÜCK
Straße: GOLDSTÜCKSTR. 77
PLZ: 4170 Ort: GELDERN

6 a) **Interview mit Frau David**

Ü Wer sagt das?

"Klaus hat Phantasie und Ideen."

"Er ist manchmal etwas laut."

"Klaus ist ein lustiger Junge."

"Er hat wenig Kontakt zu anderen Mitschülern und ist etwas isoliert in der Klasse."

"Er ist ein netter Spielkamerad und hat viele Freunde in der Umgebung."

Frau David wohnt im gleichen Haus wie Familie Hamm. Als wir sie nach Klaus Hamm fragen, weiß sie noch nichts von seinem Verschwinden. Sie weiß auch nichts davon, daß Klaus in der Schule Schwierigkeiten hat. - Ein lustiger Junge ist er, der Klaus, und ein netter Spielkamerad für ihre Jungen, so meint sie. Er hat auch sonst viele Freunde in der Umgebung, hat Phantasie und Ideen, ist vielleicht manchmal etwas laut. - Und warum ist er jetzt weggelaufen? - Frau David glaubt, daß er mit anderen Kindern unterwegs ist, daß er vielleicht mit dem Rad an den See gefahren ist, weil das Wetter schön ist. - Ob Klaus' Eltern sehr streng sind, frage ich sie. - Ja, der Vater schon, und sehr genau. Aber sie glaubt nicht, daß Klaus wirklich weggelaufen ist. Es ist ja noch früh, noch keine Zeit zur Aufregung. "Der kommt mit Sicherheit bald nach Haus."

b) **Interview mit Herrn Jansen**

Herr Jansen, Klassenlehrer von Klaus Hamm, etwas nervös und sehr vorsichtig. Ja, das Zeugnis war nicht so gut, aber Klaus ist ein fleißiger, ruhiger Schüler. Er will nicht sagen, was für Noten Klaus hat, er darf es wohl nicht. Er hat nach der Zeugnisausgabe mit Klaus gesprochen. Klaus soll mehr arbeiten für die Schule. Er war einverstanden, will es versuchen. War ganz ruhig und vernünftig, meint Herr Jansen. "Wir haben uns gut verstanden. Ich habe ihm deutlich gesagt, daß man in der vierten Klasse besonders viel tun muß. Klaus will doch aufs Gymnasium. Und er hat es versprochen."
Aber warum ist er jetzt weggelaufen?
Herr Jansen weiß es nicht. Angst vor den Eltern, besonders vor dem Vater? Die Eltern sind nie zu Herrn Jansen in die Sprechstunde gekommen. Aber er hat ihnen auch nicht mitgeteilt, daß Klaus Schwierigkeiten in der Schule hatte. Das war wohl ein Fehler.
Und noch etwas: Herr Jansen meint, daß Klaus wenig Kontakt zu den anderen Mitschülern hat, daß er etwas isoliert in der Klasse ist. Merkwürdig. Frau David sagte das Gegenteil.

Meinungen

Diskutieren Sie

A Sie finden, daß die Schule die Kinder zu stark belastet, daß die Kinder ständig Angst vor schlechten Noten haben, daß sie zu wenig Freizeit haben und .....

....

B Ihr Kind geht in die Grundschule. Sie sind der Meinung, daß die Kinder viel zu wenig Musik, Zeichnen und Turnen haben (Fächer, die Spaß machen!) und viel zu viel Mathematik und Deutsch (Fächer, die Angst machen und in denen oft Arbeiten geschrieben werden).

G Sie sind Ingenieur in einer Firma, die Lehrlinge ausbildet. Nach ihrer Meinung haben die Kinder früher viel mehr in der Schule gelernt. Viele von den Lehrlingen können heute nicht mal richtig deutsch schreiben, und rechnen können nur ganz wenige!

F
....

C Sie sind Hausfrau und haben 2 Kinder, die zur Schule gehen. Sie helfen Ihren Kindern oft bei den Hausaufgaben. Sie finden, daß die Lehrer zu wenig erklären und zu schnell vorwärts gehen. Sie finden die Schule sehr wichtig, weil die Kinder sonst später keinen guten Beruf bekommen.

E Sie sind Lehrer und finden, daß die Schule die Kinder nicht zu stark belastet, sondern daß die Kinder zu viel fernsehen, Comics lesen, Pop-Musik hören, daß sie zu wenig für die Schule tun, sich nicht konzentrieren können und darum Angst vor der Schule haben..........

D Sie sind 16 und haben die Schule gerade verlassen. Sie mußten in der Schule viel lernen, was Sie absolut nicht interessiert. Sie glauben, daß man das meiste davon im Leben nie braucht. Außer Englisch, das Sie gerne gelernt haben. Sie waren einmal kurz in England und konnten etwas mit den Leuten da sprechen.

Die Schule belastet die Kinder zu stark.	Ich finde das auch. (Die Schule belastet die Kinder zu stark.)
Ich finde/meine, daß die Schule die Kinder zu stark belastet.	Ich meine auch, daß die Schule .....
	Das finde ich nicht. Die sehen viel zu viel fern.
	Ich finde nicht, daß die Schule die Kinder zu stark belastet. Die sehen viel zu viel fern.

1

Sigrid Jürgensen	Hans Weigand	Frau Hausmann
Ins Ruhrgebiet (?)	Nach Italien Nach Florenz	Nach Hamburg
Allein	Mit einer Reisegesellschaft	?
Seit 2 Tagen	Seit gestern	Heute morgen
In einer Woche	?	Übermorgen

Der ist verreist.

Nach Frankreich – aber ich bin nicht sicher . . . . .

Doch, aber ich habe es vergessen, leider . . . . .

Nein, aber ich glaube, mit Studienkollegen.

Seit einer Woche.

Er hat nichts gesagt.

Wollen Sie nicht hereinkommen?

Kann ich Herrn Watanabe sprechen?

Verreist?? Wissen Sie, wohin . . . . .?

Hat er Ihnen nicht gesagt, wohin er fährt?

Wissen Sie, ob er allein unterwegs ist?

Seit wann ist er denn verreist?

Und wissen Sie, wann er zurückkommt?

Sagen Sie ihm bitte, daß ich hier war und daß er mich anrufen soll. Mein Name ist Binder.

Ja gut! wer sind Sie eigentlich? Wie ist Ihr Name?

Nein danke, ich habe keine Zeit.

Ja gerne, ich schreibe einen Zettel für Herrn Watanabe.

Nein, warum? Herr Watanabe ist doch nicht da!

Sind Sie ein Freund von Herrn Watanabe?

Wissen Sie,	wohin er verreist ist?
Hat er Ihnen (nicht) gesagt,	ob er allein unterwegs ist?
Können Sie mir sagen,	wann er zurückkommt?
	was er dort macht?

a) Tiere beschreiben

2

Wie alt . . . . . ?

Und was für eine Rasse . . . . . ?

Ein bildschönes Tier! Ist er klug?

Und wie ist er sonst? Lebhaft? Lebendig?

Fast fünf Jahre.

Die Mutter ist ein Pudel, der Vater ein Dackel: Also ein Pudeldackel!

Unglaublich intelligent – der lernt alles!

Nein, sehr ruhig. Er liegt meistens auf dem Sofa. Und Ihr Hund?

b) Menschen beschreiben

①   ②   ③   ④   ⑤

Sibylle, 7;
Mutter Hausfrau,
Vater Ingenieur;
brav, fleißig, klug

Oskar, 11:
Mutter Ärztin,
Vater Lehrer,
nett, lustig,
lebhaft

Walter, 22:
Student;
still, öfter
traurig

Bernd Hauser, 51:
Beamter aus
Hamburg;
zuverlässig,
pünktlich, lang-
weilig

. . . .
. . . .
. . . .
. . . .
. . . .

33

1. Der Text I: Wer oder was ist gemeint?

Herr Jansen ist der Klassenlehrer von Klaus Hamm.
Er will nicht sagen, was für Noten Klaus hat,
er darf **es** wohl nicht.

Er	⟶	Herr Jansen
es	⟶	sagen, was für Noten Klaus hat

Klaus soll mehr für die Schule arbeiten.
Er war einverstanden, will **es** versuchen.

Er	⟶	Klaus
es	⟶	mehr für die Schule arbeiten

Die Eltern sind nie zu Herrn Jansen in die Sprechstunde gekommen.
Aber **er** hat **ihnen** auch nicht mitgeteilt, daß Klaus Schwierigkeiten in der Schule hat.
Das war wohl ein Fehler.

er	⟶	Herr Jansen
ihnen	⟶	den Eltern
Das	⟶	Herr Jansen hat den Eltern von Klaus nicht mitgeteilt, daß Klaus Schwierigkeiten in der Schule hat.

2. Der Satz: Die Satzreihe II

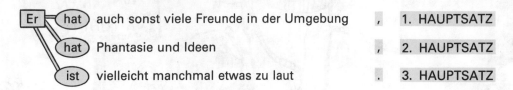

3. Der Satz: Das Satzgefüge II

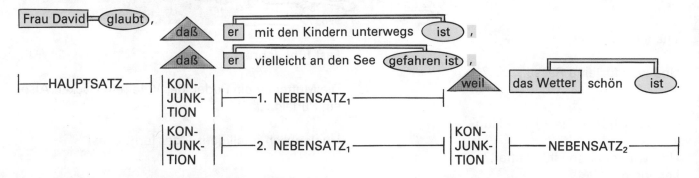

4. Direkter und indirekter Fragesatz

4.1. Die Wortfrage

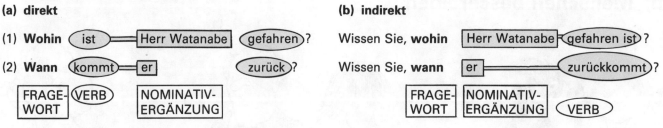

4.2. Die Satzfrage

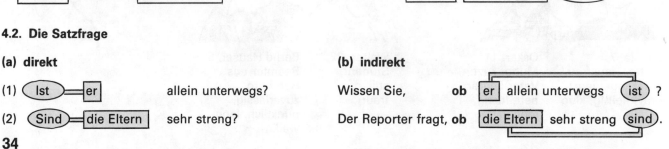

5. Das Verb und die Satzglieder: Ergänzungen und Angaben

sehen +NOM +AKK

(1) Ulrike sieht Klaus.

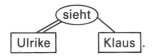

Ulrike: NOMINATIVERGÄNZUNG
Klaus: AKKUSATIVERGÄNZUNG

(2) Ulrike sieht Klaus um 11.30 Uhr am Bahnhof.

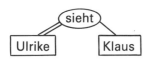

Ulrike: NOMINATIVERGÄNZUNG
Klaus: AKKUSATIVERGÄNZUNG
um 11.30 Uhr: ANGABE
am Bahnhof: ANGABE

6. Das Verb und die Satzglieder: Sätze als Ergänzungen

(a) sagen +NOM +AKK

(1) Herr Jansen sagt es.

AKKUSATIVERGÄNZUNG: es

(2) Herr Jansen sagt: "Klaus kommt nie aufs Gymnasium."

AKKUSATIVERGÄNZUNG: "Klaus kommt nie aufs Gymnasium." [= HAUPTSATZ]

(3) Herr Jansen sagt, daß Klaus nie aufs Gymnasium kommt.

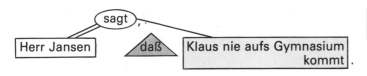

AKKUSATIVERGÄNZUNG: daß Klaus nie aufs Gymnasium kommt [= daß-SATZ]

(b) wissen +NOM +AKK

(1) Herr Jansen weiß es (nicht).

AKKUSATIVERGÄNZUNG: es

(2) Herr Jansen weiß nicht, daß Klaus weggelaufen ist.

AKKUSATIVERGÄNZUNG: daß Klaus weggelaufen ist [= daß-SATZ]

(3) Herr Jansen weiß nicht, warum Klaus weggelaufen ist.

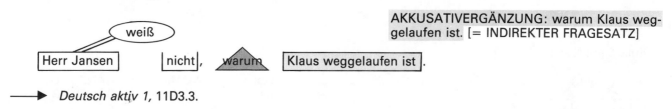

AKKUSATIVERGÄNZUNG: warum Klaus weggelaufen ist. [= INDIREKTER FRAGESATZ]

⟶ *Deutsch aktiv 1,* 11D3.3.

7. Konjugation: Reflexive Verben

Präsens			Perfekt			
Infinitiv: sich beteiligen			Infinitiv: sich beteiligt haben			
Singular:			**Singular:**			
1. Person	ich	beteilige mich	1. Person	ich	habe	mich beteiligt
2. Person	du / Sie	beteiligst dich / beteiligen sich	2. Person	du / Sie	hast / haben	dich beteiligt / sich beteiligt
3. Person	er/sie/es	beteiligt sich	3. Person	er/sie/es	hat	sich beteiligt
Plural:			**Plural:**			
1. Person	wir	beteiligen uns	1. Person	wir	haben	uns beteiligt
2. Person	ihr	beteiligt euch	2. Person	ihr	habt	euch beteiligt
3. Person	sie	beteiligen sich	3. Person	sie	haben	sich beteiligt

8. Wortbildung II:

8.1. Verben mit nicht trennbarem Präfix

Infinitiv	Partizip II
beantworten	beantwortet
bekommen	bekommen
bedeuten	bedeutet
beschreiben	beschrieben
belasten	belastet
vermissen	vermißt
vermuten	vermutet
verstehen	verstanden
versprechen	versprochen
vergessen	vergessen
verlassen	verlassen
erklären	erklärt

8.2. Verben mit trennbarem Präfix

Infinitiv	Partizip II
weg/fahren	weg/ge-fahren
weg/laufen	weg/ge-laufen
nach/denken	nach/ge-dacht
an/rufen	an/ge-rufen
mit/teilen	mit/ge-teilt
aus/bilden	aus/ge-bildet
fern/sehen	fern/ge-sehen
zurück/kommen	zurück/ge-kommen
herein/kommen	herein/ge-kommen
wieder/kommen	wieder/ge-kommen

Ü 1 **Sagen Sie das anders**

Beispiel: Klaus' Freunde sagen: Klaus' Zeugnis war sehr schlecht.
Klaus' Freunde sagen, daß Klaus' Zeugnis sehr schlecht war.

Aufgabe: Ich glaube: Klaus ist mit dem Zug weggefahren. – Klaus sagte: Er will jetzt mehr für die Schule tun. – Ich weiß: Er kommt bald nach Hause. – Herr Jansen hat gesagt: Klaus kommt nie aufs Gymnasium. – Klaus hat mir nicht gesagt: Er will abhauen. – Sie wissen vielleicht nicht: Klaus ist nicht nach Hause gekommen. – Ich kann mir denken: Die sind am See oder irgendwo. – Ich hörte von den Kindern: Klaus hat in Mathematik eine Fünf.

Ü 2 **Sagen Sie Ihre Meinung**

Beispiel: Die Schule belastet die Kinder zu stark.
Ich finde, / Ich bin der Meinung, / Ich glaube, daß die Schule die Kinder zu stark belastet. – Wirklich? Das finde ich nicht. / Der Meinung bin ich nicht. / Das glaube ich nicht. – Das finde ich auch.

Aufgabe: Die Kinder haben ständig Angst vor schlechten Noten. – Die Kinder haben zu wenig Freizeit. – Die Lehrer erklären zu wenig. – Die Schule belastet die Kinder nicht zu stark. – Die Kinder sehen zu viel fern und tun zu wenig für die Schule. – Die Kinder können sich nicht konzentrieren und haben deshalb Angst vor der Schule. – Die Kinder haben früher in der Schule mehr gelernt.

Ü 3 **Fragen Sie und antworten Sie**

Beispiel: Klaus hat Schwierigkeiten in der Schule.
Wußten Sie, / Wußtest du, daß Klaus Schwierigkeiten in der Schule hat? – Nein, das wußte ich nicht. / Ja, das wußte ich.

Aufgabe: Viele Kinder haben Angst vor der Schule. – Auch viele Lehrer haben Angst. – Viele Schüler leiden unter Schulstreß. – Viele Eltern haben keine Zeit für ihre Kinder.

Ü 4 **Fragen Sie und antworten Sie**

Beispiel: (a) Wohin ist Herr Watanabe gefahren? – **Wissen Sie,/Können Sie mir sagen, wohin Herr Watanabe gefahren ist? – Nein, das weiß ich (leider) nicht./Nein, das kann ich (Ihnen) (leider) nicht (sagen).**
(b) Ist Herr Watanabe allein gefahren? – **Wissen Sie,/Können Sie mir sagen, ob Herr Watanabe allein gefahren ist? – Nein, das weiß ich (leider) nicht./Nein, das kann ich (Ihnen) (leider) nicht (sagen).**

Aufgabe: Wann kommt Herr Watanabe zurück? – Seit wann ist er verreist? – Ist Herr Watanabe zu Hause? – Ist er schon lange weg? – Wie spät ist es? – Was hat Herr Keller zu Frau Binder gesagt? – Ist Frau Binder zu Herrn Keller in die Wohnung gegangen? – Was wollte Frau Binder?

Ü 5 **Finden Sie das Verb und seine Satzergänzungen heraus**

Beispiel: haben +NOM +AKK: <u>Klaus hat</u> wegen der Noten <u>etwas Angst gehabt.</u>
Klaus hat etwas Angst gehabt.

Aufgabe: haben +NOM +AKK:
(1) Klaus hat nicht viele Freunde, er hat aber auch nie Streit mit den Schülern gehabt.
(2) Er hat eigentlich auch gute Noten.

sein +NOM +SUB:
(1) Klaus ist ein sehr netter Spielkamerad für meine Jungen.
(2) Er ist nicht einer der besten Schüler, ... aber er ist ein ruhiger, fleißiger Schüler.

kommen +NOM | DIR / gehen | NOM +DIR / fahren +NOM +DIR:
(1) Klaus Hamm ist nach der Zeugnisverteilung nicht nach Hause gekommen.
(2) Die Kinder sind so um 11 nach Hause gegangen.
(3) Klaus ist vielleicht zu seiner Oma gefahren.

1

Carsten Peters lebt gefährlich

Das ist Carsten Peters. Ein Mensch wie Millionen andere. Aber Carsten Peters lebt gefährlich.

Herr Peters raucht nicht viel

Er raucht täglich nur 20 Zigaretten. Er weiß: *Viele* Zigaretten sind gefährlich. Wer viel raucht, lebt nicht so lange. Aber 20 Zigaretten – das ist doch nicht viel, oder?
Das ist nur *die* Gefahr, die durch das Rauchen kommt.

Herr Peters trinkt nicht viel

Herr Peters trinkt gerne Bier: vier bis sechs Flaschen am Tag. Und manchmal ein Gläschen Wein. Er weiß: *Viel* Alkohol ist gefährlich. Was er nicht weiß: Seine Leber geht langsam kaputt.
Das ist nur *die* Gefahr, die durch das Trinken kommt.

Herr Peters nimmt nicht viele Medikamente

Aber er arbeitet viel und darf nicht krank werden. Er hat oft Kopfweh. Dann nimmt er eine Tablette. Er ist oft müde. Dann trinkt er viel Kaffee. Er kann oft am Abend nicht schlafen. Dann nimmt er ein paar Schlaftabletten. Er weiß: *Zu viele* Medikamente sind gefährlich. Aber ab und zu ein paar Tabletten – das ist doch nicht zu viel, oder?
Das ist nur *die* Gefahr die durch Medikamente und "Aktivierer" kommt.

C. Peters, 39, 175 cm, 95 kg

Herr Peters ißt nicht viel

Nur – er ißt sehr gern. Er hat 20 Kilogramm Übergewicht. Er weiß: *Zu viel* Übergewicht macht müde. Aber er sieht doch gut aus, oder?
Das ist nur *die* Gefahr, die durch falsches Essen kommt.

Herr Peters denkt nicht nur an seinen Beruf

"Aber ohne Arbeit gibt es keinen Erfolg", sagt er. Und Erfolg braucht er. Deshalb arbeitet er mehr als andere Leute: 60 Stunden und mehr in der Woche.
Er weiß: *Zu viel* Arbeit ist nicht gut – aber es muß manchmal sein!
Das ist nur *die* Gefahr, die durch zu viel Arbeit kommt.

Die Gefahren summieren sich nicht nur – sie multiplizieren sich!

Leute wie Carsten Peters sind nicht dumm. Sie wissen, daß sie falsch leben und daß das gefährlich ist. Jede Gefahr für sich ist kein Problem. Alle zusammen sind lebensgefährlich. Aber sie glauben nicht, daß *sie selbst* in Gefahr sind.
1978 starben in der Bundesrepublik 350 000 Menschen an Herz- und Kreislaufkrankheiten.
Herr Peters kann der nächste sein!

Ü   **Überlegen Sie bitte**

1. Herr Peters lebt gefährlich. Warum?
2. Was bedeutet: „Die Gefahren summieren sich nicht nur – sie multiplizieren sich"?
3. Was könnte Herr Peters tun, um gesünder zu leben?

Wie oft?
+ immer
oft
häufig
manchmal
ab und zu
selten
– nie

Herrn Peters geht es nicht gut

2

Carsten Peters hat häufig Kopfschmerzen. Dann nimmt er eine Tablette. "Das hilft immer", sagt er.
Heute ist das Kopfweh besonders stark. Er hat schon drei Tabletten genommen, aber er fühlt sich
immer noch müde und krank. Er geht zum Arzt:

○ Was fehlt Ihnen denn?

● Ich habe Kopfschmerzen und
fühle mich so müde. Mir ist
nicht gut. Ich friere immer . . . . .

○ Sagen Sie, nehmen Sie Tabletten, wenn sie müde sind?

● . . . .

○ Rauchen Sie viel?

● . . . .

○ Trinken Sie viel Kaffee?

● . . . .

○ Wie steht es mit dem Alkohol?

● . . . .

○ Sie haben ziemlich Übergewicht. Wie oft essen Sie am Tag?

● . . . .

○ Ich habe den Eindruck, Sie arbeiten zuviel!

● . . . .

○ Herr Peters, wissen Sie, daß Sie sich systematisch
kaputtmachen?!!

● . . . .

○ Passen Sie mit den Tabletten ganz besonders auf: Medikamente
und Alkohol zusammen sind gefährlich! Rauchen Sie weniger
und trinken Sie weniger Kaffee. Und ich rate Ihnen dringend:
Machen Sie bald mal Urlaub!

● . . . .

. . . .

Ü   **Spielen Sie die Szene**

▶ Sie spielen Herrn Peters.

▶ Spielen Sie diese Szene anders!

3

a) Die Deutschen nehmen zu!

Die deutsche Lufthansa will in diesem Jahr mehr als 10 000 ihrer Fluggäste bei den Charterflügen wiegen, weil angeblich das durchschnittliche Gewicht von 65 Kilogramm bei Frauen und 75 Kilogramm bei Männern nicht mehr stimmt.

Ein Sprecher der Lufthansa sagte dazu: „Wir vermuten, daß die Leute in der Bundesrepublik zugenommen haben. Wenn das stimmt, dann müssen wir unsere Sicherheitsvorschriften ändern."

b) Herr Peters hat einen Charterflug nach Mallorca gebucht. Am Flughafen gibt es ein Problem:

● "Steigen Sie bitte hier auf die Waage."
○ "Was soll denn das heißen?!"
● "Sehen Sie . . . . . Sie wiegen fast 100 Kilogramm! 25 Kilo zuviel!"
○ "Na, und?!"
● "Sie müssen *mehr* zahlen."

●● "Dann zahle *ich* aber entsprechend weniger!"
● "Wie bitte??"
●● "Hier! . . . . . Sehen Sie, ich wiege nur 50 Kilogramm!"

○ "Sie, ich habe eine Idee!!
Wir steigen gemeinsam auf die Waage!
Kommen Sie. Sooo . . . . .
Also bitte!
150 Kilogramm für zwei Männer! Genau das Durchschnittsgewicht!"

○ "Prost, Herr Kollege! Ich mache Ihnen einen Vorschlag: Wir fliegen auch zusammen zurück!"

Ü **Was macht Herr Peters?** – "Zuerst . . . . . . Dann . . . . . . Danach . . . . . . Und zum Schluß . . . . . ."

4

a) Trimmen

Parcours 9 — Flanke über Hindernis und untendurch zurück 4x 8x

Parcours 18 — Beinspreizen links seitwärts mit Armschwingen seitwärts u. gegengleich je 10x je 10x

Parcours 20 — Balancieren über Hindernis vorwärts und rückwärts, tief durchatmen 3x

Zuviel Aktivität kann gefährlich sein

Nach einer Umfrage haben im letzten Jahr 47% aller Bundesbürger bei "Trimmaktionen" mitgemacht. Aber nicht jeder wird dabei gesünder! "In den letzten Jahren ist Trimmsport in vielen Bereichen zum Hochleistungssport geworden", meint Prof. Kindermann von der Universität Saarbrücken. "Gerade ältere Menschen gefährden in zunehmendem Maße ihre Gesundheit. Und das in der Erwartung, fit zu bleiben oder fit zu werden."

Lesehilfen:

47% trimmen sich

Gefahr:
Trimmsport = "Arbeit"
– besonders für ältere Leute
Sie denken, Trimmen macht sie fit,
aber es macht sie krank!

Ü Berichten Sie mit eigenen Worten: "Professor Kindermann sagt, daß ....."

b) Was der Hausarzt dazu sagt

Dr. Weber meint:

① Viele Leute, die bei "Trimmaktionen" mitmachen, wissen nicht, daß sie ein schwaches Herz haben oder krank sind. Das ist gefährlich. Sein Rat: Zuerst den Arzt fragen!

② Langsam anfangen und am Anfang nicht zuviel machen. Aufhören, wenn es keinen Spaß mehr macht! Das gilt besonders für dicke Leute.

③ Wenn man Übergewicht hat, kann zuviel Sport auf einmal gefährlich sein. Es nutzt mehr, wenn man sich beim Essen kontrolliert. Das beste "Schlankheitsmittel": Vernünftig essen und auf die Kalorien achten!

④ Die meisten Leute wissen gar nicht, wieviel sie zwischen den Mahlzeiten essen!

⑤ Seine Meinung zu Schlankheitskuren:
Die meisten Leute machen schlechte Erfahrungen. Man nimmt nur am Anfang ab, dann wieder zu. Die Leute sind nervös, manche fühlen sich krank. Jeder, der arbeitet, braucht eine gesunde Ernährung. Schlankheitskuren sind meistens ziemlich teuer.

⑥ Sein Rat: Vernünftig essen und vernünftig Sport treiben. Dann ist der Erfolg sicher.

Ü 1 Unterstreichen Sie die wichtigen Wörter in Dr. Webers Antworten.

Ü 2 Hören Sie sich die Fragen des "Reporters" vom Tonband an und beantworten Sie diese Fragen mit Ihren eigenen Worten.

5 a) Die "Schlankheitskur"

Herr Peters, sein Chef und zwei Kolleginnen beschließen, gemeinsam eine Schlankheitskur zu machen. Nach sechs Wochen hören sie wieder auf. – Hier ist ihre Meinung:

Margret Lucas (22), Angestellte
"Nach dem Urlaub hat mir mein Bikini nicht mehr gepaßt! Während der Kur habe ich 15 Pfund abgenommen! Die Mühe hat sich wirklich gelohnt!"

Gabriele Permer (45), Verkäuferin
"Ich wollte 25 Pfund abnehmen. Anfangs ging's ja auch ganz gut, aber dann sehr langsam. Ich habe jetzt 10 Pfund abgenommen und fühle mich wohl. Ich esse jetzt viel Salat, Obst und Fisch."

Jürgen Nase (48), Direktor
"Ich habe auch mitgemacht – es hat nichts genutzt! Ich esse jetzt wieder ganz normal. Man muß sportlich leben und ein bißchen auf das Gewicht achten, dann geht's auch ohne Schlankheitskur!"

Carsten Peters (39), Abteilungsleiter
"Wenn Sie mich fragen: Das ist doch alles Unsinn! Ich war die ganze Zeit nervös und schwach! Da soll man rohes Gemüse und so Zeug essen! Mein Grundsatz: Gut essen hält gesund – *nicht* abnehmen!"

Ü Wer sagt was?

Herr Nase	Zuerst habe ich viel abgenommen, dann wenig.
Herr Peters	Vernünftig essen und vernünftig Sport treiben!
Frau Lucas	Ich bin dagegen: Man fühlt sich richtig krank.
Frau Permer	Es hat viel Mühe gemacht; aber ich habe fast nicht abgenommen.

b) Vorsicht – zu viele Kalorien!

Wie viele Kilokalorien braucht ein Erwachsener am Tag?
– Bei schwerer körperlicher Arbeit (Bauer, Bauarbeiter, Briefträger): 3 000 Kilokalorien (kcal).
– Bei anderer Arbeit (Büroangestellter, Lehrer, Professor): 2 100–2 500 kcal.

Kalorientabelle
(für jeweils 100 g, wenn kein anderes Gewicht genannt ist)

	kcal		kcal
Brot/Backwaren		Käse	300–400
1 Brötchen	110	Kartoffeln	85
Kuchen	400–500	Bratkartoffeln	170
Fett und Öl		Pommes Frites	525
1 Teelöffel Butter	80	Milch(produkte)	
1 Eßlöffel Öl	90	Vollmilch	170
Fisch		Eiscreme	200
Forelle	50	Obst	
Ölsardinen	250	Apfel, 150 g	70
Fleisch	210–270	Birne, 150 g	80
½ Brathähnchen	350	Suppen/Soßen	
Gemüse		Fleischbrühe (¼ l)	20
Salat	15	Soße (Dose)	20
Zwiebeln	40	Wurst	
Getränke (¼ Liter)		Bratwurst	375
Apfelsaft	120	Leberwurst	400
Dose Cola	90	Würstchen	250
Bier (½ l)	225	Zucker/süße Sachen	
Wein	75	1 Teelöffel Zucker	20
Kaffee	0	1 Eßlöffel Marmelade	50
Mineralwasser	0	Schokolade	560
Schnaps (0.2 cl)	50		

Quatsch, stimmt nicht! Eine Cola-Dose hat 0 Kalorien!

Ü 1 Wie viele Kilokalorien hat eine Bratwurst mit Pommes Frites und eine Dose Cola?

Ü 2 Hat Ihr Lieblingsessen/Lieblingsgetränk viele Kilokalorien?

Ü 3 Stellen Sie ein Menü zusammen, das nur 500/1000/1500 kcal hat (= Diät).

6

Rezepte aus Österreich und der Schweiz - zum Ausprobieren

Wiener Backhendl

Ausgenommene junge Hühnchen innen und außen waschen, in 2 oder 4 Teile tranchieren. Nach dem Abtrocknen in Mehl, zerklopftem Ei, Semmelbröseln wenden. Leicht abklopfen und in siedendem Fett schwimmend goldgelb oder hellbraun bakken. Gleich servieren. Dazu Kartoffel- und Kopfsalat reichen.
(Österreich)

Baseler Karottenmus

500 Gramm frisch gedünstete Karotten, 500 Gramm frisch gekochte Salzkartoffeln durch die Kartoffelpresse drücken. Mit einem Ei, weißem Pfeffer, Muskat, Salz und so viel lauwarmer Milch verrühren, als der Brei aufnimmt, ohne dünn zu werden. Ein eigroßes Stück frische Butter dazugeben, im Wasserbad mit dem Schneebesen zu einem steifen Mus schlagen. Mit in Butter gebräunten Zwiebelringen garniert gleich servieren.
(Schweiz)

Kaiserschmarren

Drei Eigelb mit drei Eßlöffeln Mehl, einem Eßlöffel Zucker, 50 Gramm Butter, einer Prise Salz 10 Minuten rühren. Zwei Eßlöffel Sultaninen untermischen, den Teig 15 Minuten ruhen lassen. Den steifen Schnee von drei Eiweiß unter den Teig ziehen. Eine eiserne Stielpfanne sehr heiß werden lassen, 50 Gramm Butter darin schmelzen, den Teig einfüllen. Den Schmarren auf einer Seite knusprig backen, beim Wenden mit zwei Gabeln in größere Stücke zerreißen, goldgelb backen. Das Schmarrenbacken muß sehr schnell gehen, sonst wird der zarte Teig ledern. Mit Puderzucker bestäuben, zu Kompott servieren oder zu Kopfsalat, der mit Nüssen und Rahm angemacht wird.
(Österreich)

Was man in der Küche tut:

tranchieren

backen

servieren

verrühren

(zu Mus) schlagen

garnieren

(Butter) schmelzen

untermischen

(Salat) anmachen

bestäuben

Ü1 Welche Rezepte aus Österreich, der Schweiz oder Deutschland kennen Sie? Versuchen Sie, diese Rezepte aufzuschreiben.

Ü2 Schreiben Sie das Rezept zu Ihrem Lieblingsessen.

Ü3 Erklären Sie eines der abgedruckten Rezepte mit ihren eigenen Worten:
"Zuerst mußt du/müssen Sie . . . . ., dann . . . . ., danach . . . . ., zuletzt . . . . ."

Kartoffelsuppe

Das Fett auf großer Flamme zerlassen, die in Scheiben geschnittene Zwiebel und das gewaschene, kleingeschnittene Suppengrün kurze Zeit darin erhitzen. Mit dem Wasser auffüllen und etwas Salz, die geschälten, kleingeschnittenen Kartoffeln und die Mettwurst hineingeben. Die Suppe zum Kochen bringen und auf kleiner Flamme gar werden lassen. Damit sie recht sämig wird, einen Teil der Kartoffeln zerdrücken oder zerstampfen. Die Suppe mit Salz und Fleischextrakt oder Suppenwürze abschmecken und mit Petersilie anrichten.

Kochzeit: Etwa 30 Minuten.

(4 Personen)
80 g Fett
(evtl. Speck)
1 Zwiebel
Suppengrün
2–2½ l Wasser
etwas Salz
1½ kg Kartoffeln
250 g geräucherte Mettwurst
Fleischextrakt oder Suppenwürze
1 Eßl. gehackte Petersilie

Ü 1 Benutzen Sie das Lexikon

Kartoffel/**suppe:** . . . .
Suppen/**grün:** . . . .
Mett/**wurst:** . . . .
Fleisch/**extrakt:** . . . .
Suppen/**würze:** . . . .
Koch/**zeit:** . . . .

So wird es gemacht:

Das Fett wird heißgemacht.

Die Zwiebel wird in Scheiben geschnitten.

Das Suppengrün wird gewaschen und kleingeschnitten.

Die Zwiebel und das Suppengrün werden kurze Zeit in dem Fett erhitzt.

Die Kartoffeln werden geschält und kleingeschnitten. Das Wasser wird dazugegeben.

Die Kartoffeln, die Mettwurst und etwas Salz werden hineingegeben.

Die Suppe wird zum Kochen gebracht; dann wird sie auf kleiner Flamme gekocht.

Ein Teil der Kartoffeln wird zerdrückt und zerstampft, damit die Suppe "sämig" wird.

Die Suppe wird mit Salz und Fleischextrakt (oder Suppengewürz) abgeschmeckt und mit Petersilie angerichtet.

Ü 2   Erklären Sie selbst,

► wie man Kartoffelsuppe kocht.
► wie man Spaghetti kocht.
► . . . .
. . . .
. . . .

Lesen Sie die Anzeigen und Personenbeschreibungen und sehen Sie sich die Bilder an: 2

a.
Er ist nicht mehr ganz jung, aber er ist sportlich. Er wandert gerne und ist aktiv. Er hat mit Technik zu tun.

b.
Sie hat dunkle Haare (dunkelbraun), ist geschieden und hat ein Kind.

c.
Er ist noch ziemlich jung und meint, er sieht gut aus, ist sympathisch und charmant. Er ist Lehrer.

d.
Er ist nicht sehr groß und nicht mehr jung, aber noch sehr aktiv. Er ist Arzt.

e.
Er hat studiert, ist jetzt fast 40 und reist gerne. Er verdient ziemlich gut.

f.
Sie hat eine leitende Stellung in einem Geschäft. Sie sieht gut aus und hat viele Interessen. Sie ist über 40.

Heiraten männlich

Arzt, 50/175, kameradschaftlich, dynamisch, wünscht sich auf diesem Wege eine adäquate ① Partnerin und Lebensgefährtin, mit der er noch vieles Schöne gemeinsam erleben kann. Zuschr. u. Z 657119 an Red.

● **Sportlicher techn. Angestellter,** 53/173, schlank u. sehr ② gepflegt. Naturfreund, Interesse an Musik, Spaziergängen, Gemütlichkeit und allg. Unternehmungen, sucht eine liebe Partnerin.

● **Sportl.-natürlicher Prokurist,** 39/175, sehr symp., gutauss., ein geselliger, aufgeschl. u. sehr vielseitig interessierter ③ Mensch mit Liebe zur Natur, Reisen, Sport, Geselligkeit u. Musik, sucht eine treue Partnerin – Kind kein Hindernis.

Gutaussehh., charm. SPORT-LEHRER, 26/175, mit symp. Wesen, viels. inter. möchte liebev., treue zärtl. **Frau mit Sportgeist kennenlernen.** Wenn Sie, meine ④ Dame, keinen Flirt, sond. die Liebe fürs Leben suchen, melden Sie sich gleich! W 345 Institut Carlsen.

Heiraten weiblich

Es müßte wieder ein Mann ins Haus! Des Alleinseins müde, suche ich, 35 J., dkl., schlk., ⑤ gesch. mit Sohn, einen lieben zuverlässigen Partner für ev. spätere Ehe. Bildzuschriften unter Z 657477 an Red.

Hübsches junges Mädel, 22/166, zierlich-schlank, sportlich, ⑥ unternehmungslustig und fröhlich, sucht einen zuverlässigen Partner.

Natürliche Geschäftsführerin, 46/164, sehr gut aussehend, ⑦ vielseitig interessiert, sucht einen Partner, bei dem sie Liebe und Geborgenheit findet.

Angeblich hübsches Mädchen, 21 J., 170 cm, schlank, wünscht aufgeschlossenen, gut-⑧ situierten Herrn (25–35 J.) zwecks sp. Heirat kennenzulernen. Bitte Zuschr. mit Bild (gar. zur.) u. A. 186438 an Red.

Die 36jährige Krankenschwester Karla ist sehr einsam und alleine. Sie ist sehr hübsch, kann gut kochen und haushalten und Kinder mag sie gerne. ⑨ Wenn Du ein anständiger Mann bist, darfst Du auch schreiben, wenn Du Kinder hast, denn ein glückliches Familienleben geht der Karla über alles. 34/717/14 B Institut Amalie

g.
Sie ist jung, schlank, hübsch und ziemlich groß (170 cm).

h.
Er hat eine leitende Stellung und ist 39 Jahre alt. Er ist an vielen Dingen interessiert; er reist gerne und hat gerne Leute um sich. Er mag Kinder.

i.
Sie ist jung und zierlich; sie ist gerne lustig und immer aktiv.

j.
Sie kann gut kochen. Sie mag Kinder und hat in ihrem Beruf mit kranken Menschen zu tun. Sie sieht gut aus.

k.
Er ist ziemlich groß und sieht gut aus; er ist 38 Jahre alt. Er ist selbständig. Er ist sportlich.

l.
Sie ist nicht sehr groß und hat blonde Haare. Sie ist an Sprachen interessiert; sie ist Lehrerin.

Ⓐ Ⓑ Ⓒ Ⓓ Ⓔ Ⓕ

Ⓖ Ⓗ Ⓘ Ⓙ Ⓚ Ⓛ

Ü 1 Carsten Peters hat Anzeige ③ geschrieben. Welche Frau paßt Ihrer Meinung nach zu ihm?

Ü 2 Wer ist wer? ① – a . – Ⓑ? ..... Wer paßt Ihrer Meinung nach zu wem?

Ü 3 Beschreiben Sie ▶ jemand aus Ihrer Klasse und lassen Sie die anderen raten.
▶ Ihre beste Freundin/Ihren besten Freund.
▶ jemand von Ihren Verwandten (Eltern, Geschwister, Onkel, Tanten .....).

3 Kennen Sie diese Leute? Wie finden Sie sie?

++	+	+/−	−	− −
○ sehr sympathisch ○ ..... gefällt mir besonders gut ○ ..... mag ich wirklich gern ○ ..... finde ich sehr attraktiv ○ An ..... gefällt mir besonders, daß	○ sympathisch ○ angenehm ○ gefällt mir ○ mag ich ○ ..... ist attraktiv ○ .....finde ich gut ○ ..... ist mein Typ.	○ Na ja, es geht. ○ ..... gefällt mir ganz gut, aber ..... ○ ..... finde ich ganz sympathisch, aber ..... ○ ..... finde ich ganz angenehm (passabel)	○ Nicht besonders ○ ..... gefällt mir eigentlich nicht, weil ..... ○ ..... finde ich eher unsympathisch, weil	○ ..... gefällt mir überhaupt nicht ○ ..... kann ich nicht leiden/ausstehen ○ ..... finde ich sehr unsympathisch, weil ..... ○ Unmöglich! ○ Furchtbar! ○ Schrecklich!

Ü 1 Was gefällt Ihnen an diesen Leuten?
Was gefällt Ihnen nicht?
Welche Personen könnte man vergleichen?

Gründe:

■ Wie sind Ihrer Meinung nach diese Leute?

– süß	– lächerlich	– komisch
– brutal	– blöde	– sympathisch
– glatt	– doof	– langweilig
– interessant	– freundlich	– nett

■ Was machen sie? Was sind sie von Beruf?
■ Wie sehen sie aus?
■ Was haben sie an?

Ü 2 **Beschreiben Sie jemand,**
▶ der Ihnen sehr sympathisch ist.
▶ der Ihnen weder sympathisch noch unsympathisch ist.
▶ der Ihnen ziemlich sympathisch ist.
▶ der Ihnen auffällt.

1. Der Satz: Die Satzreihe III

(1) | Er | hat | schon drei Tabletten genommen | , | aber | 1. HAUPTSATZ

er | fühlt | sich immer noch müde und krank | . | 2. HAUPTSATZ

(2) | Er | ist | nicht mehr ganz jung | , | aber | 1. HAUPTSATZ

er | ist | sportlich | . | 2. HAUPTSATZ

2. Der Satz: Das Satzgefüge III

Viele Leute , wissen nicht ,

die bei Trimmaktionen mitmachen , daß sie krank sind .

├HAUPT . . . . SATZ┤

| RELATIV-PRONO-MEN | ├——— NEBENSATZ 1———┤ | KON-JUNK-TION | ├—NEBENSATZ 2—┤

3. Infinitivsätze mit "zu" I

(1) **Eine Schlankheitskur machen: Das** beschließen sie .

Sie | beschließen ,

eine Schlankheitskur **zu machen** .

(2) **Nach Hause gehen: Davor** hatte Klaus Angst.

Klaus | hatte | Angst ,

nach Hause **zu gehen** .

(3) **Arbeiten: Damit** hören sie auf.

Sie | hören auf

zu arbeiten .

beschließen

Angst haben

aufhören

. . . .

+ INFINITIV mit "zu"

4. Der substantivierte Infinitiv

(1) Das ist die Gefahr, die durch **das Rauchen** kommt.

(2) Das ist die Gefahr, die durch **falsches Essen** kommt.

(3) Das ist die Gefahr, die durch **das Trinken** kommt.

rauchen ——▸ das Rauchen

essen ——▸ das Essen

trinken ——▸ das Trinken

5. Das Passiv

5.1. Konjugation

	Präsens		Präteritum		Perfekt		
Infinitiv:	gesehen werden		—		gesehen worden	sein	
Singular							
1. Person ich	werde	gesehen	wurde	gesehen	bin	gesehen	worden
2. Person du	**wir**st	gesehen	wurdest	gesehen	bist	gesehen	worden
Sie	werden	gesehen	wurden	gesehen	sind	gesehen	worden
3. Person er/sie/es	**wir**d	gesehen	wurde	gesehen	ist	gesehen	worden
Plural							
1. Person wir	werden	gesehen	wurden	gesehen	sind	gesehen	worden
2. Person ihr	werdet	gesehen	wurdet	gesehen	seid	gesehen	worden
3. Person sie	werden	gesehen	wurden	gesehen	sind	gesehen	worden
	werd- + PARTIZIP II		wurd- + PARTIZIP II		(sein) + PART. II + worden		

⟶ *Deutsch aktiv 1, 3D1, 10D2, 10D4*

5.2. Aktiv und Passiv

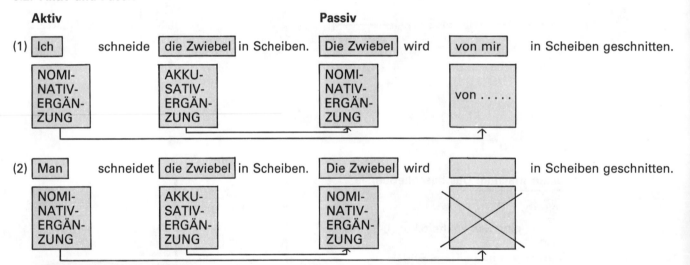

6. Partizip I und Partizip II

6.1. Die Form

Infinitiv	Partizip I	Partizip II	Infinitiv	Partizip I	Partizip II
schreib-en	schreib-end	ge-schrieb-en	heb-en	heb-end	ge-hob-en
sied-en	sied-end	ge-sott-en	fahr-en	fahr-end	ge-fahr-en
schwimm-en	schwimm-end	ge-schwomm-en	ruf-en	ruf-end	ge-ruf-en
ess-en	ess-end	ge-gess-en	frag-en	frag-end	ge-frag-t
zu-nehm-en	zu-nehm-end	zu-ge-nomm-en			

⟶ *Deutsch aktiv 1, 10D1*

6.2. Die Bedeutung

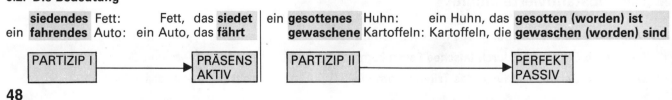

6.3. Der Gebrauch

das Fett, das heißgemacht worden ist ——▶ das · heißgemachte Fett
die Zwiebel, die geschnitten worden ist ——▶ die · geschnittene Zwiebel
die Kartoffeln, die geschält worden sind ——▶ die · geschälten Kartoffeln

das Fett, das siedet ——▶ das · siedende Fett
das Auto, das fährt ——▶ das · fahrende Auto

ART. + PARTIZIP + SUBSTANTIV ——▶ *Deutsch aktiv 1*, 9D1

7. Wortbildung III:

7.1. Adjektive aus SUBSTANTIV + "-lich"

die Gefahr ——▶ gef**ä**hr / lich
der Tag ——▶ t**ä**g / lich
die Natur ——▶ nat**ü**r / lich
der Norden ——▶ n**ö**rd / lich

der Körper ——▶ körper / lich
das Glück ——▶ glück / lich
der Freund ——▶ freund / lich
der Sport ——▶ sport / lich
der Süden ——▶ süd / lich

SUBSTANTIV   SUBSTANTIV / lich
↓
ADJEKTIV

SUBSTANTIV   SUBSTANTIV / lich
↓
ADJEKTIV

7.2. Adjektive aus VERB + "-lich"

angeb-en ——▶ angeb / lich
vermut-en ——▶ vermut / lich

VERB   VERB / lich
↓
ADJEKTIV

7.3. Adjektive aus SUBSTANTIV + "-ig"

die Vorsicht ——▶ vorsicht / ig
die Vernunft ——▶ vern**ü**nft / ig

SUBSTANTIV   SUBSTANTIV / ig
↓
ADJEKTIV

7.4. Adjektive aus SUBSTANTIV + "-er" / "-ern"

das Holz ——▶ h**ö**lz-ern (= aus Holz gemacht)
das Eisen ——▶ eis-ern (= aus Eisen gemacht)
das Leder ——▶ led-ern (= aus Leder gemacht)

Basel ——▶ Basel / er (= aus Basel)
Wien ——▶ Wien / er (= aus Wien)
Berlin ——▶ Berlin / er (= aus Berlin)
Bonn ——▶ Bonn / er (= aus Bonn)

SUBSTANTIV   SUBSTANTIV / ern
↓
"ADJEKTIV"

SUBSTANTIV   SUBSTANTIV / er
↓
"ADJEKTIV" (nicht deklinierbar)

7.5. Adjektive aus "un-" + ADJEKTIV/PARTIZIP II

un / abhängig = nicht abhängig
un / höflich = nicht höflich

un / verheiratet = nicht verheiratet
un / bekannt = nicht bekannt

un / ADJEKTIV

un / PARTIZIP II

Ü 1 Sagen Sie das anders

Beispiel: Eine Schlankheitskur machen: Das beschließen sie. – **Sie beschließen, eine Schlankheitskur zu machen.**
Aufgabe: Nach Hause gehen: Davor hatte Klaus Angst. – Die Polizei anrufen: Das beschließen die Eltern von Klaus. – Schlechte Noten bekommen: Davor haben viele Schüler Angst. – Zu dick werden: Davor haben viele Leute Angst. – Rauchen: Damit soll man aufhören. – Zu viele Tabletten nehmen: Damit soll man aufhören. – Mehr Sport treiben: Das beschließen sie. – Die Fluggäste wiegen: Das beschließt die deutsche Lufthansa.

Ü 2 Sagen Sie das anders

Beispiel: Wollt ihr uns nicht besuchen? – **Habt ihr nicht Lust, uns zu besuchen?**
Aufgabe: Wollt ihr nicht mitkommen? – Willst du nicht nach England fliegen? – Wollt ihr nicht mit dem Zug kommen? – Wollt ihr nicht ein Glas Wein mit uns trinken? – Wollt ihr nicht mit ins Kino gehen? – Wollt ihr nicht mit uns campen? – Willst du nicht mit deinen Studienkollegen verreisen? – Wollt ihr nicht mit uns tanzen gehen?

Ü 3 Sagen Sie das anders

Beispiel: Wir machen hier in der Nähe Urlaub. – **Wir haben uns entschlossen, hier in der Nähe Urlaub zu machen.**
Aufgabe: Ich fahre in diesem Jahr nicht weg. – Wir kaufen uns ein Zelt. – Wir campen am Sorpe-Stausee. – Wir nehmen eure Einladung an. – Wir fahren in diesem Jahr auch nicht ins Ausland. – Wir kaufen uns ein neues Auto. – Ich bringe das Geld zur Polizei.

Ü 4 (a) Lesen Sie den Text

Das Fett wird heißgemacht. Die Zwiebel wird in Scheiben geschnitten. Das Suppengrün wird gewaschen und kleingeschnitten. Die Zwiebel und das Suppengrün werden kurze Zeit in dem Fett erhitzt. Die Kartoffeln werden geschält und kleingeschnitten. Das Wasser wird dazugegeben. Die Kartoffeln, die Mettwurst und etwas Salz werden hineingegeben. Die Suppe wird zum Kochen gebracht; dann wird sie auf kleiner Flamme gekocht. Ein Teil der Kartoffeln wird zerdrückt und zerstampft. Die Suppe wird mit Salz und Fleischextrakt abgeschmeckt und mit Petersilie angerichtet.

(b) *Aufgabe:* **Erklären Sie das Ihrem Freund**
Beispiel: **Zuerst machst du/macht man das Fett heiß. Dann . . . . .**

(c) *Aufgabe:* **Wie haben Sie die Suppe gekocht? Berichten Sie**
Beispiel: **Zuerst habe ich das Fett heißgemacht, dann . . . . .**

Ü 5 Gebrauchen Sie das Präsens Passiv

Beispiel: Junge Hühnchen innen und außen waschen: **Die jungen Hühnchen werden innen und außen gewaschen.**
Aufgabe: Die Hühnchen in zwei Teile tranchieren. – Die Hühnchen in Mehl und Ei wenden. – Die Hühnchen leicht abklopfen und in siedendem Fett backen. – Die gebackenen Hühnchen gleich servieren. – Eigelb, Mehl, Zucker, Butter und Salz 10 Minuten rühren. – Zwei Eßlöffel Sultaninen untermischen. – Den Teig 15 Minuten ruhen lassen. – In einer Pfanne 50 Gramm Butter schmelzen. – Den Teig in die Pfanne einfüllen. – Den Teig in größere Stücke reißen.

Ü 6 Gebrauchen Sie das Perfekt Passiv oder das Präteritum Passiv

Beispiel: Ulrike sah Klaus am Bahnhof. – **Klaus wurde von Ulrike am Bahnhof gesehen.**
Aufgabe: Die deutsche Lufthansa wog die Passagiere. – Die deutsche Lufthansa hat die Sicherheitsvorschriften geändert. – Herr Hamm beschrieb Klaus. – Der Lehrer hat die Zeugnisse geschrieben. – Familie Müller kaufte ein Vier-Personen-Zelt. – Frau Reuter fand das Geld. – Sie hat das Geld nicht abgegeben.

Ü 7 Gebrauchen Sie das Passiv

Beispiel: *Aufgabe:* Man trinkt zuviel Alkohol. – **Es wird zuviel Alkohol getrunken.**
Aufgabe: Man raucht zu viele Zigaretten. – Man ißt zuviel. – Man nimmt zu viele Tabletten. – Man trinkt zuviel Kaffee. – Man arbeitet zuviel. – Man macht zu wenig Urlaub. – Man treibt nicht genug Sport. – Man vergißt zuviel. – Man kauft zuviel. – Man verdient zu wenig.

Ü 8 Ergänzen Sie bitte

Beispiel: (1) Eine in Scheiben geschnittene Zwiebel ist **eine Zwiebel, die in Scheiben geschnitten worden ist.**
(2) Siedendes Fett ist **Fett, das siedet.**
Aufgabe: Heißgemachtes Fett ist . . . . . – Geschälte Kartoffeln sind . . . . . – Ein zu schnell fahrendes Auto ist . . . . . – Gedünstete Karotten sind . . . . . – Kochendes Wasser ist . . . . . – Gebräunte Zwiebelringe sind . . . . . – Ausgenommene Hühnchen sind . . . . . – Ein falsch parkendes Auto ist . . . . . – Ein weinendes Kind ist . . . . . – Gefundenes Geld ist . . . . . .

Die Panne

1

a) Die Solgards aus Odense in Dänemark sind mit dem Wohnwagen unterwegs nach Salzburg. Sie sind sehr früh in Odense losgefahren, waren schon um 9 Uhr in Hamburg und sind jetzt, kurz nach Mittag, nicht weit von Kassel.

Ü 1 Sehen Sie sich bitte die Autobahnkarte links an: An welchen größeren Städten fahren die Solgards auf ihrem Weg nach Salzburg vorbei?

Ü 2 Familie Lefèvre aus Brüssel plant eine Reise mit dem Wagen nach München. Welche Reiseroute würden Sie empfehlen?
"Zuerst an Aachen vorbei und über . . . . . nach . . . . . . Dann Richtung . . . . . weiterfahren, an . . . . . vorbei.
Ich würde nicht über . . . . . fahren, weil es auf dieser Strecke viele Staus gibt, sondern die Route über . . . . empfehlen."

Ü 3 Herr Winter aus Saarbrücken plant eine Geschäftsreise nach Hamburg. Welche Strecke ist Ihrer Meinung nach die beste?

Autobahnkarte:
ADAC
|||| zähflüssiger Verkehr
||||||| große Stau-Gefahr

b) Wenn alles glatt geht, können die Solgards gegen Abend in Salzburg sein. Aber plötzlich riecht es nach Öl im Wagen. Dann streikt der Motor. Herr Solgard ist erschrocken. Er läßt den Wagen rechts am Fahrbahnrand ausrollen und schaltet die Warnblinkanlage ein. Ein paar hundert Meter weiter steht eine Notrufsäule. Herr Solgard geht zur Notrufsäule.

○ "Ja, bitte?"
● "Hallo! Ich stehe bei Kilometer 427 auf der Autobahn in Fahrtrichtung Süden, kurz vor Kassel. Können Sie mir bitte jemand schicken? Mein Motor ist wahrscheinlich kaputt."
○ "Bleiben Sie bitte beim Wagen. Ich benachrichtige den Pannendienst."
● "Wie lange wird das dauern?"
○ "Das kann ich nicht genau sagen. Höchstens 20 Minuten."
● "Gut. Vielen Dank. Ich warte."

Nach einer Viertelstunde kommt der Pannendienst. Er stellt fest, daß der Motor kaputt ist und ruft einen Abschleppwagen aus Kassel zu Hilfe. Der schleppt den Wagen nach Kassel in eine Werkstatt.

Ü 1 Erklären Sie , was man an der Notrufsäule machen soll.

Ü 2 Spielen Sie das Gespräch zwischen Herrn Solgard und dem Mann vom Pannendienst.

Notruf
Klappe hochheben und festhalten! Warten bis Autobahnmeisterei sich meldet!

Tel. 51 49 59/ 51 42 23/ 51 41 66 Tag-Nacht

2 Stau 20 Kilometer lang

Wartezeiten an den Grenzübergängen

a) Solgards erfahren in der Werkstatt, daß ihr Auto erst am nächsten Tag fertig ist. Sie müssen in Kassel übernachten. Das kostet einen ganzen Tag Urlaub! Am Nachmittag können sie weiterfahren.

Die Rechnung:

für den Abschleppdienst	DM 86,–
für den neuen Motor	DM 2 154,–
für die Übernachtung	DM 74,–
Insgesamt:	DM 2 314,–

Herr Solgard ist "sauer"!

Sie kommen noch bis Würzburg und übernachten dort. Am nächsten Morgen ist der Verkehr auf der Autobahn zwischen Nürnberg und Würzburg sehr dicht. Am Autobahnkreuz Nürnberg stehen sie eine halbe Stunde lang in der Kolonne.
Zwischen Ingolstadt und München geht der Verkehr nicht mehr weiter. Drei Stunden lang müssen sie im Stau warten, bis es wieder vorwärts geht.
Was Solgards nicht wissen: Es gibt einen Verkehrsfunk, der regelmäßig über die Verkehrslage berichtet. An der Autobahn sind Hinweisschilder, wo man im Radio auf UKW den richtigen Sender findet.

Radio
BR 3

98,5
D

b)

"Eine Verkehrsdurchsage:

Autobahn Würzburg–Nürnberg:
Zähflüssiger bis dichter Verkehr in Richtung Nürnberg. Allen Verkehrsteilnehmern in Richtung Salzburg wird empfohlen, der mit einem blauen Punkt bezeichneten Umleitungsstrecke über Regensburg-Straubing zu folgen.

Autobahn Ingolstadt–München: Infolge eines Unfalls kurz vor München hat sich ein etwa 20 km langer Stau gebildet. Der rechte Fahrbahnstreifen ist gesperrt. Bitte verlassen Sie die Autobahn bei Ingolstadt und vermeiden Sie den Großraum München.

Grenzübergang Autobahn Salzburg: Wartezeiten bis zu einer Stunde."

Ü **Beantworten Sie diese Fragen:**

▶ Herr Solgard ist "sauer" (er ärgert sich). Warum?
▶ Was bedeutet "dichter Verkehr"?
▶ Wo müssen Solgards auf der Autobahn warten?

Ü **Überlegen Sie bitte:**

▶ Solgards könnten auch auf einer "Umleitungsstrecke" nach Salzburg kommen:
– Wie erkennen sie die Strecke?
– Suchen Sie die Strecke auf der Karte.
▶ Warum gibt es einen Stau zwischen Ingolstadt und München?
▶ Was sollen die Verkehrsteilnehmer tun?
▶ Was wird über die Situation am Grenzübergang Salzburg gesagt?
▶ Wann sind Solgards Ihrer Meinung nach in Salzburg? (Von Würzburg nach Nürnberg braucht man ungefähr eine Stunde, wenn der Verkehr *normal* ist!)

Interviews mit vier Leuten, die vor München im Stau warten

3

1. Ein Studienrat aus Münster	2. Eine Hausfrau aus Köln	3. Ein Industrieberater mit Wohnwagen aus Oldenburg	4. Eine Sekretärin aus Dortmund
DER REPORTER FRAGT, wie lange die Leute schon unterwegs sind.			
Seit dem Vorabend um 9 Uhr.	Seit dem Vorabend um 9 Uhr.	12 Stunden.	Seit dem Vortag, 3 Uhr nachmittags.
. . . . ., wie die Fahrdisziplin der Verkehrsteilnehmer war.			
Die Fahrdisziplin war unterschiedlich. Er beklagt sich über die Ausländer.	Sie sagt, daß es sehr viele Unfälle gegeben hat.	Er ist nicht zufrieden.	Es gab viele Staus; die Fahrt war schwierig.
. . . . ., wohin die Urlaubsreise geht.			
Nach Bad Hofgastein in Österreich.	Nach Jugoslawien.	Nach Österreich, an den Wolfgangsee.	Nach Elmau in Österreich.
. . . . ., wie lange die Leute Urlaub machen wollen.			
Dreieinhalb Wochen.	Drei Wochen.	Vier Wochen.	Drei Wochen.
. . . . ., wie die Verkehrssituation in fünf Jahren ist.			
Er hofft, daß weniger Leute Auto fahren; er befürchtet sonst eine Katastrophe.	Sie meint, daß dann niemand mehr mit dem Auto fahren kann.	Er will zu Hause bleiben, wenn es so weitergeht.	Sie befürchtet, daß es noch schlimmer wird.
. . . . ., ob die Leute auch mit dem Zug fahren würden.			
Er ist bereit, mit dem Zug zu fahren.	Das war das letzte Mal, daß sie mit dem Auto gefahren sind.	Er hat einen Wohnwagen. Er sagt, daß er das Auto braucht.	Sie ist im Winter schon öfter mit dem Zug gefahren.

Ü **Hören und vergleichen Sie bitte:**

▶ Woher kommen die Leute? Suchen Sie bitte die Orte auf der Staukarte.

▶ Wie lange sind sie schon unterwegs?

▶ Wer sagt etwas über Ausländer?
Verkehrsunfälle?
Stockungen/Staus?

▶ Wer fährt nach Jugoslawien?

▶ Wer macht vier Wochen Urlaub?

▶ Wer befürchtet eine Katastrophe? Warum?

▶ Drei von vier der Befragten würden auch mit dem Zug in Urlaub fahren, einer nicht. Wer ist das? Was ist seine Begründung?

4 Was hat Herr Krieger falsch gemacht?

Herr Krieger muß ein Päckchen aufgeben. Er fährt mit dem Wagen zur Post. Als er nach zehn Minuten zum Wagen zurückkommt, findet er an der Windschutzscheibe einen "Strafzettel".

Zuwiderhandlung

Nummer
015 Sie parkten auf dem Gehweg der o. a. Straße, obwohl dies weder durch Zeichen 315 noch durch eine Parkflächenmarkierung erlaubt war (§§ 2 (1), 49 StVO)

016 ...und behinderten dabei andere Verkehrsteilnehmer (§§ 1, 2 (1), 49 StVO; 19 OWiG)

201 Sie hielten in einem Abstand von weniger als 5 Meter vor einem Fußgängerüberweg der o. a. Straße (§§ 12 (1), 49 StVO)

202 ...und behinderten dadurch andere Verkehrsteilnehmer (§§ 1, 12 (1), 49 StVO; 19 OWiG)

209 Sie parkten im Halteverbot (Zeichen 283) in der o. a. Straße (§§ 12 (1), 49 StVO)

210 ...und behinderten dadurch den fließenden Verkehr (§§ 1, 12 (1), 49 StVO; 19 OWiG)

Ü Was bedeuten diese Verkehrszeichen?

5 Fünf Verkehrsteilnehmer machen Fehler

6

Ein Unfall! Was ist passiert?

Ü 1 Überlegen Sie:

Was ist hier passiert? Wer ist schuld an dem Unfall?

Ü 2 Notieren Sie mit Ihrem Nachbarn

▶ das Gespräch zwischen dem Autofahrer und dem Radfahrer;

▶ das Gespräch zwischen zwei Passanten, die den Unfall gesehen haben (= Zeugen);

▶ das Gespräch zwischen dem Passanten, der gerade ankommt, und einem Passanten, der den Unfall gesehen hat;

▶ was die Frau der Polizei am Telefon sagt.

Ü 3 Die Polizei macht ein Unfallprotokoll:

Sie fragt 1. die Beteiligten
(den Autofahrer und den Radfahrer):

▶ Auf welcher Straße ist sie/er gefahren?

▶ Wie schnell ist sie/er gefahren?

▶ Was ist an der Kreuzung passiert?

▶ Was hat sie/er nach dem Zusammenstoß gemacht?

2. zwei Zeugen:

▶ Wo hat sie/er gestanden?

▶ Was hat sie/er gesehen/gehört?

▶ Was sagt sie/er – über das Auto?
          – über den Radfahrer?

▶ Wer ist ihrer/seiner Meinung nach schuld an dem Unfall?

7

Es hat gekracht – was nun?

Bei Autounfällen im Ausland sind bestimmte Verhaltensregeln wichtig

Wenn man in einem fremden Land an einem Unfall beteiligt ist, weiß man meistens nicht, was man tun soll. Man versteht die Leute nicht gut und kennt die Gesetze nicht genau. Hier sind ein paar Verhaltensregeln für einige europäische Länder:

DDR	Frankreich	Niederlande	Bundesrepublik
Zu *jedem* Unfall die Polizei holen; Unfallprotokoll machen; Autonummern und Namen und Adressen von Zeugen aufschreiben.	Polizei rufen, wenn Personen verletzt sind. Bei Sachschäden gemeinsam mit dem Unfallgegner ein Protokoll schreiben; Adresse und Nummer der gegnerischen Versicherung aufschreiben, auch Namen und Anschriften von Zeugen.	Polizei kommt nur zu schweren Unfällen; mit dem Unfallgegner kurzes Protokoll schreiben; Versicherung des Gegners notieren.	Es ist gut, auch bei leichten Unfällen die Polizei zu holen; eine Unfallskizze zeichnen; Adresse und Autonummer des Unfallgegners und seine Versicherung aufschreiben; Namen und Adressen von Zeugen aufschreiben.

Ü **Was tut man in welchem Land?**

	Polizei holen		Protokoll machen	Auto		Unfall-gegner notieren	Zeugen notieren
	Personen verletzt	Sach-schaden		Kenn-zeichen	Versi-cherung		
DDR							
Frankreich							
Niederlande							
Bundesrepublik							
Ihr Land							

8 Rocko macht den Führerschein

Ü **Erzählen Sie, was passiert**

Im Jahr 2000:
Noch mehr Autos –
aber weniger Unfälle

München (AP)

Im Jahre 2000 werden in der Bundesrepublik zwar weniger Menschen leben, doch die Zahl der Personenwagen wird um einige Millionen höher sein als heute. Dies geht aus einer Studie des Allgemeinen Deutschen Automobil-Clubs (ADAC) hervor, die in München vorgelegt wurde. Das Auto bleibt danach Verkehrsmittel Nummer eins, doch wird die Zahl der Unfälle zurückgehen.

Dieser Studie zufolge werden im Jahre 2000 in der Bundesrepublik 56,3 Millionen Menschen leben gegenüber heute 60,8 Millionen, die Zahl der Personenwagen wird von 22 Millionen in diesem Jahr auf 25,1 Millionen ansteigen, und diese Autos werden 314 Milliarden Kilometer jährlich zurücklegen gegenüber jetzt 280 Milliarden. Statistisch wird auf 2,25 Personen ein Pkw kommen.

Wie die im Auftrag und mit Unterstützung des Bundesforschungsministeriums angefertigte Studie zeigt, werden im Jahr 2000 fast 4 000 Menschen weniger (minus 27 Prozent) als gegenwärtig pro Jahr tödlich im Straßenverkehr verunglücken: 10 600 gegenüber derzeit 14 500. Die Zahl der Unfälle wird um 15 000 von 385 000 auf 370 000 sinken.

Diese positive Sicherheitstendenz wird der Studie zufolge nicht nur einer höheren Sicherheit am und im Auto zuzuschreiben sein, sondern auch der Verbesserung des Straßennetzes. Insgesamt wird das Straßennetz von heute 470 000 Kilometer um 25 000 Kilometer anwachsen. Hiervon werden 13 000 Kilometer Stadtstraßen, 10 000 Kilometer Überlandstraßen und 2 000 Kilometer Autobahnen sein. Die Autobahnen werden im Jahr 2000 noch wichtiger sein als heute und 31 Prozent aller insgesamt gefahrenen Kilometer zu bewältigen haben gegenüber derzeit 25 Prozent.

Auch wenn das Rohöl vier- oder sechsmal teurer werden sollte, wird der Anteil der Autokosten am Familienbudget geringer werden. Für einen Vier-Personen-Haushalt mit mittlerem Einkommen wird er beispielsweise von gegenwärtig 12,6 Prozent auf acht bis neun Prozent im Jahre 2000 sinken. Zwar werden sich die Autokosten von heute, bezogen auf diesen Modellhaushalt, mit einem Wagen der unteren Mittelklasse von 350 Mark auf 700 Mark je Monat verdoppeln, gleichzeitig wird sich aber das für Ausgaben verfügbare Einkommen von 2800 Mark voraussichtlich mehr als verdreifachen.

Was wird im Jahr 2000 sein?

- Weniger Menschen werden in der Bundesrepublik leben.
- Die Zahl der Personenwagen wird höher sein (= ansteigen).

- Die Zahl der Unfälle wird zurückgehen.
- In der Bundesrepublik werden 56,3 Millionen Menschen leben.
- Die Zahl der Autos wird auf 25,1 Millionen ansteigen.
- Die Autos werden 314 Milliarden Kilometer zurücklegen (= fahren).
- Auf 2,25 Personen wird ein PKW kommen.
  (= Fast jeder zweite wird ein Auto haben.)
- Fast 4 000 Menschen weniger werden pro Jahr tödlich verunglücken.

- Die Zahl der Unfälle wird um 15 000 sinken.

- Die Autos werden sicherer werden.
- Die Straßen werden besser werden.
- Das Straßennetz wird um 25 000 Kilometer anwachsen. (= Es wird mehr Straßen geben.)

- Die Autobahnen werden noch wichtiger sein.
- Sie werden 31 Prozent des Verkehrs zu bewältigen haben (= aufnehmen).

- Das Öl wird vielleicht vier- oder sechsmal teurer werden, aber der Anteil der Autokosten am Familienhaushalt wird geringer werden.

- Er wird auf 8 bis 9 Prozent sinken.

- Die Autokosten werden sich verdoppeln, aber gleichzeitig wird sich das Einkommen verdreifachen.

Ü 1 **Was wird im Jahr 2000 noch sein?**

Ü 2 **Stellen Sie sich vor: Was werden Sie tun, wenn Sie nicht mehr arbeiten müssen?**

1 Was Leute interessiert/worüber Leute gerne reden

Wandern (Berge/Meer)
Sport
Reisen/Camping/
Autofahren/Fliegen
Theater/Film/
Fernsehen/Radio

Kochen/Essen
Kinder/Familie
Kleider
Kunst/Musik

Politik
internationale Beziehungen

Freunde
Gefühle (Liebe/Freund-
schaft/Sympathie)
Einkaufen/Geld ausgeben
Tanzen/Diskotheken
Religion
andere Leute
Wetter
Krankheiten

Ü 1   Was interessiert Sie?

▶ Worüber sprechen *Sie* gerne?
▶ Erzählen Sie den anderen etwas über Ihr
    Hobby!
▶ . . . .

Ü 2   Was interessiert Sie mehr?

▶ Theater oder Film?
▶ Radiohören oder Fernsehen?
▶ Sport oder Kunst?
▶ . . . .

2 Sich mit jemandem freuen

● Was ist denn mit *Ihnen?*
   Sie strahlen ja richtig!
   Na, Sie sehen aber *gut* aus!

         ○ Ich habe auch Grund
           zum Feiern!
           Ich habe die Prüfung be-
           standen!

● Herzlichen Glückwunsch!
   Gratuliere!
   Das freut mich wirklich!
   Prima!
   Phantastisch!
   Wie haben Sie das bloß gemacht?

Ü 1   Was ist hier passiert? Erzählen Sie bitte.

**Ü 2   Sie kennen diese Leute: Was sagen Sie
zu ihnen? Spielen Sie das.**

3

○ Was ist denn mit Ihnen? Fühlen Sie sich nicht wohl?

● Ich weiß auch nicht. Ich bin so nervös. Mir geht es gar nicht gut.

○ Das tut mir aber leid. Das kenne ich! Kann ich Ihnen irgendwie helfen?

○ Sie sollten zum Arzt gehen!

● Haben Sie zufällig eine Kopfschmerztablette?

● Danke, es geht schon wieder! Vielen Dank, ich komme schon zurecht.

○ Hier, bitte.

● Oh ja, vielen Dank. Das hilft bestimmt!

○ Sag mal, was ist denn mit dir los? Geht's dir nicht gut?

● Ich bin in der Prüfung durchgefallen!

○ Das tut mir aber leid! Das ist mir auch schon passiert. Kann ich dir irgendwie helfen?

○ Ach, das ist doch nicht so schlimm! Nimm's nicht so tragisch.

● Vielleicht kannst du mir vor der nächsten Prüfung helfen?

● Vielen Dank, ich komme schon allein zurecht.

○ Gute Idee!

● Machst du das wirklich? Dann kann mir nichts mehr passieren! Danke!

Ü Was sagen Sie?

Jemand ist auf der Straße hingefallen und hat sich am Bein verletzt. Sie wollen helfen

Der andere bittet Sie, einen Krankenwagen zu rufen.

Der andere sagt, es ist nicht nötig. Sie sehen aber, daß er sich alleine nicht helfen kann.

Ihre Freundin hat schon seit zwei Monaten keine Post mehr von ihrer Familie bekommen und macht sich Sorgen.

Sie wollen helfen:

Sie meinen, das ist ganz normal und bei Freunden anrufen kein Grund zur Sorge. oder ein Telegramm schicken.

Ein Autofahrer hat Ihren Mantel schmutzig gemacht. Sie reden mit ihm.

Er entschul- Er sagt, er digt sich war es nicht, und will die und der Man- Reinigung tel war bezahlen. schon vorher Sie meinen schmutzig. aber, Sie Sie sind können das ziemlich selbst böse; aber machen. Sie können nichts machen. Schimpfen Sie richtig mit ihm!

Spielen Sie bitte.

1. Der Text II:

(1) Im Jahr 2000 werden in der Bundesrepublik **zwar** weniger Menschen leben; **doch** die Zahl der Personenwagen wird um einige Millionen **höher** sein als heute.

(2) **Zwar** werden sich die Autokosten verdoppeln;

gleichzeitig wird sich **aber** das Einkommen verdreifachen

(3) Diese positive Sicherheitstendenz wird **nicht nur** einer höheren Sicherheit am und im Auto zuzuschreiben sein, **sondern auch** der Verbesserung des Straßennetzes.

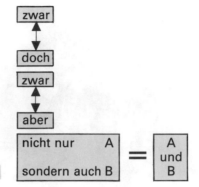

2. Der Text III:

(1) Im Jahr 2000 werden in der Bundesrepublik weniger Menschen leben. **Dies geht aus einer Studie des ADAC hervor.** Das Auto bleibt **danach** Verkehrsmittel Nummer eins.

(2) **Dieser Studie zufolge** werden im Jahr 2000 in der Bundesrepublik 56,3 Millionen Menschen leben.

(3) **Wie die Studie zeigt,** werden im Jahr 2000 fast 4 000 Menschen weniger als gegenwärtig pro Jahr tödlich verunglücken.

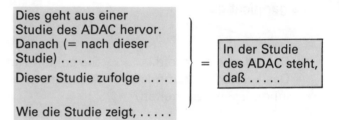

3. Infinitivsätze mit "zu" II

(1) (a) Die Autobahnen **haben** 31 Prozent des Verkehrs **zu bewältigen**.
    (b) Die Autobahnen **müssen** 31 Prozent des Verkehrs **bewältigen**.

(2) (a) Die positive Sicherheitstendenz **ist** einer höheren Sicherheit am und im Auto **zuzuschreiben**.
    (b) Die positive Sicherheit **muß** einer höheren Sicherheit am und im Auto **zugeschrieben werden**.

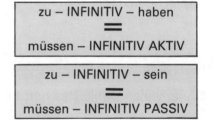

4. Das Verb und die Satzergänzungen: Verbativergänzung

(1) Der Wagen rollt aus.   Herr Solgard läßt den Wagen ausrollen.

(2) Die Frauen gehen zur Arbeit.   Die Männer lassen die Frauen zur Arbeit gehen.

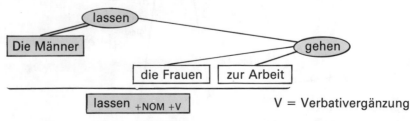

V = Verbativergänzung

5. Passiv mit "werden" und Passiv mit "sein"

(1) Der rechte Fahrbahnstreifen **wird** von der Polizei **gesperrt.**
Der rechte Fahrbahnstreifen **wurde** von der Polizei **gesperrt.**
Der rechte Fahrbahnstreifen **ist** von der Polizei **gesperrt worden.**
} ➔ Der rechte Fahrbahnstreifen **ist gesperrt.**

(2) Die Zwiebel **wird** von mir in Scheiben **geschnitten.**
Die Zwiebel **wurde** von mir in Scheiben **geschnitten.**
Die Zwiebel **ist** von mir in Scheiben **geschnitten worden.**
} ➔ Die Zwiebel **ist** in Scheiben **geschnitten.**

| AKTION | ➔ | ERGEBNIS |

➔ *Deutsch aktiv 2, 3GR7*

6. Konjugation: Futur I

	Aktiv			Passiv			
Singular							
1. Person	ich	werde	sehen	ich	werde	gesehen	werden
2. Person	du	wirst	sehen	du	wirst	gesehen	werden
	Sie	werden	sehen	Sie	werden	gesehen	werden
3. Person	er/sie/es	wird	sehen	er/sie/es	wird	gesehen	werden
Plural							
1. Person	wir	werden	sehen	wir	werden	gesehen	werden
2. Person	ihr	werdet	sehen	ihr	werdet	gesehen	werden
3. Person	sie	werden	sehen	sie	werden	gesehen	werden

| werd- | + | INFINITIV PRÄSENS | | werd- | + | PARTIZIP II + werden |

Ü 1 Drücken Sie den Gegensatz aus

Beispiel: In der Bundesrepublik werden weniger Menschen leben / die Zahl der Personenwagen wird höher sein. –
In der Bundesrepublik werden zwar weniger Menschen leben, doch die Zahl der Personenwagen wird höher sein.

Aufgabe: Ich habe weniger gegessen / in derselben Zeit habe ich mehr getrunken. – Ich habe Hunger / ich esse nichts. – Sie sind verheiratet / sie sind nicht glücklich. – Wir haben nicht viel Geld / wir sind zufrieden. – Ich kenne viele Leute / ich habe keinen richtigen Freund. – Dieser Gebrauchtwagen ist billiger / er ist auch älter. – Die meisten jungen Leute wollen heiraten / immer mehr bleiben ledig.

Ü 2 **Sagen Sie das anders**

Beispiel: Dieser Gebrauchtwagen ist billiger, und er ist besser. – **Dieser Gebrauchtwagen ist nicht nur billiger, sondern er ist auch besser.**

Aufgabe: Mit dem Zug reist man schneller, und man reist bequemer. – Solgards sind in einen Stau gekommen, und sie hatten eine Autopanne. – Er war betrunken, und er hat die Vorfahrt nicht beachtet. – Im Jahr 2000 wird es weniger Unfälle geben, und es wird weniger Tote geben. – Wir werden euch schreiben, und wir werden euch besuchen. – Auf der Party wurde gegessen und getrunken, und es wurde gesungen und getanzt. – Ich war in Deutschland, und ich war in vielen anderen europäischen Ländern.

Ü 3 **Sagen Sie das anders**

Beispiel: Die Autobahnen müssen 31 Prozent des Verkehrs bewältigen. – **Die Autobahnen haben 31 Prozent des Verkehrs zu bewältigen.**

Aufgabe: Er muß ihr gehorchen. – Ihr müßt immer pünktlich sein. – Ich muß noch ein Buch lesen. – Wir müssen euch noch etwas erzählen. – Ich muß dir noch etwas sagen. – Der Verkäufer muß eine fehlerhafte Ware zurücknehmen und das Geld zurückgeben. – Bei Rot muß man an der Ampel warten. – In der Bundesrepublik muß man bei einem schweren Unfall die Polizei rufen.

Ü 4 **Gebrauchen Sie das Verb "lassen"**

Beispiel: Den Wagen ausrollen lassen (Herr Solgard). – **Herr Solgard läßt den Wagen ausrollen.**

Aufgabe: Die Frauen zur Arbeit gehen lassen (die Männer). – Das Auto reparieren lassen (Herr Solgard). – Sich die Telefonnummer der Werkstatt geben lassen (er). – Den Wagen abschleppen lassen (wir). – Sich die Rechnung schreiben lassen (wir). – Ein Taxi kommen lassen (wir). – Die Kinder nicht allein in Urlaub fahren lassen (die Eltern).

Ü 5 **Ergänzen Sie bitte**

Beispiel: Im Jahr 2000 **werden** in der Bundesrepublik weniger Menschen **leben.**

Aufgabe: Im Jahr 2000 . . . . . mehr Autos auf den Straßen . . . . . als heute. – Aber die Zahl der Unfälle . . . . . kleiner . . . . . – Die Autos . . . . . sicherer . . . . . – Das Straßennetz . . . . . besser . . . . . als heute. – Die Benzinpreise . . . . . viel höher . . . . . als heute. – Fast jeder zweite Bundesbürger . . . . . ein Auto . . . . . – ODER . . . . . alles ganz anders . . . . .? – . . . . . es im Jahr 2000 überhaupt noch genug Benzin . . . . .? – . . . . . überhaupt noch Autos gebaut . . . . .? – Oder . . . . . wir alle zu Fuß . . . . . oder mit dem Fahrrad . . . . .? – Und . . . . . es dann noch genug Arbeitsplätze . . . . .? – Niemand weiß, wie die Welt im Jahr 2000 . . . .

Ü 6 **Sagen Sie das Ergebnis**

Beispiel: Der rechte Fahrbahnstreifen wird von der Polizei gesperrt. – **Der rechte Fahrbahnstreifen ist gesperrt.**

Aufgabe: Das Auto wird von der Werkstatt repariert. – Die Rechnung wird von Herrn Solgard bezahlt. – Die Suppe wird gekocht. – Die Kinder werden von der Schule zu stark belastet. – Der Radfahrer wird verletzt. – Die Häuser werden bemalt. – Die Stadt wird neu aufgebaut.

a) Orientierung auf der Post

Hinweisschilder im Postamt **1**

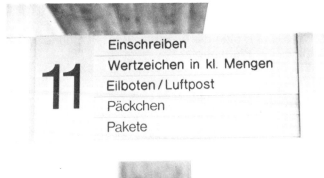

11	Einschreiben
	Wertzeichen in kl. Mengen
	Eilboten / Luftpost
	Päckchen
	Pakete

b) Einen Brief, ein Paket, ein Telegramm aufgeben; Briefmarken kaufen

○ "Was kostet bitte . . . . . ein *Brief* nach Irland?"
                  ein Brief nach Italien?"
                  eine *Postkarte* nach Frankreich?"

● "80 Pfennig".
● "60 Pfennig".
● "50 Pfennig".

○ "Geben Sie mir bitte . . . . . fünf 60er *Marken* und
                  vier 50er Marken."

● "Das macht zusammen 5 Mark."

○ "Ich möchte . . . . . ein *Paket* nach England schicken."

● "Füllen Sie bitte die Paketkarte und die Zollin-
   haltserklärung aus."

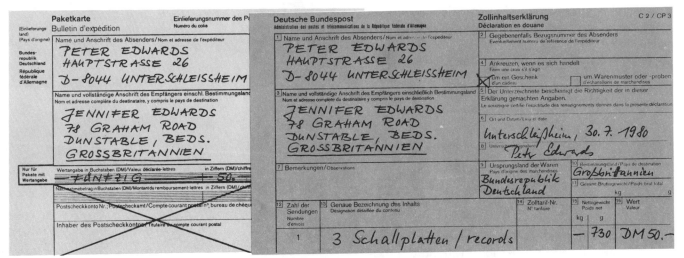

○ "Ich möchte ein *Telegramm* nach Minden schicken.
   Wie mache ich das?"

● "Füllen Sie das Formular da aus. Oben die
   Adresse des Empfängers, dann den Text."

○ "Was kostet das *Telegramm?*"

● "Das macht 6 Mark."

Telegramme
Innerhalb der Bundesrepublik mit Berlin (West):
– gewöhnliche Telegramme je Wort   0,60 DM
                mindestens 4,20 DM
– dringende Telegramme je Wort   1,20 DM
                mindestens 8,40 DM

📻 **c) Sich erkundigen: nach der Postleitzahl/nach Sondermarken/nach einer Telefonnummer/nach einer postlagernden Sendung**

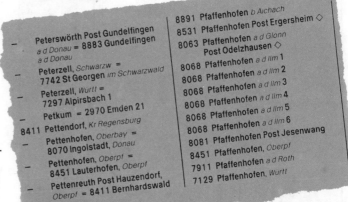

○ ''Wie lautet bitte die *Postleitzahl* für Pfaffenhofen?''
● *''Welches* Pfaffenhofen?''
○ ''Das ist in der Nähe von Ulm.''
● ''7911.''

○ ''Welche *Sondermarken* haben Sie zur Zeit da?''
● ''Die sind da drüben im Glaskasten ausgestellt.''
○ ''Geben Sie mir bitte einen Satz von den Wohlfahrtsmarken.''
● ''Die sind mit Zuschlag.''

○ ''Ich suche eine *Telefonnummer* in Passau. Wo finde ich die bitte?''
● ''Da drüben sind die Telefonbücher.
Sie brauchen das Telefonbuch Nr. 24.''

○ ''Ist für mich etwas *postlagernd* da?''/
''Ich erwarte eine postlagernde Sendung.''
● ''Wie heißen Sie?
Haben Sie einen Paß/einen Personalausweis mit?'' –
''Hier, da ist ein Brief für Sie./Leider nichts dabei.''

📻 **d) Telefonieren**

○ ''Ich möchte nach Oberstdorf telefonieren. Können Sie mir bitte die *Vorwahl* geben?''
● ''Oberstdorf: 0 83 22.''

○ ''Ich möchte nach Brüssel telefonieren. Ich habe die Nummer, aber ich brauche die *Vorwahl* für Belgien und für Brüssel.''
● ''Belgien: 00 32 und Brüssel: 02.
Bei der Vorwahl von Brüssel müssen Sie die Null weglassen.
Gehen Sie dort drüben in die Kabine.
Ich gebe Ihnen eine Leitung, dann können Sie durchwählen.
Sie zahlen dann hier bei mir.''

Belgien

Weitere Kennzahlen sind bei der Auslands-Fernsprechauskunft unter **0 01 18** zu erfragen.

Aalst (Alost)	0032 53
Antwerpen (Anvers)	0032 31
Arel (Arlon, Aarlen)	0032 63
Ath (Aat)	0032 68
Aywaille	0032 41
Barvaux	0032 86
Bassenge (Bitsingen)	0032 41
Bastnach (Bastogne)	0032 62
Bastenaken)	
Bergen (Mons)	0032 65
Beringen	0032 11
Bertrix	0032 61
Binche	0032 64
Blankenberge	0032 50
Blaton	0032 69
Borgworm (Waremme)	0032 19
Bouillon	0032 61
Braine-le-Comte	0032 67
('s Gravenbrakel)	
Brügge (Bruges, Brugge)	0032 50
Brüssel (Bruxelles)	0032 2
Büllingen (Bullange)	0032 80
Charleroi	0032 71
Chimay	0032 60
Ciney	0032 83

Ü **Spielen Sie:**
▶ Sie wollen ein Telegramm aufgeben.
▶ Sie wollen ein Paket mit Geschenken nach Hause schicken.
▶ Sie wollen wissen, ob für Sie etwas ''postlagernd'' da ist.

▶ Sie wollen nach London telefonieren, aber Sie kennen die Vorwahl für London nicht.
▶ Der Postbote hat Ihnen einen Brief gebracht, der nicht Ihnen gehört. Sie sollen ihn abgeben.

In der Autowerkstatt

2

a) Wichtige Autoteile

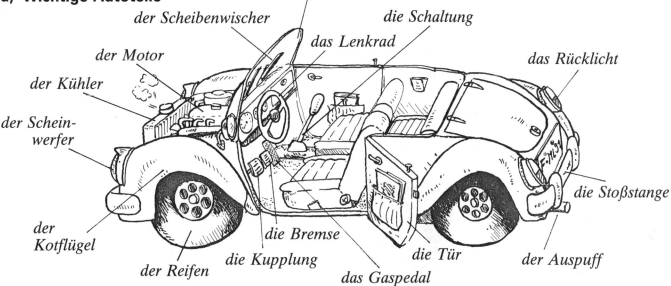

der Scheibenwischer — die Windschutzscheibe — die Schaltung — das Lenkrad — der Motor — das Rücklicht — der Kühler — der Schein-werfer — die Stoßstange — der Kotflügel — die Bremse — die Tür — der Auspuff — der Reifen — die Kupplung — das Gaspedal

Ü Welche Teile des Autos sollte man Ihrer Meinung nach kennen? Machen Sie bitte eine Liste und schlagen Sie die Wörter nach.

b) Was in der Autowerkstatt wichtig ist:

1. Genau sagen oder fragen, was kaputt ist
○ Was ist kaputt/defekt?
● Der Motor zieht nicht mehr richtig.
       bleibt immer wieder stehen.
       verbraucht zu viel Öl.
       wird heiß.
Der Kühler verliert Wasser.
       ist nicht dicht.
Die Bremse zieht nach links.
              rechts.
Der Reifen vorne rechts hat ein Loch.
Der linke Scheinwerfer ist nicht richtig einge-stellt.
Der hintere linke Kotflügel hat eine Beule.
      Die Stoßstange .

2. Fragen, wann der Wagen fertig ist
○ Ich bin auf der Durchreise.
  Ich habe es sehr eilig.

   – Kann ich auf den Wagen warten?
   – Wann kann ich den Wagen wieder abholen?
   – Wie lange dauert es, bis der Wagen fertig ist?

3. Fragen, was die Reparatur kostet
○ Was kostet bitte die Reparatur insgesamt?

Ü 1 An Ihrem Wagen ist ..... kaputt. Sie fahren zur Werkstatt. Was sagen Sie?

Ü 2 Sie hatten auf der Autobahn eine Reifenpanne und bringen den Reifen zur Reparatur. Was sagen Sie?

Ü 3 Sie bemerken, daß an Ihrem Wagen die Bremsen nicht richtig funktionieren, und fahren zu einer Werkstatt. Was tun Sie?

Ü 4 Ein anderer Autofahrer sagt zu Ihnen, daß an Ihrem Wagen das linke Rücklicht defekt ist. Sie bedanken sich und fahren zu einer Werkstatt.

1 Junge Leute in der Bundesrepublik

Was ist Glück?

Das Magazin STERN befragte 1979 junge Leute in der Bundesrepublik: "Was ist Glück für euch?" Die Antwort "Ich bin glücklich!" gab niemand. Aber viele junge Leute berichteten von ihren Sorgen – mit der Arbeit, mit dem Geld, mit den Freunden. Um die Zukunft kümmern sie sich nicht, sagen sie. Es geht ihnen nicht schlecht, aber sie sind auch nicht zufrieden. Es fehlt ihnen ein Ziel, aber sie protestieren nicht wie die jungen Leute vor 10 Jahren. Sie wollen nichts verändern: "Es könnte noch schlimmer kommen."

Hier die Meinung von ein paar jungen Leuten:

Pieter, 29:
"Was *jetzt* ist, ist wichtig!" Er möchte freiberuflich arbeiten, als Fotograf, und berühmt werden. Sein Wunsch ist, in einer Gruppe zu leben.

Angelika, 24:
Als Schülerin wollte sie einen reichen Mann heiraten. Jetzt ist sie mit einem "ganz normalen" jungen Mann verlobt. Für die Zukunft hat sie keine Pläne. "Ich nehme das Leben so, wie es ist."

Carsten, 27:
Eigentlich wollte er ein großer Musiker werden. Mit 25 wußte er, daß daraus nichts wird. Jetzt möchte er sich einen Campingbus kaufen und wegfahren. "Man braucht mehr als nur Geld, um glücklich zu sein."

Wolfgang, 28:
"Ich wollte der Chef in meinem Betrieb werden, aber das klappt nicht." Er möchte eine Insel besitzen und dort ganz allein wohnen. "Mensch sein, wie *ich* mir das vorstelle, kann ich hier nicht."

Hans, 23:
"Man muß etwas leisten im Leben!" Ein Leben ohne Auto und Filme kann er sich nicht vorstellen. "Ohne Geld ist man nichts!" Er würde gerne Rennfahrer werden, will aber erst seine Ausbildung abschließen.

"Was ich herausgefunden habe: Die jungen Leute haben keinen Mut. Viele haben die Hoffnung, daß sich etwas verändert; aber das sollen andere machen. Das ist nicht viel für die Zukunft!"

Eva, 30
(sie machte die Interviews)

Ü 1 Wer sagt was?

"Ich nehme das Leben wie es ist."	Pieter
"Ohne Geld ist man nichts!"	Angelika
"Die jungen Leute haben keinen Mut."	Carsten
"Mensch sein . . . . . kann ich nicht."	Wolfgang
"Was *jetzt* ist, ist wichtig!"	Hans
"Man braucht mehr als Geld, um glücklich zu sein."	Eva

Ü 2 Wie kann man diese Sätze anders sagen?

Geld allein macht nicht glücklich.
Er möchte mit niemand zusammen leben.
Er will unabhängig arbeiten.
Sie denkt nicht an das, was kommt.
Er möchte nicht allein leben.
Ohne Arbeit gibt es keinen Erfolg!

Schule und Beruf: gleiche Chancen für alle?

2

a)

Deutsche Mädchen: in Europa ganz am Schluß

In der Bundesrepublik Deutschland besuchen nur 60,9 und in Italien 60,8 Prozent aller Mädchen zwischen fünf und vierundzwanzig Jahren eine Schule oder eine Universität. In Dänemark sind es dagegen 68,4 Prozent der Mädchen. In Großbritannien beträgt der Anteil der Schülerinnen und Studentinnen 66,3 Prozent, in Frankreich 65,4, in Belgien 63,1 und in den Niederlanden 62,6.

Ü 1 **Vergleichen Sie die Zahlen für die verschiedenen Länder.**

Diese Formulierungen könnten Sie verwenden:
– Im Vergleich zu . . . . .
– Verglichen mit . . . .
– Während . . . . . haben, haben . . . . .
  Während . . . . . sind, sind . . . . .
– In . . . . . besuchen . . . . ., aber in . . . . . sind
  . . . . .

b)

Fräulein Doktor hat's sehr schwer

Von jeweils 100 Schülern bzw. Studenten waren in der BRD:

weiblich | männlich

	weiblich	männlich
Volksschüler	49	51
Gymnasiasten	43	57
Abiturienten	39	61
Hochschulstudenten	25	75
Staats- und Diplomprüflinge	23	77
Doktorprüfungen	17	83

Ü 2 **Vergleichen Sie die Zahlen für männliche und weibliche Schüler/Studenten. Sagen Sie mit Ihren eigenen Worten, was diese Graphik zeigt.**

c) **Karin A. lernt einen typischen Männerberuf: Sie wird Mechanikerin**

In der Bundesrepublik arbeiten 40 Prozent der Frauen in vier Berufen: als Verkäuferin, als Sekretärin, als Erzieherin oder Lehrerin und als Krankenschwester.

"Mechanikerin wollen Sie werden? Da kann ich Ihnen nicht versprechen, ob Sie ein Betrieb als Lehrling nimmt. Das wird schwierig!" sagte der Berufsberater zu Karin, als sie sich mit ihm unterhielt.

Karins Eltern waren dagegen. "Dazu braucht man Kraft!" sagte ihr Vater. "Und man ist immer schmutzig", meinte die Mutter.

Karin hatte eine Freundin, die auch Mechanikerin werden wollte. Zusammen mit 180 Jungen schickten sie ihre Bewerbung an eine große Münchner Autowerkstatt – und sie bekam einen Ausbildungsvertrag!

Die Freundin hat inzwischen wieder aufgehört. Aber Karin hat fest vor, ihre Ausbildung abzuschließen und in zwei Jahren die Prüfung zu machen.

Dann ist sie eine der ersten ausgebildeten Mechanikerinnen in der Bundesrepublik.

Ü 3 **Fassen Sie diesen Zeitschriftentext in kurzen Sätzen zusammen:**

40 von 100 Frauen arbeiten in vier Berufen . . . . .

3 Schreib uns Deine Probleme – Tommy antwortet Dir

In der Bundesrepublik gibt es mehrere Zeitschriften für TEEN-AGER. In diesen Illustrierten erzählen junge Leute in Leserbriefen von ihren Problemen. Meistens geht es um Liebe und Freundschaft, um Konflikte mit den Eltern oder Probleme in der Schule.
Ein "Briefkasten-Freund" wie "Tommy" beantwortet diese Briefe in der Zeitschrift.

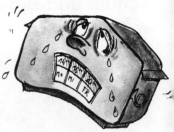

Ich liebe einen Neger

Ich bin 16 Jahre alt und Schülerin eines Gymnasiums. Seit einem halben Jahr bin ich mit einem Neger eng befreundet. Sie können sich gar nicht vorstellen, was wir für Verleumdungen und Boshaftigkeiten hinnehmen müssen. Meine Eltern sind natürlich auch gegen diese Verbindung. Sie versuchen mit allen Mitteln, uns auseinanderzubringen. Leben wir nicht in einer Zeit, in der Farbige bereits gleichberechtigt sind? Ich weiß nicht, hat so eine Freundschaft überhaupt eine Zukunft? Was können wir tun, damit wir meine Eltern überzeugen können, daß sie nicht mehr gegen so eine Verbindung stehen?

Sonja

Vater mag ihn nicht

Ich gehe seit drei Jahren mit meinem Freund. Er ist 18, ich bin 17 Jahre alt. Wir lieben uns über alles und wollen uns bald verloben. Er kommt gut mit meiner Mutter aus und ich mit seinen Eltern. Mein Problem ist mein Vater. Er ist immer dagegen, daß wir uns sehen, er ist gegen die Verlobung. Er schreit meinen Freund ohne Grund an, setzt ihn sogar manchmal vor die Tür. Mein Freund ist anständig, kommt aus gutem Haus und benimmt sich meinen Eltern gegenüber einwandfrei. Warum nur mag ihn mein Vater nicht? Und was kann ich tun, damit sich das ändert?

Klara

Darf er mir das verbieten?

Ich bin 15 Jahre alt, meine Mutter ist geschieden und hat einen Freund. Nun treffe ich mich seit einiger Zeit fast jeden Abend mit meiner Clique. Als ich meine Mutter fragen wollte, ob ich wieder zu meinen Freunden gehen darf, sagte sie, ich soll ihren Freund fragen. Er erlaubte es mir nicht. Er verbietet mir, die Wohnung abends zu verlassen, obwohl ich nicht länger als 20.30 Uhr weggehen würde. Darf er das?

Kerstin

Wenn ich im Bett an sie denke, kommen mir die Tränen

Mein Freund glaubt, daß ich einen guten Charakter habe. Ich bin ein ziemlich gutaussehender Bursche. Ich komme mir aber trotzdem immer so allein und verlassen vor.

Einmal hatte ich ein Mädchen, das ich ins Herz geschlossen hatte. Auf einmal aber schaute sie mich nicht mehr an, und da wußte ich, daß es aus war. Wenn ich ins Bett gehe und an sie denke, kommen mir die Tränen.

Ich glaube, mein Leben hat gar keinen Sinn mehr. Was soll ich denn dagegen tun? Wie kann ich das Mädchen auf mich aufmerksam machen, es einfädeln, daß sie mich liebt und ins Herz schließt?

Thomas, 15

Ü 1   Welche Probleme haben Sonja, Klara, Kerstin, Thomas?

Ü 2   Hier ist eine Antwort von "Tommy":

> Was Du schreibst, hat mir sehr zu denken gegeben. Sicher, jeder hat mal Probleme – aber deshalb darf man nicht gleich so schwarzsehen. Ich weiß: Die anderen verstehen Dich oft nicht. Trotzdem, wenn Du an Dich selbst glaubst, dann scheint auch für Dich bald wieder die Sonne! Kopf hoch! Es wird bald alles besser!

▶ Welchen Brief beantwortet "Tommy"?

Ü 3   Schreiben Sie den jungen Leuten eine Antwort.

Ü 4   Schreiben Sie Rocko über ein Problem, das Sie beschäftigt.

Udo Lindenberg

4

ER WOLLTE NACH LONDON

① Mit 13 ist er zum ersten Mal von zu Hause weggerannt.
Er wollte nach London und später nach Paris.
Es waren komische Gefühle, als er nachts an der Straße stand,
den Schlafsack unter'm Arm und 30 Mark in der Hand.
Er rauchte viele Zigaretten, und dann wurde es wieder heller.
Und morgens um 7 hatten sie ihn, sein Alter war leider schneller.

② Als er so um 15 war, hat er's nochmal versucht;
und diesesmal hat's hingehau'n, da haben sie sehr geflucht.
Als er drei Tage später den Eindruck hatte, daß er weit genug weg war,
hat er zu Hause angerufen und gesagt, es wär' alles klar.
Eigentlich war gar nichts klar, und das Geld war auch schon alle,
und nun stand er da in irgendeiner kalten Bahnhofshalle.

③ Er war in London, er war in Paris. Er war in vielen großen Städten.
Er schlief auf harten Parkbänken und auf weichen Wasserbetten.
Er spürte, daß er irgendwie auf der Suche war,
und was er eigentlich wollte, das war ihm damals noch nicht klar.

④ Inzwischen ist er 19, und er weiß immer noch nicht so genau,
was er denn davon halten soll, von dieser ganzen Schau.
Viele Sachen sieht er anders, und er glaubt auch nicht mehr so daran,
daß es nur an der Umgebung liegt. Vielleicht kommt es doch mehr auf einen
selber an.

⑤ Und nun liest er ein Buch von Hermann Hesse,
und nun macht er Meditation.
Doch er findet Jerry Cotton auch sehr stark,
und er lernt jetzt auch noch Saxophon.

Teenager-Sprache: einige Worterklärungen

① *Schlafsack* =

sein "Alter" = sein Vater

② *diesesmal hat's hingehau'n* = diesmal ging es
gut
sie haben sehr geflucht = die Eltern waren böse
auf ihn
es wär' alles klar = alles sei in Ordnung
das Geld war alle = er hatte kein Geld mehr

③ *er war irgendwie auf der Suche* = er suchte
etwas, das er nicht genau kannte

④ *diese ganze Schau* = das ganze Leben
viele Sachen = viele Fragen, Probleme
es kommt auf einen selber an = wichtig ist, was
man selbst ist und tut

⑤ *er findet Jerry Cotton sehr stark* = Jerry Cotton
gefällt ihm sehr gut

Ü 1 Hören Sie das Lied ein paarmal an und notieren Sie Stichwörter zu folgenden Fragen:

1. "Mit 13" – ①
– Was hat er getan?
– Wohin wollte er?
– Wie hat er sich unterwegs gefühlt?
– Was haben seine Eltern getan?

2. "So um 15" – ② und ③
– Was hat er wieder getan?
– Hatte er Erfolg?
– Was haben diesmal seine Eltern getan?
– Was sagte er seinen Eltern, als er sie anrief?
– Wo war er, als er sie anrief?
– Wie ging es ihm, als er telefonierte?
– Wußte er, was er in den großen Städten suchte?

3. "Inzwischen ist er 19" – ④ und ⑤
– Wie fühlt er sich jetzt?
– Was hat er verstanden?
– Was tut er jetzt?
– Hermann Hesse – Jerry Cotton, Meditation –
Saxophon: paßt das zusammen?

Ü 2 Erzählen Sie diese "Geschichte" mit Hilfe
Ihrer Notizen

69

5 Jung sein in Deutschland: Wie es heute ist – wie es einmal war

Wir haben Interviews mit vier Deutschen von 18 bis 72 Jahren gemacht. Lesen Sie bitte vorher:

▲ 1980

▲ 1970

▲ 1960

▲ 1930

Andreas Kunsch, 1962 geboren, Schüler:

Er wohnt in Kassel (Hessen) bei seinen Eltern und geht hier zur Schule. Er ist in einer kirchlichen Jugendgruppe. Mit seinen Freunden aus der Gruppe verbringt er den größten Teil seiner Freizeit: Besuch von Gasthäusern (= Kneipen), Diskutieren, Musik hören und selbst machen. Seit zweieinhalb Jahren hat er eine feste Freundin.

"Eigentlich geht's mir recht gut", meint er. Was er werden will, weiß er noch nicht so recht. Seine Vorbilder sind ". . . . . Lebenskünstler, die ihre Freizeit recht gut gestalten können und eigentlich nicht viel Geld verdienen wollen, aber trotzdem noch recht gut leben dabei". Er hat keine Lust, den Wehrdienst zu machen, weil er sich nicht gerne herumkommandieren läßt.

An Politik sind er und seine Freunde interessiert, "aber momentan ist alles negativ, was da läuft!" Kürzlich hat er an einer Schülerdemonstration teilgenommen, aber er wußte nicht so recht, um was es ging. Die Revolution im Iran beschäftigt ihn.

Drogensucht gibt es unter den jungen Leuten, meint er, auch Alkoholismus, weil es viele Probleme gibt. Er selbst trinkt gern mal ein Bier, aber er hat noch nie Drogen probiert.

"Ich brauche eigentlich keine Änderung", sagt er am Ende des Interviews. Während des Gesprächs raucht er einige Zigaretten.

Michael König, 1949 geboren, Lehrer an einem Gymnasium in Kassel:

Er stammt aus Pirmasens (60 000 Einwohner, Rheinland-Pfalz). Ende der 60er Jahre – aus dieser Zeit ist das Bild – fand er die Beatles sehr gut. Er hat damals in einer Band gespielt. In den Ferien ist er mit seinen Freunden ins Ausland, besonders nach Südfrankreich, getrampt (Autostop). Von den Studentendemonstrationen Ende der 60er Jahre hat er damals in seiner Stadt und in seiner Schule wenig gehört.

Nach dem Abitur mußte er zur Bundeswehr. Gern hat er das nicht gemacht. Gegen den Wehrdienst waren damals nur wenige, sagt er. Sein Vater riet ihm damals, Offizier zu werden.

Er erinnert sich an den Bau der Mauer zwischen Ost- und Westberlin (1961). Er erinnert sich an den Tod Kennedys (1963) und an den Vietnam-Krieg. Aber eigentlich hat man sich damals als junger Mensch für Politik nicht so sehr interessiert, sagt er. Die jungen Leute haben damals überhaupt nicht viel protestiert, meint er.

Heute sind seine Schüler kritischer. Er sieht Gefahren in der Drogensucht und im Alkoholismus bei den jungen Leuten von heute.

Wolfgang Kunsch, geboren 1938, technischer Angestellter, Vater von Andreas Kunsch:

Er ist in Kassel geboren und aufgewachsen. Während des Krieges lebte die Familie in der Kleinstadt Melsungen, nicht weit von Kassel. Kassel wurde 1943 zerstört.

Als Junge war er bei den Pfadfindern. Er ist in den Ferien durch Deutschland mit dem Fahrrad gefahren und gewandert, auch getrampt.

Auf dem Bild sind er und seine Frau bei einem Tanzkurs zu sehen. Sie üben Tango. Beide sind damals oft in ein "richtiges" Tanzcafé zum Tanzen gegangen. Fernsehen gab's noch nicht, man ging oft ins Kino. Er erinnert sich an Adenauer und Erhard.

Alle Leute – auch die jungen Leute – haben damals viel gearbeitet, sagt er. Deutschland mußte wieder aufgebaut werden, man mußte von vorn anfangen. Protestieren und Demonstrieren gab es nicht.

Dr. Alfred Görgl, geboren 1908, Großvater von Andreas Kunsch:

Er war bis 1973 Oberstudienrat an einem Gymnasium.

Er ist auf einem Bauernhof in der Kleinstadt Scherau (Šerava) in Böhmen (Tschechoslowakei) aufgewachsen. Sein Vater war im 1. Weltkrieg (1914–1918) Soldat.

In seiner Jugend war er bei den "Wandervögeln". Das Bild zeigt ihn Ende der 20er Jahre. Sie sind viel gewandert, haben gesungen und musiziert, waren naturverbunden. Er hat in seinen Ferien große Fahrten gemacht (mit der Bahn, mit dem Rad, zu Fuß). Er hat sich ganz besonders für die Dichter Hermann Hesse und Rainer Maria Rilke begeistert. Er hat auch selbst Gedichte geschrieben.

Trotz der politischen Unruhen Ende der 20er und Anfang der 30er Jahre waren die jungen Leute damals sehr unpolitisch, meint er. Private Probleme haben sein Leben bestimmt. Nach dem 2. Weltkrieg mußte seine Familie ihre Heimat verlassen.

Er kann sich an Stresemann und Ebert erinnern. Frauen spielten damals in der Politik keine Rolle, sagt er. Die jungen Leute von heute haben viel mehr Möglichkeiten, sich selbst eine Meinung von der Welt zu bilden, findet er.

Ü Wer sagt was?

	Wo geboren und aufgewachsen?	Freizeit?	Vorbilder?	Politik?/ Politische Ereignisse? Große Persönlichkeiten?	Urteil über die heutige Jugend?
Andreas Kunsch					
Michael König					
Wolfgang Kunsch					
Alfred Görgl					

Was war damals?

Kennen Sie diese Leute?

Was war wann?

1973

ACHTUNG
Sie verlassen jetzt
West-Berlin

1963

1953

1943

1933

Butter West
KÄSE

1923

Revolution im Iran

Gründung der
Bundesrepublik
Deutschland

2. Weltkrieg

Der erste Mensch
auf dem Mond gelandet

Krieg
in Vietnam

Bau der
Berliner Mauer

Demonstrationen
gegen Atomkraftwerke

Arbeitslosigkeit
und Weltwirtschaftskrise

Deutsches
Wirtschaftswunder

US-Präsident
Kennedy ermordet

Studentenrevolte

1. Weltkrieg

Hitler und die Nazizeit

Ölkrise

6

Erinnerung an die Marie A.

1

An jenem Tag im blauen Mond September
Still unter einem jungen Pflaumenbaum
Da hielt ich sie, die stille bleiche Liebe
In meinem Arm wie einen holden Traum.
Und über uns im schönen Sommerhimmel
War eine Wolke, die ich lange sah
Sie war sehr weiß und ungeheuer oben
Und als ich aufsah, war sie nimmer da.

2

Seit jenem Tag sind viele, viele Monde
Geschwommen still hinunter und vorbei.
Die Pflaumenbäume sind wohl abgehauen
Und fragst du mich, was mit der Liebe sei?
So sag ich dir: Ich kann mich nicht erinnern
Und doch, gewiß, ich weiß schon, was du meinst.
Doch ihr Gesicht, das weiß ich wirklich nimmer
Ich weiß nur mehr: ich küßte es dereinst.

3

Und auch den Kuß, ich hätt ihn längst vergessen
Wenn nicht die Wolke dagewesen wär
Die weiß ich noch und werd ich immer wissen
Sie war sehr weiß und kam von oben her.
Die Pflaumenbäume blühn vielleicht noch immer
Und jene Frau hat jetzt vielleicht das siebte Kind
Doch jene Wolke blühte nur Minuten
Und als ich aufsah, schwand sie schon im Wind.

(Ein Jugendgedicht von Bertolt Brecht aus dem Jahr 1920)

a)
- Als erstes muß ich gleich um 11 zum Zahnarzt.
- Dann muß ich die Kinder von der Schule abholen.
- Und nach dem Mittagessen, so gegen zwei, halb drei, will ich zu Gisela fahren und mit ihr eine Übersetzung fertigmachen.
- Danach fahre ich dann bei Walter im Büro vorbei, und dann werden wir uns endlich mal die Ausstellung über afrikanische Kunst ansehen.

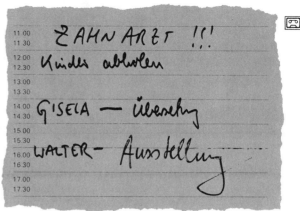

Ü   **Was haben Sie für heute/morgen/das Wochenende/den nächsten Urlaub geplant?**

b)

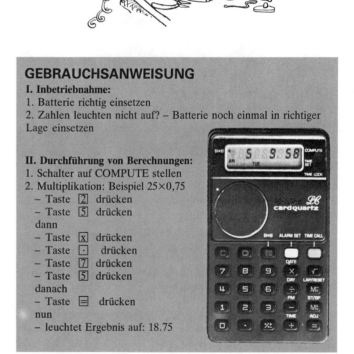

○ Also: Die neue Stereo-Anlage ist da!
     ● Na fein! Gratuliere!
○ Danke! Aber wie geht's jetzt weiter?
   Was muß ich als erstes tun?
     ● Vor allem die richtige Voltzahl einstellen.
○ Gut gesagt! Und welche ist das?
     ● 220.
○ Und wo macht man das?
     ● Auf der Rückseite. Da sind Knöpfe mit den Voltzahlen: 110, 130, 220 und 240.
○ Und *wie* mache ich das?
     ● Am besten mit einem Geldstück.
○ Gut, und was dann?
     ● Anschließen: die Stecker in die Steckdosen.
○ Also einschalten?
     ● Nein! Zuerst . . . . .

GEBRAUCHSANWEISUNG

I. Inbetriebnahme:
1. Batterie richtig einsetzen
2. Zahlen leuchten nicht auf? – Batterie noch einmal in richtiger Lage einsetzen

II. Durchführung von Berechnungen:
1. Schalter auf COMPUTE stellen
2. Multiplikation: Beispiel 25×0,75
   – Taste ⟨2⟩ drücken
   – Taste ⟨5⟩ drücken
   dann
   – Taste ⟨x⟩ drücken
   – Taste ⟨·⟩ drücken
   – Taste ⟨7⟩ drücken
   – Taste ⟨5⟩ drücken
   danach
   – Taste ⟨=⟩ drücken
   nun
   – leuchtet Ergebnis auf: 18.75

Ü 1   **Erklären Sie, wie man einen Cassetten-Recorder in Betrieb nimmt.**

Ü 2   **Erklären Sie, wie man addiert, subtrahiert, dividiert, Prozente berechnet.**

Was machst du heute?/Was tust du am Wochenende?/ Was hast du morgen abend vor?	Zuerst/Als erstes . . . . ., dann . . . . ., danach . . . . ., mittags/um drei . . . . ., zuletzt/als letztes/schließlich . . . . .
Wie geht das?/Wie macht man das?/Wie wird das gemacht?/Wie mache ich das?/Wie soll ich das machen?	Man nimmt . . . . ./Man muß . . . . ./(Das geht) Ganz einfach: . . . . ./Das macht man so: . . . . ./Du mußt . . . . .
Und was dann?/Wie geht's weiter? Und wo ist das/mache ich das?	Dann nimmst du . . . . ./Jetzt fährst du . . . . . Auf der Rückseite./An dem Knopf.

1. Der Text IV: Zeitliche Gliederung

Als erstes muß ich zum Zahnarzt.
Dann muß ich die Kinder von der Schule abholen.
Und nach dem Mittagessen will ich zu Gisela fahren und mit ihr eine Über-
setzung fertigmachen.
Danach fahre ich bei Walter im Büro vorbei,
und dann werden wir uns endlich die Kunstausstellung ansehen.

Als erstes (zuerst)
▼
Dann
▼
nach . . . . .
▼
Danach
▼
dann
▼
(zuletzt/als letztes/schließlich)

2. Das Verb und die Satzergänzungen: Präpositionalergänzung

(1) Sie kümmern sich   nicht   um die Zukunft.

sich kümmern +NOM +PRÄP (um . . .)

(2) Er erinnert sich   an den Tod Kennedys.

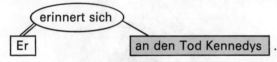

sich erinnern +NOM +PRÄP (an . . .)

(3) Er begeisterte sich für den Dichter Hermann Hesse.

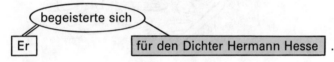

sich begeistern +NOM +PRÄP (für . . .)

3. Person und Sache

Für wen begeistert er sich?
Er begeistert sich für Udo Lindenberg.
Er begeistert sich für ihn.

Wofür begeistert er sich?
Er begeistert sich für Sport.
Er begeistert sich dafür.

PERSON			SACHE	
Genauso:			**Genauso:**	
in	in	mich/mir	worin?	– darin
an	an	dich/dir	woran?	– daran
auf	auf	ihn/ihm	worauf?	– darauf
unter	wen? unter	sie/ihr	worunter?	– darunter
vor	wem? – vor	uns	wovor?	– davor
hinter	hinter	euch	wohinter?	– dahinter
neben	neben	sie/ihnen	woneben?	– daneben
zwischen	zwischen		wozwischen?	– dazwischen
		mir		
(aus)	aus	dir	woraus?	– daraus
bei	bei	ihm	wobei?	– dabei
mit	wem? – mit	ihr	womit?	– damit
(nach)	nach	uns	wonach?	– danach
zu	zu	euch	wozu?	– dazu
		ihnen		
		mich		
		dich		
durch	durch	ihn	wodurch?	– dadurch
gegen	wen? – gegen	sie	wogegen?	– dagegen
um	um	uns	worum?	– darum
		euch		
		sie		

4. "Reziproke" Verben

(1) Wir lieben uns. = { Ich liebe dich.
                        Du liebst mich. } = { Wir lieben einander.
                                              Einer liebt den anderen. }

(2) Wir verloben uns. = { Ich verlobe mich (mit dir).
                          Du verlobst dich (mit mir). } = { Wir verloben uns (miteinander).
                                                            Einer verlobt sich mit dem anderen. }

5. Dreimal "es"

5.1. "es" kann *ersetzt* werden

(1) Das Mädchen schreibt einen Leserbrief;   Das Mädchen schreibt einen Leserbrief;
    es hat Probleme.   das Mädchen hat Probleme.
(2) Er ist schon einmal von zu Hause weggerannt; Er ist schon einmal von zu Hause weggerannt;
    später hat er es noch einmal versucht.   später hat er noch einmal versucht,
                                                   von zu Hause wegzurennen.

> **"es"** steht für eine Sache oder eine Person, die man schon kennt.

5.2. "es" kann *weggelassen* werden

(1) Es (fehlt) ihnen [ein Ziel]. [Ein Ziel] (fehlt) ihnen.
(2) Es (fehlen) uns [Freunde]. [Freunde] (fehlen) uns.

> **"es"** steht im Aussagesatz am Satzanfang, wenn das Subjekt hinter das Verb gestellt ist und das Verb in der 3. Person Singular oder Plural steht.

5.3. "es" kann *nicht ersetzt* und *nicht weggelassen* werden

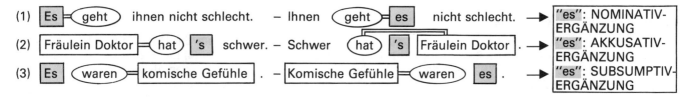

(1) Es (geht) ihnen nicht schlecht. – Ihnen (geht) es nicht schlecht. → "es": NOMINATIV-ERGÄNZUNG
(2) Fräulein Doktor (hat) 's schwer. – Schwer (hat) 's Fräulein Doktor. → "es": AKKUSATIV-ERGÄNZUNG
(3) Es (waren) komische Gefühle. – Komische Gefühle (waren) es. → "es": SUBSUMPTIV-ERGÄNZUNG

6. Dreimal "als"

6.1. "als" ist Konjunktion

Der Berufsberater sagte zu Karin, /als\ sie sich mit
ihm unterhielt: "....."   ——→ *Deutsch aktiv 2*, 1GR3.2

6.2. "als" ist "Präposition"

(1) Er möchte als Fotograf berühmt werden.   Er / Fotograf
(2) Als Schülerin wollte sie einen reichen Mann heiraten. sie / Schülerin
(3) Ein Betrieb nimmt sie als Lehrling.   sie / Lehrling

6.3. "als" steht nach Komparativ

Man braucht mehr als Geld, um glücklich zu sein. ——→ *Deutsch aktiv 1*, 11D2

Ü 1 **Machen Sie aus den Sätzen einen Text**

Hinweis: Ordnen Sie die Sätze zeitlich richtig und gebrauchen Sie "als erstes (zuerst)", "dann", "danach", "nach ......", "zuletzt".

Aufgabe: a) ..... bin ich mit dem Bus in die Stadt gefahren. – ..... habe ich das Auto in die Werkstatt gebracht. – ..... bin ich mit dem Auto in den Wald gefahren. – ..... dem Mittagessen habe ich mein Auto aus der Werkstatt geholt. – In der Stadt habe ich ..... ein paar Sachen eingekauft. – Dort habe ich mich ..... getrimmt. – ..... habe ich mit Maria zu Mittag gegessen. – ..... bin ich ins Bett gegangen. – Ich habe ..... noch zu Abend gegessen. – ..... dem Trimmen bin ich nach Hause gefahren.

b) Du möchtest wissen, wie man Kartoffelsuppe kocht? Ganz einfach: ..... werden die Kartoffeln geschält. – ..... wird ein Teil der Kartoffeln zerdrückt. – ..... wird die Suppe zum Kochen gebracht. – ..... wird das Fett heißgemacht. – ..... werden die Zwiebeln und das Suppengrün in dem Fett erhitzt. – ..... wird die Suppe mit Salz abgeschmeckt und mit Petersilie angerichtet. – ..... werden die Kartoffeln, die Mettwurst und etwas Salz hineingegeben. – ..... wird die Zwiebel in Scheiben geschnitten.

Ü 2 **Fragen Sie und antworten Sie**

Beispiel: (a) **Für wen** begeisterst du dich? – Ich begeistere mich **für Udo Lindenberg.** Und du? **Für wen** begeisterst du dich? – Ich begeistere mich **für Frank Sinatra.**

(b) **Wofür** begeisterst du dich? – Ich begeistere mich **für Sport.** Und du? **Wofür** begeisterst du dich? – Ich begeistere mich **für Musik.**

Aufgabe: (1) Mit wem hast du auf der Party geflirtet? – Ich ..... Und du? .....? – Ich ...... – (2) Worauf freust du dich am meisten? – Ich ..... den Urlaub. Und du? .....? – Ich ...... – (3) Worüber habt ihr euch besonders gefreut? – Wir ..... euren Besuch ..... Und ihr? .....? – Wir ..... – (4) Auf wen wartest du? – Ich ..... Eva. Und du? .....? – Ich ..... – (5) Worauf warten Sie? – Ich ..... meinen Bus. Und Sie? .....? – Ich ...... – (6) Worüber habt ihr gestern abend gesprochen? – Wir ..... Politik ..... Und ihr? .....? – Wir ..... – (7) An wen können Sie sich noch erinnern? – Ich ..... Winston Churchill ...... Und Sie? .....? – Ich ..... – (8) Woran könnt ihr euch noch erinnern? – Wir ..... unseren gemeinsamen Urlaub vor drei Jahren ..... Und ihr? .....? – Wir ...... – (9) Worum willst du dich kümmern? – Ich ..... die Getränke für die Party ...... Und du? .....? – Ich ...... – (10) Um wen kümmert ihr euch? – Wir ..... den kleinen Jungen, der seine Eltern verloren hat. Und ihr? .....? – Wir ...... – (11) Worauf kommt es in der Schule besonders an? – Es kommt meiner Meinung nach besonders ..... gute Zeugnisse an. Und im Beruf? – Im Beruf .....

Ü 3 **Sagen Sie das anders**

Beispiel: Es fehlt ihnen ein Ziel: **Ein Ziel fehlt ihnen.**

Aufgabe: (1) Es ist sein Wunsch, in einer Gruppe zu leben. – (2) Es haben viele die Hoffnung, daß sich etwas verändert. – (3) Es arbeiten vierzig Prozent der Frauen in vier Berufen. – (4) Es erzählen junge Leute von ihren Problemen. – (5) Es hat jeder mal Probleme. – (6) Es haben alle Leute damals viel gearbeitet. – (7) Es beschäftigt ihn die Revolution im Iran. – (8) Es interessierten ihn die Beatles.

Ü 4 **Ergänzen und antworten Sie**

Beispiel: Wie geht **es** dir? – **Danke, es geht mir ganz gut.**

Aufgabe: (1) Hat ..... lange gedauert? – Ja, ... ziemlich lange ...... – (2) Habt ihr ..... schwer gehabt, als ihr jung wart? – Sicher, wir ..... schwerer ..... als die jungen Leute heute. – (3) Glauben Sie, daß ..... bald wieder besser wird? – Nein, ich glaube nicht, ... – (4) Was für Gefühle waren ....., als du zum erstenmal nach Deutschland gekommen bist? – ..... waren ziemlich komische Gefühle. – (5) Gibt ..... auch bei euch Probleme in der Schule? – Natürlich, auch bei uns ..... Probleme. – (6) Geht ..... dir wieder besser? – Nein, mir ..... noch schlechter als gestern. – (7) Hat ..... einen Sinn, Deutsch zu lernen? – Aber natürlich ..... einen Sinn!

Ü 5 **Machen Sie Sätze**

Beispiel: (a) Fotograf: berühmt werden wollen. – **Ich wollte als Fotograf berühmt werden.**

(b) Frau: Männerberuf lernen. – **Als Frau habe ich einen Männerberuf gelernt.**

Aufgabe: (1) Lehrling: schwer arbeiten müssen. – (2) Kind: nicht radfahren dürfen. – (3) Schülerin: einen reichen Mann heiraten wollen. – (4) Verkäuferin: nicht in einem Kaufhaus arbeiten wollen. – (5) Lehrerin: in der Grundschule arbeiten wollen. (6) Chef: mehr zu sagen haben. – (7) Krankenschwester: kranken Menschen helfen können. – (8) Rennfahrer: viel Geld verdienen wollen. – (9) Musiker: ein freies Leben führen können.

ARBEITSVERTRAG

für Arbeiter

Zwischen   Fa. Heinrich Meier o.HG   (Name des Betriebes)

in   62 Wiesbaden   (Ort),   Heinrichstr. 6   (Straße / Platz)

— im folgenden kurz Arbeitgeber genannt —

und   Rolf Müller   , geb. am   21.4.1961

Herrn / Frau / Frl.   62 Wiesbaden, Eberstraße 27 a

wohnhaft in   — im folgenden kurz Arbeitnehmer genannt —

wird folgender Arbeitsvertrag geschlossen:

§ 1 Inhalt und Beginn des Arbeitsverhältnisses

1. Herr / Frau / Frl. Rolf Müller

tritt ab 1. Sept. 1977 als Malerhelfer   (z. B. Schlossergeselle, Schneiderin)

auf unbestimmte Dauer in die Dienste des oben bezeichneten Arbeitgebers.

2. Für das Arbeitsverhältnis gelten die jeweiligen Tarifverträge für das   Maler-
Handwerk / sowie die Arbeitsordnung ⃰).

3. Soweit tarifvertraglich nichts anderes geregelt ist, gelten die ersten 3 Monate als Probearbeitsverhält-
nis. Während dieser Probezeit kann beiderseits mit einer Frist von 2 Wochen ohne Angabe von
Gründen gekündigt werden, sofern ein für beide Parteien geltender Tarifvertrag nicht eine andere
Kündigungsfrist vorsieht.

4. Die Verwendung des Arbeitnehmers richtet sich im Rahmen des Zumutbaren nach den betrieblichen
Bedürfnissen des Arbeitgebers.

§ 2 Arbeitsentgelt

1. Herr / Frau / Frl.   Rolf Müller   erhält als Arbeitsentgelt
pro Stunde / Woche / Monat
— Tariflohn der Lohngruppe f.Hilfsarbeiter bis zum   6,53   DM brutto
in Ortsklasse I   vollend. 17. Lebensjahr   ----   DM brutto
oder Akkordlohn nach den betr. Sätzen   ----   DM brutto

—   ----   DM brutto
(z. B. Übertarifvergütung)

—   6,53   DM
(z. B. Zulagen für besondere   Bruttolohn insgesamt
Erschwernisse oder Leistungen)

2. Soweit freiwillig Übertarifbezahlung gewährt wird, ist diese frei widerruflich. Die Zusage gilt nur
bis zu einer Änderung des gegenwärtig gültigen Lohntarifvertrages. Sie kann jederzeit bei Tarif-
lohnerhöhung oder Ortsklassenveränderung angerechnet werden.

3. Das Arbeitsentgelt ist jeweils am   Freitag   zahlbar.

⃰) Nichtzutreffendes streichen

ARBEIT

Arbeitgeber ◄──► Arbeitnehmer

Arbeitsverhältnis

Arbeitsvertrag

(Probearbeitsverhältnis)

Arbeitsentgelt
= Lohn
= Vergütung
= Bezahlung
= Verdienst

VERTRAGSSPRACHE

– ein Vertrag wird zwischen A und B geschlossen
– im folgenden Arbeitgeber genannt
– A tritt in die Dienste des/von B
– die Tarifverträge gelten
– tarifvertraglich geregelt
– einen Vertrag/ein Arbeitsverhältnis kündigen
– der Vertrag sieht eine Frist vor
– im Rahmen des Zumutbaren
– Herr Müller erhält als Arbeitsentgelt pro Stunde/ Woche/Monat/Jahr . . . . .
– das Arbeitsentgelt ist am Freitag zahlbar

Ü 1   **Zu diesem Arbeitsvertrag**

1. Wie heißt der Arbeit*geber* (= Firma, Betrieb)?
2. Wer ist der Arbeit*nehmer?*
3. Wann soll das *Arbeitsverhältnis* beginnen?
4. *Als was* soll der Arbeitnehmer *arbeiten? Beruf?*
5. Wie lange soll die vertragliche *Probezeit* dauern?
6. Wer sind die *Parteien*/Vertragspartner?
7. Wie hoch ist das *Arbeitsentgelt*/der Bruttolohn?
8. *Wann* muß der *Lohn gezahlt* werden?

Ü 2   1. **Wie heißen die beiden Parteien, die einen Arbeitsvertrag schließen?**
2. **Welche 4 anderen Wörter kann man für "Bezahlung" noch sagen?**
3. **Was heißt: "Das Arbeitsentgelt ist zahlbar"?**

2

Zwei Männer, zwei Streiks, zwei Lebensbilder

Hermann Frisch:

"Die Not der Kollegen war groß damals", erinnert sich der frühere Stahlarbeiter an den letzten Streik der Stahlarbeiter an der Ruhr – vor 50 Jahren. "Wir arbeiteten damals 56 Stunden in der Woche. Es ging um eine Lohnerhöhung von 1,5 Prozent, und dafür wurde sieben Wochen gekämpft."

Urlaub? – Hermann Frisch lächelt nur. 1919 fing man mit drei Tagen jährlich an. "Wir hatten 1928 so sechs bis acht Tage Urlaub im Jahr. Erst 1938 bin ich zum erstenmal mit meiner Frau in Urlaub gefahren: ins nahe Münsterland."

Und der Lohn damals? – "Ofenleute bekamen damals zwischen 250 und 300 Reichsmark brutto. Da ließen sich keine großen Sprünge machen, wenn man Familie hatte", sagt Hermann Frisch.

Acht Tage Urlaub im Jahr und Margarine

Hermann Frisch, heute 75, machte vor 50 Jahren den Stahlarbeiter-Streik mit

An Auto und Motorrad, die heutzutage Selbstverständlichkeiten für fast jeden Stahlarbeiter sind, dachte damals kein Mensch. "Und wir aßen meistens Margarine, Butter war viel zu teuer für uns", ergänzt seine Frau.

1400 Mark netto und Urlaub im Süden

Günter Schulze, 26 Jahre, streikt für kürzere Arbeitszeit und mehr Lohn

Günter Schulze:

Er kann sich einfach nicht vorstellen, daß damals, vor 50 Jahren, die Not so groß war.

Er streikt für 35 statt 40 Stunden Arbeitszeit pro Woche. Aber er sagt ganz offen, daß es ihm recht gut geht, obwohl er kein gelernter Facharbeiter ist.

Er ist unverheiratet, hat in Dortmund eine eigene Wohnung, für die er monatlich nur 180 DM zahlen muß. Bei einem Nettolohn zwischen 1 300 und 1 400 DM kann er das ohne Schwierigkeiten.

Und er spart auch, "wirft das Geld nicht zum Fenster hinaus". Er hat ein Konto bei der Stadtsparkasse und dazu eine Lebensversicherung.

Der junge Mann hat seit gut zwei Jahren auch ein Auto, einen VW, mit dem er jedes Jahr Urlaubsreisen in den Süden macht. Laut Tarifvertrag hat er 24 Urlaubstage im Jahr.

Ü 1 Streiks in der deutschen Stahlindustrie 1928/1978. Bitte vergleichen Sie:

	1928	1978
1. Ziel des Streiks		
2. Lohn der Stahlarbeiter (Brutto-/Netto-)		
3. Arbeitszeit (Stunden pro Tag/Woche)		
4. Urlaub (a) Urlaubstage pro Jahr		
(b) Reiseziele im Urlaub		

Ü 2 Wie viele Stunden am Tag und pro Woche müssen Sie in Ihrem Land arbeiten?

Ü 3 Finden Sie 40 Stunden Arbeit pro Woche
☐ zu lang ☐ zu kurz ☐ genau richtig?
Warum?

Ü 4 Was spricht für die 35-Stunden-Arbeitswoche, was spricht dagegen?

...und was ist mit meiner Arbeitszeit!?

Bureauordnung (vor 100 Jahren)

1. Das Personal braucht jetzt nur noch an Wochentagen zwischen 6 Uhr vormittags und 6 Uhr nachmittags anwesend zu sein. Es wird erwartet, daß alle Mitarbeiter ohne Aufforderung Überstunden machen, wenn es die Arbeit erfordert.

2. Der dienstälteste Angestellte ist für die Sauberkeit des Bureaus verantwortlich. Alle Jungen und Junioren melden sich bei ihm 40 Minuten vor Arbeitsbeginn und bleiben auch nach Arbeitsschluß zur Verfügung.

3. Während der Bureaustunden darf nicht gesprochen werden. Die Einnahme von Nahrung ist zwischen 11.30 Uhr und 12.00 Uhr erlaubt. Jedoch darf die Arbeit dabei nicht eingestellt werden.

4. Überschuhe und Mäntel dürfen im Bureau nicht getragen werden, da dem Personal ein Ofen zur Verfügung steht. Ausgenommen sind bei schlechtem Wetter Halstücher und Hüte. Außerdem wird empfohlen, in Winterszeiten täglich 4 Pfund Kohle pro Personalmitglied mitzubringen.

5. Ein Angestellter, der Billardsäle und politische Lokale aufsucht, gibt Anlaß, seine Ehre, Gesinnung, Rechtschaffenheit und Redlichkeit anzuzweifeln. Weibliche Angestellte haben sich eines frommen Lebenswandels zu befleißigen.

6. Jeder Angestellte hat die Pflicht, für die Erhaltung seiner Gesundheit zu sorgen. Kranke Angestellte erhalten keinen Lohn. Deshalb sollte jeder verantwortungsbewußte Commis von seinem Lohn eine gewisse Summe zurücklegen, damit er bei Arbeitsunvermögen oder bei abnehmender Schaffenskraft nicht der Allgemeinheit zur Last fällt. Ferien gibt es nur in dringenden familiären Fällen. Lohn wird für diese Zeit nicht bezahlt.

Denken Sie immer daran, daß Sie Ihrem Brotgeber Dank schuldig sind. Er ernährt Sie schließlich.

– ArbeitsZEITEN

● Überstunden
● Pausen
● Urlaub
● Krankheit

– ArbeitsRÄUME

– ArbeitsKLEIDUNG

– RECHTE/PFLICHTEN

● der ArbeitGEBER
● der ArbeitNEHMER
   (1) junge Arbeitnehmer
   (2) ältere Arbeitnehmer

Heutige Rechtslage

1. Die regelmäßige werktägliche Arbeitszeit darf die Dauer von acht Stunden nicht überschreiten (§ 3 Arbeitszeitordnung). Wird ... Mehrarbeit geleistet, so haben die Arbeitnehmer ... Anspruch auf eine angemessene Vergütung über den Lohn für die regelmäßige Arbeitszeit hinaus (§ 15 Arbeitszeitordnung).

2. Den Auszubildenden dürfen nur Verrichtungen übertragen werden, die dem Ausbildungszweck dienen (§ 6 Berufsbildungsgesetz). Die tägliche Arbeitszeit des Jugendlichen darf acht Stunden ... nicht überschreiten. Die Arbeitszeit des Jugendlichen darf wöchentlich die Arbeitszeit der erwachsenen Arbeitnehmer nicht überschreiten (§ 10 Jugendarbeitsschutzgesetz).

3. Den Arbeitnehmern sind bei einer Arbeitszeit von mehr als 6 Stunden mindestens eine halbstündige Ruhepause oder zwei viertelstündige Ruhepausen zu gewähren, bei denen eine Beschäftigung im Betrieb nicht gestattet ist (§ 12 Arbeitszeitordnung).

4. Die Gewerbeunternehmer sind verpflichtet, die Arbeitsräume ... so einzurichten und zu unterhalten ..., daß die Arbeiter gegen Gefahren für Leben und Gesundheit ... geschützt sind (§ 120a Gewerbeordnung).

5. Niemand darf wegen seines Geschlechts, seiner Abstammung, seiner Rasse, seiner Sprache, seiner Heimat oder Herkunft, seines Glaubens, seiner religiösen oder politischen Anschauung benachteiligt oder bevorzugt werden (Artikel 3 Grundgesetz).

6. Jeder Arbeitnehmer hat in jedem Kalenderjahr Anspruch auf bezahlten Erholungsurlaub (§ 1 Bundesurlaubsgesetz).

Ü Vergleichen Sie die Punkte 1–6 der beiden Texte. Benutzen Sie folgende Stichwörter als Hilfe:

1. Arbeitszeit pro Tag
2. Überstunden = Mehrarbeit
3. Arbeitspausen
4. Arbeitsräume
5. Arbeitskleidung
6. Krankheit, Verhinderung
7. Urlaub
8. Junge und alte Arbeitnehmer
9. Soziale und moralische Pflichten von Arbeitgeber und Arbeitnehmer

Ü 1 Was ist ein ArbeitGEBER/ein ArbeitNEHMER?

Ü 2 Was ist ein BrotGEBER/ein GeldGEBER/ ein KreditGEBER/ein GastGEBER? Wer gibt wem was?

Ü 3 "Arbeitnehmer – Arbeitgeber": Was sagt Helga M. Novak dazu?

Ü 4 Lesen Sie bitte die Informationen über Frau Novak. Haben ihr Studium, ihre Berufe, ihre Wohnorte etwas mit dem Text "Arbeitnehmer – Arbeitgeber" zu tun? Diskutieren Sie.

4

HELGA M. NOVAK, 1935 in Berlin geboren. Studierte Philosophie und Journalistik in Leipzig. Monteurin, Laborantin, Buchhändlerin. Lebte von 1961-1967 in Island, heute in Frankfurt am Main.

Helga M. Novak
Arbeitnehmer – Arbeitgeber

Dem das Gefrierhaus gehört, der nimmt meine Arbeit. Er nimmt sie mir ab.
Ich, da mir nichts gehört, gebe ihm meine Arbeit. ER ist der Arbeitnehmer. Der ArbeitGEBER bin ich.
Arbeitnehmer und Arbeitgeber – an seinem lodengrünen Tisch begegnen wir uns mit vertauschten Namen und taxieren uns.

7

5

NDR

**Die Sprechstunde des NDR (Norddeutscher Rundfunk)
vom 28. September 1979, Beginn: 8.37 Uhr
Thema:**
Berufsausbildungschance fürs Leben
Hörer fragen – Experten antworten

Frau Thiele aus Hannover sucht für ihren Sohn, 16, eine Stelle als Hotelkaufmann, genauer gesagt: eine Praktikantenstelle in dieser Branche. Zur Zeit besucht ihr Sohn eine Berufsfachschule. Die Aussichten auf Erfolg scheinen sehr gering zu sein: Für die nächsten 2-3 Jahre seien alle Stellen besetzt, obwohl – wie Frau T. erfahren hat – 40 000 Stellen im Hotel- und Gaststättengewerbe frei sein sollen.

Die Experten sind zunächst ein wenig ratlos, sagen dann aber: Frau T. solle sich an den Landesverband für das Hotel- und Gaststättengewerbe wenden und fragen, ob Betriebe bekannt seien, die ein Praktikum anbieten. Allerdings müsse ihr Sohn für die Zeit des Praktikums vielleicht von Hannover weg. Auch das Schulamt besitze eine Vermittlungsstelle mit einer großen Übersicht. Und die Berufsberater hätten eine bundesweite Liste über freie Ausbildungsplätze. Die von Frau T. genannten 40 000 freien Stellen gehörten nicht zum Ausbildungsberuf: Im Bundesgebiet sei sicher ein Ausbildungsplatz zu finden; ganz anders sei es aber mit Praktikantenstellen.

Herr Jensen aus Stade, dessen Sohn, 18, Realschulabschluß hat und ein Jahr zur Ausbildung bei der Polizei war (kein Abschluß), erkundigt sich nach Ausbildungsmöglichkeiten für Krankenpfleger, besonders in der Pflege alter Menschen. Vor allem wünscht er Auskünfte über die erwartete Schulbildung und darüber, was sein Sohn tun müsse.

Die Experten sind der Meinung, die Aussichten seien besonders gut, da vor allem Sozialberufe heute sehr stark gefragt seien. Es sei nun mal so, daß durch ungesundes Leben, zu wenig Sport und zu viel Essen immer mehr Krankheiten zu verzeichnen seien. – Ein direkter Übergang zu den Berufen im Krankendienst komme allerdings nicht in Frage: Zuerst müsse die Ausbildung in einem anderen Beruf und dann ein entsprechendes Praktikum gemacht werden. Weitere Auskünfte könne das Arbeitsamt geben.

Fräulein Martin aus Hamburg erkundigt sich für ihren Bruder, der im nächsten Jahr aus der Schule entlassen wird und Elektriker werden möchte. Sie fragt, ob es besser sei, mit Hilfe des Branchenverzeichnisses im Telefonbuch Firmen anzurufen oder an Firmen zu schreiben, die Ausbildungsplätze anbieten könnten.

Die Experten raten, die Berufswünsche in jedem Fall schriftlich zu formulieren, und zwar möglichst persönlich, damit die Bewerbung unter den vielen anderen auffällt. Die Ausbildungsplätze in diesem Beruf seien übrigens nicht überbesetzt, weder im handwerklichen noch im industriellen Bereich.

Ü   Hören Sie die Gespräche und notieren Sie Stichpunkte

▶ über die jungen Leute, die eine Berufsausbildung machen
wollen:
1. Alter . . . . ., 2. Schulbildung . . . . ., 3. berufliche Erfahrung
. . . . ., 4. gewünschter Beruf . . . . .;
▶ über die speziellen Fragen der Anrufer und die Antworten
der Experten.

Holen Sie sich Informationen aus *Deutsch aktiv 1:*
1. zum Schul- und Bildungswesen der Bundesrepublik: S. 93–94;
2. zu Berufen und ihrem Prestige: S. 97 unten;
3. zu Ausbildung in Industrie und Handel: S. 95 unten, S. 97 oben.

MITBESTIMMUNG

■ Nach dem *Mitbestimmungsgesetz* von 1976 können viele Arbeitnehmer (AN) in der Bundesrepublik die Politik ihrer Unternehmen beeinflussen. Dieses Gesetz gilt nur für die rund 500 Großfirmen mit mehr als 2000 AN.

■ Die Aufsichtsräte, die diese Unternehmen kontrollieren, haben je nach Firmengröße 12 bis 20 Mitglieder. Die Hälfte dieser Mitglieder vertreten die AN, die andere Hälfte die "Anteilseigner" (= Besitzer des Firmenkapitals).

■ Die AN-Vertreter im Aufsichtsrat sind Mitarbeiter des Unternehmens; sie sind (a) Arbeiter, (b) Angestellte, (c) "leitende" Angestellte (= verantwortlich für wichtige Teilbereiche des Unternehmens) und (d) Vertreter der Gewerkschaft(en). Die Zahl der Aufsichtsratsmitglieder der AN-Gruppen (a) – (c) entspricht ihrer Mitarbeiterzahl im Unternehmen; jede Gruppe hat aber mindestens einen Vertreter im Aufsichtsrat. Die Gewerkschaft(en) stellen immer 2–3 Vertreter.

■ Der Vorsitzende des Aufsichtsrats wird meist von den Vertretern der Anteilseigner gewählt.

■ Wenn es bei einer Abstimmung im Aufsichtsrat Stimmengleichheit (z. B. 10:10 Stimmen) gibt, wird die Abstimmung wiederholt. Dann hat der Aufsichtsratsvorsitzende 2 Stimmen.

Ü 1 Betrachten Sie die Zeichnung "Mitbestimmung". Was fällt Ihnen auf?

Ü 2 Sind "leitende" Angestellte AN-Vertreter? Warum (nicht)?

Ü 3 Welche besondere Bedeutung hat der Aufsichtsratsvorsitzende? Warum?

Ü 4 Welche Mitbestimmung der AN gibt es in Ihrem Land/in anderen Ländern?

Aus Leserbriefen, Unterrichtsgesprächen, Kritiken: Meinungen zu "Deutsch aktiv 1"

++ SICH EINVERSTANDEN ERKLÄREN:	+/- ARGUMENTATIONS-HILFEN GEBEN:	-! GEGENTEILIGE MEINUNG VERTRETEN:
1. (Ganz) einverstanden!	1. Ja (schon), aber...	1. (Nein,) Im Gegenteil!
2. Da bin ich (absolut) Ihrer Ansicht.	2. (Völlig) richtig! Andrerseits...	2. Überhaupt nicht (wahr)!
3. Das empfinde ich (genau) wie Du.	3. Das stimmt (natürlich), aber...	3. Hast Du eine Ahnung!
4. Da sind wir uns (voll und ganz) einig.	4. Das ist zwar richtig, aber...	4. Damit bin ich (absolut) nicht einverstanden!
5. Dem stimme ich (vollkommen) zu.	5. Das finde ich (schon) auch; trotzdem...	5. Das sehe ich anders:...
6. Davon bin ich (total) überzeugt.	6. (Vielleicht) darf ich Ihnen dazu (noch) sagen, daß---	6. Leider kann ich Ihre Meinung (ganz und gar) nicht teilen.

1. Konstruktionen mit Partizip

(1) ein für beide Parteien **geltender** Tarifvertrag:	ein Tarifvertrag, der für beide Parteien **gilt**
ART. / PARTIZIP I / SUBSTANTIV	ART. / SUBSTANTIV / RELATIVSATZ

(2) die von Frau T. **genannten** freien Stellen:	die freien Stellen, die von Frau T. **genannt worden sind**
ART. / PARTIZIP II / SUBSTANTIV	ART. / SUBSTANTIV / RELATIVSATZ

2. Der Finalsatz

2.1. bei verschiedenen Nominativergänzungen

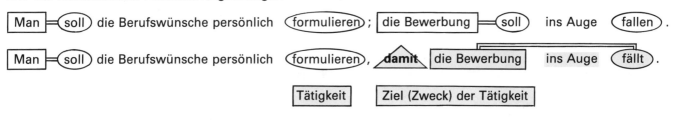

Man (soll) die Berufswünsche persönlich (formulieren); die Bewerbung (soll) ins Auge (fallen).

Man (soll) die Berufswünsche persönlich (formulieren), **damit** die Bewerbung ins Auge (fällt).

Tätigkeit — Ziel (Zweck) der Tätigkeit

2.2. bei gleichen Nominativergänzungen

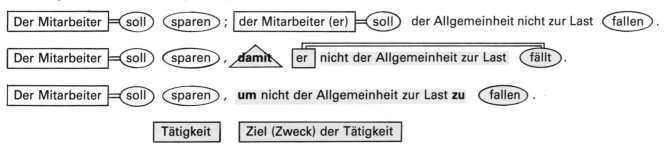

Der Mitarbeiter (soll) (sparen); der Mitarbeiter (er) (soll) der Allgemeinheit nicht zur Last (fallen).

Der Mitarbeiter (soll) (sparen), **damit** er nicht der Allgemeinheit zur Last (fällt).

Der Mitarbeiter (soll) (sparen), **um** nicht der Allgemeinheit zur Last **zu** (fallen).

Tätigkeit — Ziel (Zweck) der Tätigkeit

3. Konjugation: Konjunktiv I

		Hilfsverben		Modalverben	"Regelmäßige" und "unregelmäßige" Verben		
Infinitiv:		haben	sein	können	kommen	gehören	
Singular							
1. Person	ich	hab-e	**sei**	könn-e	komm-e	gehör-e	-e
2. Person	du	hab-est	**sei-(e)st**	könn-est	komm-est	gehör-est	-est
	Sie	hab-en	**sei-en**	könn-en	komm-en	gehör-en	-en
3. Person	er/sie/es	hab-e	**sei**	könn-e	komm-e	gehör-e	-e
Plural							
1. Person	wir	hab-en	**sei-en**	könn-en	komm-en	gehör-en	-en
2. Person	ihr	hab-et	**sei-et**	könn-et	komm-et	gehör-et	-et
3. Person	sie	hab-en	**sei-en**	konn-en	komm-en	gehör-en	-en

⟶ *Deutsch aktiv 2,* 1GR6

4. Direkte und indirekte Rede

4.1. Direkte Rede

(1) Die Experten sagen (sagten):
"Alle Stellen sind besetzt."   INDIKATIV

(2) Die Experten sagen (sagten):
"Das Schulamt besitzt eine   INDIKATIV
Vermittlungsstelle."

(3) Die Experten sagen (sagten):
"Die freien Stellen gehören   INDIKATIV
nicht zum Ausbildungsberuf."

4.2. Indirekte Rede

Die Experten sagen (sagten),
(a) daß alle Stellen besetzt sind.   INDIKATIV
(b) daß alle Stellen besetzt seien.   KONJUNKTIV I
(c) daß alle Stellen besetzt wären.   KONJUNKTIV II

Die Experten sagen (sagten),
(a) daß das Schulamt eine
Vermittlungsstelle besitzt.   INDIKATIV
(b) daß das Schulamt eine
Vermittlungsstelle besitze.   KONJUNKTIV I
(c) daß das Schulamt eine
Vermittlungsstelle besäße.   KONJUNKTIV II

Die Experten sagen (sagten),
(a) daß die freien Stellen nicht zum
Ausbildungsberuf gehören.   INDIKATIV
(b) daß die freien Stellen nicht zum
Ausbildungsberuf gehörten.   KONJUNKTIV II

5. Das Verb und die Satzergänzungen: Genitivergänzung (selten!)

Weibliche Angestellte müssen sich eines frommen Lebenswandels befleißigen.

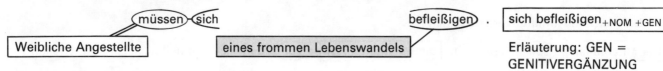

sich befleißigen$_{+NOM\ +GEN}$

Erläuterung: GEN =
GENITIVERGÄNZUNG

6. Ergänzungen nach Substantiven

(1) Die Aussichten auf Erfolg sind gering.

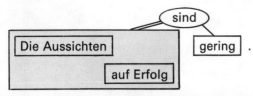

Aussicht auf . . . . .

(2) Er wünscht Auskünfte über die Schulbildung.

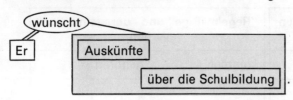

Auskunft über . . . . .

7. Ergänzungen nach Adjektiven

Der Angestellte ist für die Sauberkeit des Büros verantwortlich.

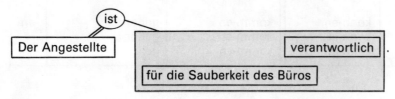

verantwortlich für . . . . .

Ü 1 Sagen Sie das anders

Beispiel: ein für beide Parteien geltender Tarifvertrag: **ein Tarifvertrag, der für beide Parteien gilt**

Aufgabe: (1) die im folgenden "Arbeitgeber" genannte Firma Meier – (2) eine tarifvertraglich geregelte Probezeit – (3) ein zwischen Arbeitgebern und Arbeitnehmern abgeschlossener Tarifvertrag – (4) der an jedem Freitag zu zahlende (!) Lohn – (5) die für die nächsten Jahre besetzten Stellen – (6) die von den Experten gegebenen Auskünfte – (7) die von der Firma angebotenen Ausbildungsplätze – (8) eine persönlich formulierte Bewerbung – (9) die von der Gewerkschaft gewünschte 35-Stunden-Woche – (10) die nach drei Jahren abgeschlossene Berufsausbildung

Ü 2 Sagen Sie das anders

Beispiel: Die Arbeitnehmer streiken; sie wollen mehr Lohn bekommen.
(a) Die Arbeitnehmer streiken, um mehr Lohn zu bekommen.
(b) Die Arbeitnehmer streiken, damit sie mehr Lohn bekommen.

Aufgabe: (1) Wir fahren ins Münsterland; wir wollen uns erholen. – (2) Ich bewerbe mich bei einer Firma; ich möchte einen Ausbildungsplatz bekommen. – (3) Ich spare; ich möchte mir ein Auto kaufen können. – (4) Wir kaufen uns ein Zelt; wir möchten in diesem Jahr campen können. – (5) Wir müssen morgen früher aufstehen; wir wollen pünktlich am Bahnhof sein. – (6) Ich nehme das Flugzeug; ich will schneller bei meiner Freundin sein. – (7) Ich arbeite in einem anderen Beruf; ich will mehr Geld verdienen. – (8) Viele Leute machen eine Schlankheitskur; sie wollen abnehmen. – (9) Ich gehe mit achtzehn Jahren von zu Hause weg; ich möchte mich frei entwickeln können. – (10) Ich bleibe zu Hause; ich will meine Eltern nicht enttäuschen.

Ü 3 Gebrauchen Sie die "indirekte Rede"

Beispiel: Die Experten sagen/sagten: "Alle Stellen sind besetzt". – **Die Experten sagen/sagten,**
(a) daß alle Stellen besetzt sind.
(b) daß alle Stellen besetzt seien.
(c) daß alle Stellen besetzt wären.

Aufgabe: (1) Die Experten sagen: "Die Berufsaussichten des Krankenpflegers sind sehr gut." – (2) Die Experten sagen: "Es gibt immer kranke Menschen." – (3) Sie sagen: "Zuerst muß die Ausbildung in einem anderen Beruf abgeschlossen werden." – (4) Sie sagen: "Das Arbeitsamt kann weitere Auskünfte geben." – (5) Der Stahlarbeiter Günter Schulze sagte: "Ich streike für eine kürzere Arbeitszeit." – (6) Er sagte auch: "Mir geht es ganz gut." – (7) Schulze sagte: "Ich kann ohne Schwierigkeiten monatlich 180 Mark Miete zahlen." – (8) Und er sagte: "Ich spare bei der Stadtsparkasse."

Ü 4 Ergänzen Sie die Präpositionen

Beispiel: Viele Kinder haben **Angst vor** der Schule.

Aufgabe: (1) Die Aussichten . . . . . einen Ausbildungsplatz sind schlecht. – (2) Können Sie mir Auskunft . . . . . die Aufgaben des Direktors geben? – (3) Die Ausbildung . . . . . den Beruf des Elektrikers dauert drei Jahre. – (4) Der Lohn . . . . . seine Arbeit beträgt neun Mark brutto. – (5) Ohne Angabe . . . . . Gründen darf der Arbeitsvertrag nicht gekündigt werden. – (6) Herr Frisch hat am Streik . . . . . 1,5% Lohnerhöhung teilgenommen. – (7) Die Gewerkschaft hat viele Gründe . . . . . eine kürzere Arbeitszeit; die Arbeitgeber haben viele Gründe . . . . . die 35-Stunden-Woche. – (8) Wie war eure Reise . . . . . Griechenland und . . . . . die Türkei? – (9) Jeder Arbeitnehmer hat Anspruch . . . . . Urlaub. – (10) Die Gefahren . . . . . die Gesundheit sind in einigen Berufen noch ziemlich groß.

Ü 5 Ergänzen Sie die Präpositionen

Gebrauchen Sie: (un)zufrieden mit, glücklich über, verliebt in, verlobt mit, verantwortlich für, verheiratet mit

Aufgabe: (1) Jeder ist . . . . . sich selbst verantwortlich. – (2) Ich bin . . . . . dich verliebt. – (3) Seit voriger Woche bin ich . . . . . Peter verlobt. – (4) Manche Mädchen möchten . . . . . einem reichen Mann verheiratet sein. – (5) Seid ihr . . . . . dem Ergebnis des Gesprächs zufrieden? – (6) Wir sind . . . . . dem Ergebnis unzufrieden. – (7) Wir sind glücklich . . . . . die Geburt unseres Sohnes.

1 Leute und ihre Freizeit

Margit Peterle (32) arbeitet als Verwaltungsangestellte. Sie lebt mit ihren beiden Töchtern (5 und 9) allein.

Nach der Berufsarbeit und der Hausarbeit bleibt ihr täglich noch eine Stunde Freizeit.
Sie liest viel, geht aber auch gern aus oder zu Freunden. Am Wochenende macht sie Spaziergänge mit den Kindern oder fährt raus. Das darf aber nicht zuviel kosten. Der Urlaub ist zum Ausruhen da. "Ich bin manchmal ganz gern allein, aber ich bin auch sehr gern mit anderen Leuten zusammen."

Willi Pötter (44), leitet eine Druckerei in einem Institut. Er ist Familienvater.

Er findet, daß er genug Freizeit hat. Am liebsten bastelt er in seiner Werkstatt. Im Schützenverein ist er Schriftführer, im Gesangverein Vorsitzender. Alle 14 Tage geht er mit einem Freundeskreis abwechselnd zum Kegeln und zum Wandern. "Wir machen so richtig schöne Wanderungen mit 'Kind und Kegel' – so heißt der kleine Familienverein aus sechs bis sieben Familien." Viel Geld gibt er dafür nicht aus.

Isa Edelhoff (9), Schülerin im vierten Schuljahr der Grundschule.

Sie hat immer etwas vor: am Montag und Mittwoch Turnen, am Donnerstag Laienspielgruppe, am Freitag Flöten- und Klavierstunden. Dienstag und das Wochenende sind frei. Für Hausaufgaben braucht sie nicht viel Zeit.
"Schwimmen tue ich gerne, Radfahren tue ich gerne, Rollschuhfahren tue ich gerne – und Höhlen bauen!"

Lesehilfen zu diesen beiden Seiten:

Schützenverein/Gesangverein = Gruppe von Leuten, die zum Spaß auf Zielscheiben schießen/im Chor singen
basteln = Sachen aus Metall/Holz/Papier machen
Laienspiel = Theaterspielen für alle (Amateure)
Abitur = Prüfung, mit der man die Höhere Schule (z. B. Gymnasium) abschließt und an die Universität darf
Mofa = Motorfahrrad, Fahrrad mit kleinem Motor
flippern = am Spielautomat "Flipper" spielen
Tischtennis = "Pingpong"
hat gern Gesellschaft = ist gern mit Leuten zusammen
gibt Nachhilfestunden = hilft Schülern gegen Bezahlung beim Lernen
handarbeiten = Sachen aus Stoff/Wolle machen
Disko = Diskothek (Musik- u. Tanzlokal für Jugendliche)

Ü 1   Was tun diese Leute in ihrer Freizeit? Schreiben Sie eine Liste.

Ü 2   Ergänzen Sie Ihre Liste durch Freizeitbeschäftigungen aus *Deutsch aktiv 1*, S. 142–143.

Ü 3   Ordnen Sie die Freizeitbeschäftigungen nach Lebensaltern: Kinder, Jugendliche, junge Erwachsene, ältere Erwachsene.

Ü 4   Welche Freizeitbeschäftigungen kosten viel, welche wenig oder kein Geld?

Ü 5   Was kann man alles über die Leute auf diesen beiden Seiten und ihre Freizeit notieren?

Name

Beruf

Alter

Wieviel Freizeit haben sie?

Was machen sie am liebsten?

Was kostet das?

Andrea Scheidler (18). Sie geht in die 12. Klasse eines Gymnasiums.

Am Nachmittag macht sie Hausaufgaben, hilft im Haushalt und gibt jüngeren Schülern Nachhilfestunden. Damit verdient sie sich das Geld für ihre Hobbies. "Am meisten höre ich eigentlich Musik oder treffe mich mit Freunden, bin mit denen zusammen, gehe aus oder handarbeite oder lese." Manchmal geht sie mit ihren Freunden in eine Disko. Fernsehen spielt in ihrer Freizeit kaum eine Rolle.

Helga Klinger (43) arbeitet halbtags in einer Behörde. Sie hat zwei Söhne (13 und 18).

Sie hat wenig Freizeit. Nach der Arbeit bringt sie den Haushalt in Ordnung.
Sie liest gern. Abends ist sie oft allein. Dann sitzt sie vor dem Fernseher und strickt dabei.
Am Wochenende geht sie manchmal mit ihrem Mann aus, zum Tanzen oder ins Theater. Ihr jüngster Sohn ist Sportler. "Der Große ist im Moment mit seinem Abitur beschäftigt und hat eine Freundin", sagt sie.

Roland Paradies (16), Schüler in der 10. Klasse der Realschule.

In seiner Freizeit fährt er am liebsten zu seinen Freunden, fährt Mofa oder geht flippern, je nachdem, ob er Geld dazu hat. Er spielt Tischtennis in der Mannschaft des Sportvereins. Am Nachmittag nehmen die Hausaufgaben einen großen Teil seiner Freizeit ein. Zum Fernsehen hat er eine positive Einstellung: "Wenn ich's Fernsehen anmache, dann kommt's mir eigentlich nicht drauf an, daß was Bestimmtes dran ist".

Margarete Becker (58), seit 25 Jahren leitende Angestellte. Sie lebt allein.

Ihr bleibt nach der Berufs- und Hausarbeit nicht viel freie Zeit. Die teilt sie sich sorgfältig ein. Im Winter geht sie viel wandern und macht Schi-Langlauf. Im Sommer macht sie kleinere Spaziergänge und geht schwimmen. Sie sammelt Münzen und Briefmarken. Im Sommerurlaub fotografiert sie viel. Später werden dann die Dias sortiert und beschriftet. Das macht sie am liebsten allein, bei ihren Reisen aber hat sie gern Gesellschaft. Sie gehört nicht zu denen, die ihre ganze Freizeit mit Fernsehen verbringen. Die Freizeitindustrie kann an ihr nicht viel verdienen.

Ü 6 Fragen Sie Ihre Nachbarin/Ihren Nachbarn im Unterricht, was sie/er am liebsten in der Freizeit tut.

Ü 7 Bereiten Sie ein Interview in Ihrer Gruppe vor. Welche Fragen wollen Sie stellen? Machen Sie einen einfachen Fragebogen.
Nehmen Sie die Antworten auf Tonband auf oder notieren Sie die Antworten.

Ü 8 Hören Sie die Interviews vom Tonband an oder spielen Sie die Interviews vor der Gruppe.
Welches gefällt Ihnen am besten? Warum?

Ü 9 Schreiben Sie einen kurzen Bericht über die Personen, die Sie interviewt haben, und ihre Freizeit.

Ü 10 Was tun Bundesbürger in ihrer Freizeit?
Was tun Sie in Ihrer Freizeit?

So können Sie fragen:

Bitte stellen Sie sich kurz vor.
Wie heißen Sie?
Was sind Sie von Beruf?
Was ist Ihr Beruf?
Haben Sie viel Freizeit?
Wieviel Freizeit haben Sie?
Was tun Sie am liebsten?
Was machen Sie am liebsten?
Wie verbringen Sie Ihre Freizeit am liebsten?
Haben Sie genug Freizeit?
Welche Freizeitbeschäftigungen sind in Ihrem Land typisch?

So können Sie antworten:

Am liebsten . . . . .
Ich . . . . . gern.
Ich . . . . . am liebsten.
Meine Lieblingsbeschäftigung(en) ist (sind) . . . . .
Meine Freizeit verbringe ich am liebsten mit . . . . .
Wenn ich Freizeit habe, ...
Bei uns . . . . .
Ich habe . . . . . Freizeit.

2 "Was machen wir heute abend?"

Ü 1 Machen Sie Vorschläge!

Auskünfte am Telefon

Ü 2

20 Uhr 30. Geht in Ordnung. . . . . Für 5 Personen, in Ordnung. . . . . Auf welchen Namen, bitte? . . . . .
Herr Burgio, danke sehr. . . . . .
Natürlich. Auf Wiederhören!

Ü 3

12. Reihe hätte ich noch. . . . . .
9 Mark 50. . . . . . Dreimal 12. Reihe – auf welchen Namen, bitte? . . . . . Wie bitte? . . . . .
Ellis. Jawohl, Herr Ellis. . . . . .
Bis 19 Uhr an Kasse 2.

Ü 4

Hugo Fischer? Ja, der singt und erzählt dem Publikum was. . . . . . So eine Art Conférencier. Mit Gewinnen. . . . . . Nein, das ist umsonst, ohne Eintritt.

Ü 5

Nein, heute nicht. Bratenplatte gibt es nur sonntags. . . . . Heute? Heute Kasseler mit Sauerkraut. . . . . . Natürlich, Sie können auch à la carte essen.

Ü 6

Nein, das ist heute das letzte Mal! . . . . . "Die lustige Witwe" wird noch länger gespielt. . . . . . W? Ach so, das ist ein besonderes Abonnement. . . . . . Ja, es gibt auch Freiverkauf.

5 Gründe auszugehen . . . . .

. . . . . weil Sie Lust dazu haben.
. . . . . weil Sie eingeladen werden.
. . . . . weil Sie schon lange nicht mehr aus waren.
. . . . . weil Sie mit ihm/ihr gern ausgehen.
. . . . . weil Sie das mal ausprobieren wollen.

Ü 7

Nein, leider! Das geht nur für geschlossene Gesellschaften, verstehen Sie? . . . . . Wieviele sind Sie denn? . . . . . Heute abend? Also gut, aber erst ab 20 Uhr. . . . . . Direkt neben dem Bahnhof.

. . . . . und 5 Gründe dagegen !

. . . . . weil Sie keine Lust dazu haben.
. . . . . weil Sie kein Geld haben.
. . . . . weil Sie lieber im Hotel/zu Hause bleiben wollen.
. . . . . weil Sie was anderes machen wollen.
. . . . . weil Ihnen die Musik zu laut ist.

3 a)

Freizeit für Familien

Familienferienstätte dorfweil

Wir laden Sie und Ihre Familie, Ihre Kinder und Enkelkinder herzlich ein, unsere Gäste zu sein!

Unser Haus bietet Ihnen:
Ferien für die ganze Familie
Ferien für junge Familien
Ferien für Familien mit behinderten Kindern
Ferien für Rentner, Witwen und Alleinstehende
Gemeindefreizeiten
Bildungstagungen

erholungs- und tagungszentrum im hochtaunus

Sie finden bei uns ein modern eingerichtetes Haus, auch für Kinder und Kleinstkinder ...

... aber auch Gespräche über die Bibel, Ehe und Familie, über Erziehungs- und Lebensfragen.

b)

FAMILIEN-FERIENSTÄTTE EINGEWEIHT

Dorfweil, der beliebte Kurort im Hochtaunus, ist um eine Attraktion reicher. Nach 4jähriger Bauzeit wurde gestern das neue Heim feierlich seiner Bestimmung übergeben. Präsident Konrad Engelhardt vom Evangelisch-Freikirchlichen Erholungswerk nannte die Anlage einzigartig in der Bundesrepublik. Vor allem kinderreiche Familien und Familien mit behinderten Kindern, die sich keinen gemeinsamen Urlaub leisten können, sollen hier Ferien machen. Insgesamt können 90 Personen hier wohnen. Die ersten "Urlauber" sollen schon in den nächsten Tagen eintreffen. Es handelt sich um Hamburger und Hannoveraner Familien, die zu einer Familienfreizeit der Caritas eingeladen worden sind.

▲
Kurort = Ort, wo man sich erholen kann
seiner Bestimmung übergeben = eröffnen (das Heim beginnt mit seiner Arbeit)
Familienfreizeit = organisierte Ferien für Familien
Caritas = katholische Sozialhilfe-Organisation

c) **Aus dem Terminkalender des Heimleiters:**

8⁰⁰ Schwimmen und 13.30

AUGUST

6 Montag — Ankunft Hamburger (Caritas) 19⁰⁰ Begrüßungsabend (Pastor Dietrich)

7 Dienstag — 10⁰⁰ Minigolf-Olympiade; 14.30 Vorlesen

8 Mittwoch — 19.30 Gesprächskreis (Pastor Dietrich)

9 Donnerstag — 9⁰⁰ Wanderung zum Limes und zur Saalburg (Lunchpakete!)

10 Freitag

11 Samstag Sonnabend — 18⁰⁰ Grillfest (kein Abendbrot)

12 Sonntag — 10⁰⁰ Gottesdienst

13 Montag — Ankunft der Hannoveraner (Caritas) 19⁰⁰ Begrüßungsabend (Pastor Dietrich)

14 Dienstag ● — 21⁰⁰ Nachtwanderung (Babysitter!)

15 Mittwoch — Mariä Himmelfahrt — Vorlesenachmittag (Karin)

16 Donnerstag — 16⁰⁰ Quiz (Hans; mit Kindern)

Da fahren wir auch hin!

Ü 1 Was gefällt wohl den Kindern am besten an Dorfweil?
Was interessiert wohl die Erwachsenen?

Ü 2 Was finden Sie an diesem Heim gut, nicht so gut, schlecht?
Begründen Sie Ihre Meinung.

Ü 3 Was würden Sie als Programm vorschlagen?

Die Familie wartet und wartet. Der Vater liegt unter dem Auto und repariert und repariert. Aber der Motor will nicht. Die Frau fragt ihren Mann: "Na, wann werden wir denn fahren?" – "Wenn ich mit der Reparatur fertig bin", sagt ihr Mann. – "Und wann wirst du . . . . .?" – "Wie soll ich das wissen! Ich bin kein Fachmann, und die Karre ist schon sehr alt!" – "Vielleicht müssen wir den Wagen abschleppen lassen", sagt seine Frau. – "Heute ist doch Sonntag!" – "Ach ja, natürlich! Aber du wirst den Fehler schon finden." Da sieht sie ihren Nachbarn am Fenster:

○ Na, was haben Sie denn heute vor, Herr Künzel?
● Ich weiß noch nicht.
○ Wir machen einen Ausflug. Wollen Sie nicht mitkommen?
● Wohin fahren Sie denn?
○ Nach Schaffhausen.
● Ah – in die Schweiz! Und wann geht's los?
○ Jeden Augenblick. Mein Mann ist gleich fertig.
● Und wann wollen Sie zurücksein?
○ Heute abend. So um sieben, denke ich.
●

Ich weiß nicht recht, bei dem Wetter? Ich glaube ich bleibe lieber hier. Vielen Dank für die Einladung!

Gut, ich komme mit! Ich ziehe mich schnell an. Danke, daß Sie mich mitnehmen!

Wollen wir nicht lieber nach Zürich fahren? Da kann man auch ins Kino gehen – bei dem Wetter! Oder einkaufen und ins Café gehen...

Wir machen einen Ausflug.	Ich weiß noch nicht.
Was haben Sie (denn) vor?	Ich weiß nicht recht.
Wollen Sie (nicht) mitkommen?	Ich glaube, ich bleibe lieber hier.
	Gut (, ich komme mit)!
	Danke, daß Sie mich mitnehmen!
	Wollen wir nicht lieber ins Kino?

Ü **Spielen Sie zu zweit oder in Gruppen diese und ähnliche Szenen:**

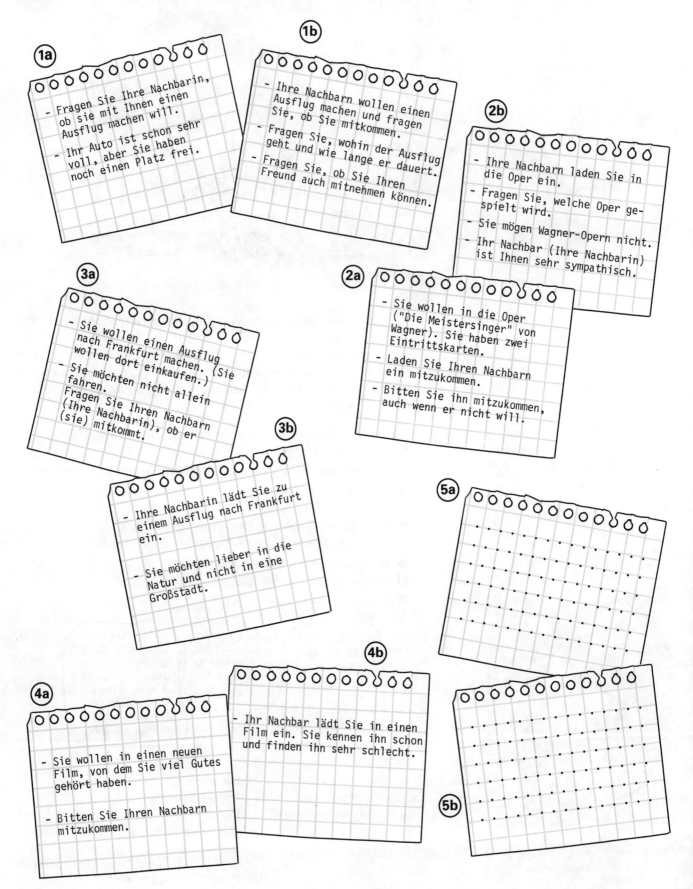

1a
- Fragen Sie Ihre Nachbarin, ob sie mit Ihnen einen Ausflug machen will.
- Ihr Auto ist schon sehr voll, aber Sie haben noch einen Platz frei.

1b
- Ihre Nachbarn wollen einen Ausflug machen und fragen Sie, ob Sie mitkommen.
- Fragen Sie, wohin der Ausflug geht und wie lange er dauert.
- Fragen Sie, ob Sie Ihren Freund auch mitnehmen können.

2b
- Ihre Nachbarn laden Sie in die Oper ein.
- Fragen Sie, welche Oper gespielt wird.
- Sie mögen Wagner-Opern nicht.
- Ihr Nachbar (Ihre Nachbarin) ist Ihnen sehr sympathisch.

3a
- Sie wollen einen Ausflug nach Frankfurt machen. (Sie wollen dort einkaufen.)
- Sie möchten nicht allein fahren. Fragen Sie Ihren Nachbarn (Ihre Nachbarin), ob er (sie) mitkommt.

2a
- Sie wollen in die Oper ("Die Meistersinger" von Wagner). Sie haben zwei Eintrittskarten.
- Laden Sie Ihren Nachbarn ein mitzukommen.
- Bitten Sie ihn mitzukommen, auch wenn er nicht will.

3b
- Ihre Nachbarin lädt Sie zu einem Ausflug nach Frankfurt ein.
- Sie möchten lieber in die Natur und nicht in eine Großstadt.

5a

4b
- Ihr Nachbar lädt Sie in einen Film ein. Sie kennen ihn schon und finden ihn sehr schlecht.

4a
- Sie wollen in einen neuen Film, von dem Sie viel Gutes gehört haben.
- Bitten Sie Ihren Nachbarn mitzukommen.

5b

1. Kausalsätze

(1) Heute gehe ich aus;   (a) ich war **nämlich** schon lange nicht mehr aus.

                        (b) **denn** ich war schon lange nicht mehr aus. } HAUPTSÄTZE

(2) Heute gehe ich aus,   (a) ⟨weil⟩ ich schon lange nicht mehr aus war.

                        (b) ⟨da⟩ ich schon lange nicht mehr aus war. } NEBENSÄTZE

2. Futur I: Gebrauch

2.1. Futur I bezeichnet Zukünftiges

Wir werden (morgen) einen Ausflug machen.   =   Wir machen morgen einen Ausflug.

2.2. Futur I bezeichnet eine Möglichkeit oder eine Vermutung

Du wirst den Fehler (schon) finden.   =   Möglicherweise/Vermutlich findest du den Fehler.

                                          =   Ich glaube, daß du den Fehler findest.

Ü 1 **Sagen Sie das anders**

Beispiel: Ich gehe heute aus; ich war nämlich schon lange nicht mehr aus:

        (a) Ich gehe heute aus; denn ich war schon lange nicht mehr aus.

        (b) Ich gehe heute aus, weil (da) ich schon lange nicht mehr aus war.

Aufgabe: (1) Ich gehe morgen ins Theater; ich war nämlich schon lange nicht mehr im Theater. – (2) Margit Peterle hat täglich nur eine Stunde Freizeit; sie ist nämlich berufstätig und muß auch noch ihre Hausarbeit machen. – (3) Willi Pötter ist im Schützenverein und im Gesangverein; er hat nämlich genug Freizeit. – (4) Isa Edelhoff hat jeden Tag etwas vor; sie braucht nämlich für die Hausaufgaben nicht viel Zeit. – (5) Andrea Scheidler gibt Nachhilfestunden; sie braucht nämlich Geld für ihre Hobbys. – (6) Helga Klinger arbeitet nur halbtags; sie muß nämlich auch für ihren Mann und die beiden Söhne sorgen. – (7) Roland Paradies hat nachmittags nicht viel Freizeit; die Hausaufgaben nehmen nämlich viel Zeit in Anspruch. – (8) Die Freizeitindustrie kann an Margarete Becker nicht viel verdienen; sie hat nämlich viele Hobbys, die kein Geld kosten. – (9) Ich gehe nicht mit ins Kino; das ist mir nämlich zu teuer. – (10) Ich gehe nicht mit in die Diskothek; die Musik ist mir da nämlich zu laut. – (11) Dieses Jahr machen wir Urlaub in Dorfweil; dort gibt es nämlich eine Familienferienstätte für kinderreiche Familien. – (12) Die Bundesregierung hat die Ferienstätte mitfinanziert; sie fördert nämlich Freizeitheime für Familien.

Ü 2 **Sagen Sie das anders**

Beispiel: (a) Du wirst den Fehler (schon) finden: **Ich glaube, daß du den Fehler findest.**

        (b) Wir werden morgen einen Ausflug machen: **Wir machen morgen einen Ausflug.**

Aufgabe: (1) Nächste Woche werde ich dich besuchen. – (2) Für das Konzert wird es keine Karten mehr geben. (3) Helga Klinger wird abends ziemlich müde sein. – (4) Wir werden im Sommer nach Dorfweil fahren. – (5) Sie werden mit dem Auto kommen. – (6) Ihr werdet schon genug Zeit haben, euch die Stadt anzusehen. – (7) Er wird die Prüfung schon bestehen. – (8) München wird Ihnen schon gefallen. – (9) Am 15. Februar werden die Kinder das Zwischenzeugnis bekommen. – (10) Klaus Hamm wird bei seiner Oma in München sein. – (11) Die Politiker werden wissen, warum sie die Familie fördern. – (12) Wir werden heute abend so um sieben zurück sein.

1 Was ist los mit Richter A.?

Joseph A. (37) lebte seit zweieinhalb Jahren in W. Er wohnte bei seinen Eltern und arbeitete als Richter am Landgericht.

Die Nachbarn kannten ihn als freundlichen, sympathischen Mann. Er galt als besonders hilfsbereit.

Die Beamten und Angestellten am Landgericht kannten Joseph A. nur als zuverlässigen Kollegen; sie wußten aber nichts über den Menschen Joseph A.

A. war nicht sehr gesellig und lebte ruhig und zurückgezogen. Er ging selten aus und lud seine Kollegen nie zu sich nach Hause ein.

Bevor A. nach W. kam, hatte er mehrere Jahre in B. gelebt und dort als Rechtsanwalt gearbeitet. Er hatte in seiner Jugend einige Jahre in Italien und in Griechenland verbracht und war auch später immer wieder in diese Länder gereist.

A. verschwand vor einer Woche und wurde seitdem nicht mehr gesehen. Er war noch am Freitag, dem 15. Juni, pünktlich zum Dienst erschienen und hatte bis gegen 16 Uhr in seinem Büro gearbeitet, um sich auf einen Prozeß vorzubereiten, den er am Montag der nächsten Woche führen sollte.

Seine Eltern konnten bisher keine Erklärung für das Verschwinden ihres Sohnes finden. Er hatte ihnen nichts von einer Abreise gesagt.

Ü 1 **Notieren Sie bitte, ...**
1. . . . . . was die Nachbarn über Joseph A. denken.
2. . . . . . was die Kollegen über Joseph A. wissen.
3. . . . . . was die Eltern von Joseph A. meinen.

4. . . . . . welche Informationen über Joseph A. noch im Text stehen.

Ü 2 **Was glauben Sie?**
Was ist los mit Joseph A.?

2

Prozeß platzte, weil er nicht erschien – jetzt fahndet die Polizei nach ihm:

Richter kaufte sich ein Zelt und verschwand . . .

Zuletzt wurde er mit einem Freund gesehen
Von Peter Ehm

Ein Verteidiger sah beunruhigt auf die Uhr. Der Staatsanwalt zuckte ratlos mit den Schultern. Die 14 Angeklagten warteten geduldig. Aber Richter Joseph A. (37) erschien nicht im Verhandlungssaal des Landgerichts von W. – und er bleibt auch weiterhin spurlos verschwunden!

Die Spur des vermißten Richters endet am Samstag, 16. Juni, um 6.15 Uhr auf dem Bahnhof von W. Zeugen hatten dort zwei mit orangefarbenen Rucksäcken bepackte Männer gesehen, die auf einen Zug warteten.

Die Kollegen des ledigen Richters aus W. können sich die ganze Sache nicht erklären. Ein Staatsanwalt: "Herr A. hat nie einen Tag unentschuldigt gefehlt."

Ü 1 **Vergleichen Sie die Texte 1 (linke Seite) und 2 (oben):**

    1. Schreiben Sie alle Informationen heraus, die in Text 2, aber nicht in Text 1 stehen.
    2. Erzählen Sie mit "Ihren" Worten, was in Text 2 steht.

Ü 2 **Erzählen Sie alles, was Sie aus den Texten 1 und 2 über den Fall des Richters Joseph A. wissen.**

Ü 3 **Wo steht das? In Text 1 oder Text 2? Oder in den Texten 1 und 2?**
    Kreuzen Sie bitte an:

	TEXT 1	TEXT 2
1. Ein Richter des Landgerichts in W. ist spurlos verschwunden.		
2. Der Richter wurde zuletzt auf dem Bahnhof von W. gesehen.		
3. Der Richter hatte sich noch am Freitag, dem 15. Juni, auf einen Prozeß vorbereitet.		
4. Rechtsanwalt, Angeklagte und Staatsanwalt warteten vergeblich auf Richter A.		
5. Der Prozeß sollte am Montag stattfinden.		
6. Der Richter war einige Jahre Rechtsanwalt in B. gewesen.		
7. Niemand kann das Verschwinden von Joseph A. erklären.		
8. Der Richter hatte sich ein Zelt gekauft.		
9. Joseph A. hat nie im Dienst gefehlt.		
10. Richter A. lebte ruhig und zurückgezogen bei seinen Eltern.		
11. Er war freundlich, sympathisch und hilfsbereit.		
12. A. war zuletzt Richter am Landgericht in W.		

3

WDR-Reportage über
einen ungewöhnlichen Versuch,
einfach zu leben

Auf Ithaka
soll alles anders werden

Wer hat nicht schon einmal davon geträumt, alle Brükken hinter sich abzubrechen, Karriere und Streß zu vergessen? Über 130 Deutsche haben jetzt den Mut gefunden, gemeinsam diesen Traum in die Wirklichkeit umzusetzen. Sie wollen auf die griechische Insel Ithaka ziehen, um hier inmitten der unberührten Natur ihr Leben neu zu ordnen.

Die Aktion fand ein gigantisches Echo. Tausende von Interessenten meldeten sich, freilich keine 'Verrückten', sondern ganz brave 'Otto Normalverbraucher': Handwerker, Ärzte, Lehrer, Studenten, Hausfrauen. Ihnen allen war ein Wunsch gemeinsam: raus aus dem gewohnten Alltag, weg von beruflichen oder privaten Engpässen.

PROJEKT ALTERNATIVES LEBEN AUF
GRIECHISCHER INSEL   **SARAKINIKO**

Köln, den *15. 12.* 19 *79*

Liebe(s) *Anke,*

Kurzbericht!

Nach langer Vorbereitung für das Projekt "SARAKINIKO" fand am
26. und 27. Mai 1979 die Gründungsversammlung statt.

Die ersten Pioniere unserer Gruppe sind bereits seit Anfang Juni
auf Ithaka.

In dieser Zeit wurden schon sehr viele Arbeiten, Versuche usw.
durchgeführt,

z. B.: Aufstellen eines Windrades für die Stromerzeugung,

      Roden des Geländes und Anlegen von Gemüsebeeten,

      Säubern einer vorhandenen Quelle,

      vorhandene Zisternen werden funktionsfähig gemacht oder
      neu gebaut,

      durch das Auffinden einer Wasserader (mit Wünschelrute)
      ist die Wasserversorgung zusätzlich gesichert,

      die ersten Tiere sind gekauft worden (Hühner, Ziegen und
      ein Esel),

      naturreiner Salbeitee wird schon an Bio-Läden verschickt

      usw.

Das Gelände "SARAKINIKO" auf Ithaka ist erworben (820 000 DM).

Ü 1 1. Erzählen Sie, was in dem Zeitungsartikel steht.
2. Erzählen Sie, was in dem Kurzbericht steht.

Ü 2 1. Was ist "Sarakiniko"?
2. Wer interessiert sich für das Projekt "Alternatives Leben auf griechischer Insel"?
3. Was wollen die Leute auf Ithaka?
4. Welche Arbeiten sind schon gemacht worden?
5. Was glauben Sie: Warum wollen so viele Leute an dem Projekt teilnehmen?
6. Was glauben Sie:
   – Steigen viele Leute wieder aus dem Projekt aus? Warum (nicht)?
   – Gelingt das Projekt oder scheitert es nach einiger Zeit? Begründen Sie Ihre Meinung.

4

Joseph A., Richter am Landgericht in W., der am 16. Juni verschwunden war, ist seitdem auf der griechischen Insel Ithaka. Zusammen mit anderen Deutschen, die sich vorher zu dem Projekt "Alternatives Leben auf griechischer Insel" zusammengeschlossen hatten, hat er ein großes Stück Land gekauft und versucht jetzt, von der Landwirtschaft zu leben.
Joseph A. will die Vergangenheit vergessen und ein neues Leben beginnen.
Er hat beschlossen, nie mehr zu seinen Eltern, Bekannten und Kollegen zurückzukehren.

Ich wohne gleich nebenan.
Ich kenne ihn gut.
Das hätte ich nicht von ihm gedacht!
Seine Eltern tun mir leid.
Er hätte ihnen etwas sagen müssen!
Sie sind völlig überrascht.
Sie haben alles für ihn getan.
Das ist jetzt ein trauriges Leben für sie.

Ich kann ihn verstehen.
　　　　So?!
Ich finde ihn sogar
mutig: Einfach die
Stellung aufgeben und
weg! Der riskiert was!
　　　　Könntest du das
　　　　auch machen?
Vielleicht. Das habe ich
noch nicht überlegt.
　　　　Aha, und was
　　　　wird dann aus mir?
Das ist dein Problem!

Als Kollege finde ich sein Verhalten unmöglich!
Er hätte sich abmelden müssen. Man
verschwindet nicht einfach! Wenn er uns seinen
Plan begründet hätte, hätten wir bestimmt
Verständnis gehabt! Er hätte ja auch für längere
Zeit Urlaub nehmen können, um erstmal
zu probieren, wie es da unten ist. Ich glaube, man
kann vor seinem Leben nicht weglaufen!

Das wünscht sich doch jeder mal:
Ganz neu anfangen!
Wenn ich nicht verheiratet wäre
und keine Kinder hätte . . . . .

WAS meinen Sie?

5

a) 12. 6.

Polizei rätselt über Identität des Mannes, der sich nur „Willi" nennt

Unbekannter verschenkte 10000 Mark

WER IST DIESER MANN?

ep. München – Ein etwa 22jähriger Mann, der nicht weiß, woher er kommt, gibt der Kripo in München und Augsburg seit vier Wochen Rätsel auf. Fest steht: Der Unbekannte hat in München 8000 Mark an Passanten verschenkt und 2000 Mark in einen Opferstock geworfen. Niemand weiß, woher das Geld stammt.

"Willi" wurde in der Zwischenzeit entmündigt und in das Bezirkskrankenhaus Kaufbeuren eingewiesen. Wer er aber wirklich ist, konnte immer noch nicht geklärt werden. Deswegen bittet die Münchner Polizei um Hinweise unter der Telefonnummer 089/21 41.

b) 20. 6.

Vermögen geerbt und verschenkt

Rätsel um unbekannten Wohltäter gelöst

München/Augsburg – Das Geheimnis um den namenlosen Wohltäter, der in München mehrere Tausend Mark in 500-Mark-Scheinen für die Ärmsten verteilte, ist gelüftet. Der Spender ist ein 24jähriger Chemie-Student aus Mülheim an der Ruhr. Er wurde inzwischen entmündigt und vorläufig in einem Krankenhaus in Kaufbeuren untergebracht.

Inzwischen wurde auch festgestellt, daß der "Wohltäter" Gerd T. heißt und seit Anfang Mai in Mülheim vermißt wurde. Die Eltern des Vollwaisen, der bei der Familie eines Onkels lebt, hatten ihrem Sohn ein erhebliches Vermögen hinterlassen, aus dem er gelegentlich größere Summen verschenkte.

Lesehilfe zu beiden Artikeln:

In der Münchner Innenstadt erschien ein junger Mann und verteilte Geldscheine an die Passanten. So etwas hatte es noch nie gegeben! Die Menschen waren völlig überrascht. Viele nahmen das Geld an, einige lehnten es ab. Alle fragten sich: Wer ist dieser Mann? Woher hat er das Geld? Warum verschenkt er es? Ist er ein Heiliger und Menschenfreund, oder ist er verrückt?

Schließlich brachte die Polizei den Mann in eine Nervenklinik. Nach längerer Untersuchung wurde er "entmündigt": Jetzt ist ein Rechtsanwalt für sein Geld verantwortlich, und der junge Mann kann es nicht mehr verschenken.

Das Geld, das er verteilt hatte, hatte er von seinen Eltern geerbt, die schon vor längerer Zeit gestorben waren.

Ü **1. Wer ist "Willi"?** **3. Was tut er?**
   2. Woher kommt er? **4. Was passiert mit ihm?**

Meinungen

Ich finde den Fall sehr traurig. Der junge Mann ist auf jeden Fall krank – nicht nur, weil er das Geld verschenkt hat; er wußte auch seinen Namen und Heimatort nicht mehr. Es war richtig, daß man ihn ins Krankenhaus gebracht hat.
Es war auch richtig, ihn zu entmündigen. Er hätte sein ganzes Geld verschenkt, und was dann? Ich glaube nicht, daß er arbeiten kann, um wieder Geld zu verdienen. Er ist jetzt besser geschützt!
Der Rechtsanwalt wird jetzt auf sein Geld aufpassen.

Ich hätte das Geld nie angenommen!
Ich verstehe die Leute nicht!
Die mußten sich doch denken, daß das Geld gestohlen ist!
Ich hätte sofort die Polizei geholt.
So was ist doch nicht normal!

Er hatte das Geld nicht gestohlen, es gehörte ihm!
Warum durfte er es dann nicht verschenken??
Das ist typisch für unsere Zeit und unser Land!
Wenn einer was Gutes tut, ist er verrückt!
Weil jeder nur an seinen Vorteil denkt und keiner dem anderen was abgibt. Man sollte den jungen Mann öffentlich loben und nicht mit der Polizei ins Krankenhaus bringen!!

Die Leute hätten das Geld nicht annehmen dürfen! Sie hätten doch wissen müssen, daß der junge Mann sein Geld selber braucht. Besonders unfair finde ich, daß sie das Geld erst genommen und dann die Polizei gerufen haben!

Ü 1 Welches sind die Hauptargumente/die wichtigsten Meinungen?
Wer hat recht? Warum?

Ü 2 Was meinen Sie zu "Willi" Gerd T.?
Begründen Sie Ihre Meinung.

Ü 3 Hätten Sie das Geld angenommen?
Warum (nicht)?

Was würden Sie tun, wenn ein fremder Mensch käme und Ihnen Geld schenken möchte?

○ Nein, da haben Sie sich geirrt. Der Polyglott-Verlag ist in Halle 8.

● Da war ich gerade!

○ Sehen Sie hier auf dem Plan: Gang C, da ist der Eingang. Nummer 720 – auf der rechten Seite sind die geraden Zahlen.

● Komisch, da bin ich doch gewesen?! Sogar schon zweimal!

○ Vielleicht haben Sie die Gänge verwechselt.

● Das ist schon möglich.

○ Versuchen Sie's doch nochmal!

● Ja . . . . . also . . . . ., entschuldigen Sie . . . . .

○ Ja, bitte?

● Könnten Sie mir eventuell den Weg zeigen? Ich fürchte, ich finde ihn nicht.

○ Na gut! – Sie sind Ausländer?

● Ja, ich komme aus Schottland.

○ Sie sprechen aber fabelhaft Deutsch!

Ü Sie suchen:

B 710 Ravensburger Verlag GmbH, Ravensburg
Robert-Bosch-Straße 1, Postfach 1860, D-7890 Ravensburg
☎ 0751/861   ✂ 732921

B 716 Bertelsmann Reinhard Mohn GmbH, Gütersloh
Carl-Bertelsmann-Straße 270, Postfach 7777, D-4830 Gütersloh 1
☎ 05241/80-1

D 716 Automobile Quarterly Publications, Princeton, NJ
Nassau St. 221, Princeton, NJ 08540, USA
☎ 609/924-7555

D 709 Camera Verlag, Luzern
Zürichstraße 3, CH-6002 Luzern, Schweiz
☎ 041/241144   ⚓ CIBAG   ✂ 65245 edbu ch

Die Bundesrepublik Deutschland ist nach den USA das größte Handelsland, ein Land des Exports und des Imports.

Die wichtigsten Handelsmessen finden in Frankfurt, Hannover, Köln und Düsseldorf statt.

1. Konjugation: Plusquamperfekt

1.1. Aktiv

				1.2. Passiv
Singular				
1. Person	ich	hatte gearbeitet	war gereist	war gesehen worden
2. Person	du	hattest gearbeitet	warst gereist	warst gesehen worden
	Sie	hatten gearbeitet	waren gereist	waren gesehen worden
3. Person	er/sie/es	hatte gearbeitet	war gereist	war gesehen worden
Plural				
1. Person	wir	hatten gearbeitet	waren gereist	waren gesehen worden
2. Person	ihr	hattet gearbeitet	wart gereist	wart gesehen worden
3. Person	sie	hatten gearbeitet	waren gereist	waren gesehen worden

| hatt- | + | PARTIZIP II | | war- | + | PARTIZIP II | | war- | + | PARTIZIP II | + | worden |

⟶ *Deutsch aktiv 1*, 10D4   ⟶ *Deutsch aktiv 1*, 10D6

2. Plusquamperfekt: Gebrauch

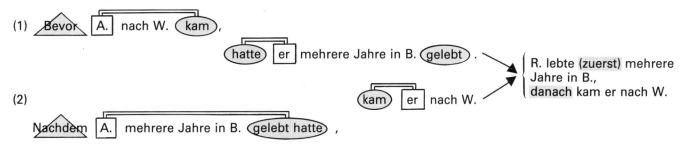

(1) Bevor A. nach W. kam, hatte er mehrere Jahre in B. gelebt.

(2) Nachdem A. mehrere Jahre in B. gelebt hatte, kam er nach W.

R. lebte (zuerst) mehrere Jahre in B., danach kam er nach W.

3. Konjugation: Konjunktiv aus "haben"/"sein" + Partizip II

3.1. Aktiv   3.2. Passiv

Singular				
1. Person	ich	habe/hätte gearbeitet	sei/wäre gereist	sei/wäre gesehen worden
2. Person	du	habest/hättest gearbeitet	sei(e)st/wär(e)st gereist	sei(e)st/wär(e)st gesehen worden
	Sie	haben/hätten gearbeitet	seien/wären gereist	seien/wären gesehen worden
3. Person	er/sie/es	habe/hätte gearbeitet	sei/wäre gereist	sei/wäre gesehen worden
Plural				
1. Person	wir	haben/hätten gearbeitet	seien/wären gereist	seien/wären gesehen worden
2. Person	ihr	habet/hättet gearbeitet	seiet/wär(e)t gereist	seiet/wär(e)t gesehen worden
3. Person	sie	haben/hätten gearbeitet	seien/wären gereist	seien/wären gesehen worden

⟶ *Deutsch aktiv 2*, 1GR5, 7GR3 | hab-/hätt- | + | PARTIZIP II | | sei-/wär- | + | PARTIZIP II | | sei-/wär- | + | PARTIZIP II | + | worden |

4. Konjunktiv aus "haben"/"sein" + Partizip II: Gebrauch

4.1. Konditionalsatz: Die Bedingung ist nicht wirklich (irreal)

Wenn | er | seinen Plan (begründet hätte), (hätten) | wir | bestimmt Verständnis (gehabt) .

(Aber er hat seinen Plan *nicht* begründet; deshalb haben wir auch *kein* Verständnis.) ⟶ *Deutsch aktiv 2,* 1GR3

4.2. Aussagesatz: Die Aussage ist nicht wirklich (irreal)

Er (hätte) ihnen etwas (sagen) (müssen) .

(Aber er hat ihnen *nichts* gesagt.)

4.3. Indirekte Rede

(a) Direkte Rede

Die Zeitung schreibt:

"Der Unbekannte hat Geld verteilt." INDIKATIV

(b) Indirekte Rede mit daß-Sätzen

Die Zeitung schreibt,

(a) daß der Unbekannte Geld verteilt hat. INDIKATIV

(b) daß der Unbekannte Geld verteilt habe. KONJUNKTIV

(c) daß der Unbekannte Geld verteilt hätte. KONJUNKTIV

Ü 1 **Ergänzen Sie bitte**

Hinweis: Gebrauchen Sie im Plusquamperfekt *Aktiv* die Verben "sich bewerben", "sprechen", "machen", "weglaufen", "heiraten", "beginnen", "verschwinden".

Beispiel: Nachdem sich mein Bruder zehnmal **beworben hatte,** bekam er endlich einen Ausbildungsplatz.

Aufgabe: (1) Nachdem er seine Ausbildung in einem anderen Beruf . . . . ., wurde er Krankenpfleger. – (2) Nachdem Karin mit dem Berufsberater . . . . ., bewarb sie sich bei mehreren Firmen. – (3) Nachdem Helga und Bernd das Abitur . . . . ., gingen sie ein Jahr lang nach England. – (4) Nachdem er mit 13 zum erstenmal . . . . ., versuchte er es noch zweimal. – (5) Nachdem Petra und Hans . . . . ., arbeitete Petra nur noch halbtags. – (6) Wir kamen erst, nachdem der Film bereits . . . . . . (7) Nachdem Klaus . . . . ., riefen seine Eltern bei der Polizei an.

Ü 2 **Ergänzen Sie bitte**

Hinweis: Gebrauchen Sie im Plusquamperfekt *Passiv* die Verben "verteilen", "benachrichtigen", "sehen", "sperren", "abschleppen", "verschenken", "erwerben", "bauen", "entmündigen".

Beispiel: Nachdem die Zeugnisse **verteilt worden waren,** ging Klaus Hamm nicht nach Hause.

Aufgabe: (1) Nachdem die Polizei . . . . ., machte sie eine Suchmeldung. – (2) Nachdem er zuletzt mit einem Freund am Bahnhof . . . . ., verschwand der Richter spurlos. – (3) Nachdem der rechte Fahrstreifen . . . . ., gab es einen drei Kilometer langen Verkehrsstau. – (4) Nachdem ihr Auto . . . . ., fuhren sie mit dem Zug weiter. – (5) Nachdem das Geld von dem Unbekannten . . . . ., riefen einige Leute die Polizei. – (6) Nachdem das Gelände "SARAKINIKO" . . . . ., wurden sehr bald schon die ersten Arbeiten durchgeführt. – (7) Nachdem die Mauer zwischen Ost- und West-Berlin . . . . ., kamen nur noch wenige Menschen aus der DDR in die Bundesrepublik. – (8) Nachdem der Unbekannte . . . . ., wurde er in eine Nervenklinik gebracht.

Ü 3   Sagen Sie das anders

Beispiel: Joseph A. lebte (zuerst) mehrere Jahre in B.; danach (dann) kam er nach W.:
     (a) Bevor Joseph A. nach W. kam, hatte er mehrere Jahre in B. gelebt.
     (b) Nachdem Joseph A. mehrere Jahre in B. gelebt hatte, kam er nach W.

Aufgabe: (1) Joseph A. kaufte sich ein Zelt; danach verschwand er. – (2) Joseph A. wurde um 6.15 Uhr am Bahnhof von W. gesehen; danach verschwand er spurlos. – (3) Der Staatsanwalt, die Verteidiger und die Angeklagten warteten eine Stunde lang auf den Richter; danach ''platzte'' der Prozeß. – (4) Der Richter arbeitete am Freitag noch in seinem Büro; danach erschien er nicht mehr zum Dienst. – (5) Der Unbekannte wurde von der Polizei verhört; danach wurde er in eine Nervenklinik gebracht. – (6) ''Willi'' erbte das Geld von seinen Eltern; danach verschenkte er es. – (7) Einige Passanten nahmen das Geld; dann riefen sie die Polizei. – (8) Karin A. schickte Bewerbungen an zehn Firmen; dann bekam sie endlich einen Ausbildungsplatz. – (9) 1928 streikten die Stahlarbeiter sieben Wochen lang; dann bekamen sie 1,5 Prozent mehr Lohn. – (10) 1976 stieg die Zahl der arbeitslosen Jugendlichen stark an; danach wurden mehr Ausbildungsplätze geschaffen.

Ü 4   Ergänzen Sie bitte

Beispiel: **Er hätte ihnen etwas sagen müssen;** aber er hat ihnen nichts gesagt.

Aufgabe: (1) . . . . .; aber er hat sich nicht abgemeldet. – (2) . . . . .; aber er ist nicht zum Prozeß erschienen. (3) . . . . .; aber ihr habt uns nicht angerufen. – (4) . . . . .; aber sie hat sich nicht noch einmal beworben. (5) . . . . .; aber sie haben das Geld nicht zurückgegeben. – (6) . . . . .; aber die Leute haben nicht sofort die Polizei geholt. – (7) . . . . .; aber ihr seid an der Ampel nicht links abgebogen. – (8) . . . . .; aber sie sind nicht regelmäßig zum Unterricht gekommen.

Ü 5   Sagen Sie das anders

Beispiel: Er hat seinen Plan nicht begründet; deshalb haben wir kein Verständnis gehabt:
     Wenn er seinen Plan begründet hätte, hätten wir Verständnis gehabt.

Aufgabe: (1) Die Eltern sind nicht in die Sprechstunde gekommen; deshalb haben sie nicht gewußt, daß ihr Sohn Schwierigkeiten in der Schule hat. – (2) Ich habe keine Zeit gehabt; deshalb habe ich dich nicht besucht. – (3) Mit 18 bin ich nicht unabhängig gewesen; deshalb habe ich mich nicht frei entwickeln können. – (4) Der Stahlarbeiter Hermann Frisch hat 1928 nicht viel Urlaub gehabt; deshalb hat er nicht mit seiner Frau verreisen können. – (5) Wir sind früher beide berufstätig gewesen; deshalb haben wir nicht genug Zeit für die Kinder gehabt. – (6) 1976 hat es nicht genug Ausbildungsplätze gegeben; deshalb hat nicht jeder Jugendliche einen Beruf erlernen können. – (7) Ihr habt uns nichts gesagt; deshalb haben wir euch nicht helfen können. – (8) Du hast mich nicht eingeladen; deshalb bin ich nicht zu dir gekommen.

Ü 6   Gebrauchen Sie die ''indirekte Rede''

Beispiel: Die Zeitung schreibt: ''Der Unbekannte hat Geld verteilt.''
     (a) Die Zeitung schreibt, daß der Unbekannte Geld verteilt hat. – (b) Die Zeitung schreibt, daß der Unbekannte Geld verteilt habe. – (c) Die Zeitung schreibt, daß der Unbekannte Geld verteilt hätte.

Aufgabe: (1) In der Zeitung steht: ''Der Richter Joseph A. ist nicht zum Prozeß erschienen.'' – (2) Die Zeitung schreibt: ''Der Richter ist zuletzt am 16. Juni am Bahnhof von W. gesehen worden. – (3) Die Freunde von Klaus sagen: ''Klaus' Zeugnis ist ziemlich schlecht gewesen.'' – (4) In dem Brief steht: ''Das Projekt SARAKINIKO ist lange vorbereitet worden.'' – (5) In dem Brief steht: ''Am 26. und 27. Mai 1979 hat die Gründungsversammlung stattgefunden.'' – (6) Die Zeitung schreibt: ''Ein Unbekannter hat in München 8 000 Mark an Passanten verschenkt.'' – (7) Elke hat gesagt: ''Ich habe einen tollen Mann kennengelernt.'' – (8) Hermann Frisch sagt: ''1928 haben wir noch 56 Stunden in der Woche gearbeitet.''

1

○ Und wie hätten Sie es gern? Mit Scheitel?
Oder Dauerwelle?

● Nein, ganz glatt lassen!
Alles nach vorne kämmen.

○ So?

Ja, sehr gut!!

○ Und etwas kürzer schneiden?

● Ja, aber nur ganz wenig!

○ Und an den Seiten?

● Da bitte kürzer, viel kürzer. – Ich gehe heute
abend zu einer Party.

○ Ah, wunderbar! Soll ich Sie auch rasieren?

● Ist das nötig?

○ Ja, ich glaube schon.

● Also auch rasieren!

Ü

2. STOCK

Spielwaren
Sportartikel
Haushalt
Schuhe

1. STOCK

Elektro
Foto
Uhren
Lederwaren

ERDGESCHOSS

Information
Damenmoden
Herrenmoden
Kindermoden
Lebensmittel

Entschuldigen Sie . . . . .

Ja, bitte?

Ich suche die Haushaltsabteilung.

Im zweiten Stock. Was wollen Sie kaufen?

Ich brauche einen Koffer.

Dann müssen Sie in die Lederwarenabteilung.
Die ist im ersten Stock.
Hier die Treppe rauf!

Danke vielmals. Und wo
bekomme ich einen Kochtopf?

Einen Kochtopf? Da müssen Sie
doch in die Haushaltsabteilung.

Aha!

Sagen Sie mal . . . . .

1 a)

(ARD) Donnerstag

09.50 **Sendung mit der Maus**
16.10 **Tagesschau**
16.15 **Das Jahr danach**
,Der Mensch an sich wird nicht in Betracht gezogen'
Filmbericht über eine Räumungsklage gegen alte Menschen in München-Waldtrudering
17.00 **Jan vom goldenen Stern**
Film von Peter Podehl
Letzter Teil: Die Jagd
17.50 **Wie die Maus gemacht wird**
Film von Armin Maiwald
17.50 **Tagesschau**
(Anschließend Regionalprogramme)
20.00 **Tagesschau**

20.15 Pro und Contra

Die Grünen als Partei
Bei den baden-württembergischen Landtagswahlen ist es den Grünen gelungen, zum ersten Mal in einem Flächenstaat der Bundesrepublik in ein Parlament zu gelangen. Dieser Vorgang hat die Diskussion in der Bevölkerung noch stärker werden lassen, ob es denn richtig und notwendig' sei, die grüne Bewegung mit ihrer ökologischen Orientierung in eine Partei einmünden zu lassen. Die Gegner der Grünen als Partei halten diese Entwicklung für überflüssig oder sogar für schädlich, weil Umweltschutz und ökologisches Bewußtsein längst in den Programmen und in der Politik der bestehenden Parteien verankert sind.
21.00 **Ein Lied für Den Haag**
Deutsche Endausscheidung für den Grand Prix d'Eurovision de la Chanson 1980
Durch die Sendung führen Carolin Reiber und Thomas Gottschalk
Es spielt die SFB-Big-Band mit der Streichergruppe Kurt Graunke

Katja Ebstein beteiligt sich an der deutschen Vorentscheidung zum Grand Prix d'Eurovision. Singt sie „Ein Lied für Den Haag?"
FOTOS: VON MIESERONY

Musikalische Leitung: Paul Kuhn
Regie: Rainer Bertram
Es treten an: Mal Jersey mit ,Du bist nicht mehr frei', Bernd Clüver und Partnerin mit ,Hallo Adam — Hallo Eva', Toni und David Parker mit ,Minnesänger — Mädchenfänger', Gruppe Montezuma mit Montezumas Castle', Stefan Hallberg mit seinem eigenen Lied ,Gib uns Zeit', Costa Cordalis mit ,Pan', Susanne Klee mit ,Wenn du nicht weißt, wohin', Roland Kaiser mit ,Hier kriegt jeder sein Fett', Stefan Waggershausen & Co. mit eigenem Song ,Verzeih'n Sie, Madame', Katja Ebstein mit ,Theater', die Vielharmoniker mit ,In der Oper' und Marianne Rosenberg mit ,Ich werd' da sein, wenn es Sturm gibt'.
(Siehe Programmhinweis)
22.30 **Tagesthemen**
23.00 **ARD-Sport extra**
Tennis: WCT-Turnier
Achtelfinale in Frankfurt
24.00 **Tagesschau**

(ZDF) Donnerstag

8.58 **Heute im Parlament zur Lage der Nation**
16.00 **Un-Ruhestand**
Geschichten vom Älterwerden
4. Folge: Baldauf
16.50 **Studienprogramm Chemie**
17.00 **heute**
17.10 **Wickie (Wh)**
Abenteuer in Griechenland
17.40 **Die Drehscheibe**
Gast im Studio: Die Dachauer Knabenkapelle
18.20 **Die Seiltänzer**
Neue 13teilige Fernsehserie
Heute: ‚Zwei nach Berlin'
Zwei unterschiedliche Freunde und die Suche nach dem großen Coup
19.00 **heute**
19.30 **Dalli-Dalli**
Spiel und Spaß mit Hans Rosenthal
21.00 **heute-journal**

21.20 Kennzeichen D

1. Trotz Ost-West-Frost ökonomische Entspannung? Reportage von der Leipziger Frühjahrsmesse. 2. Viel Lärm um nichts? In Niedersachsen wird die Frage gestellt, wie weit die Goslarer mit dem Blei leben konnten und können. 3. Das Geburtstagskind muß schweigen — Versuch, Robert Havemann zu seinem 70. Geburtstag ein Forum zu geben. 4. Zehn Jahre nach Erfurt, nach dem ersten Treffen zwischen Willy Brandt
und „DDR"-Ministerpräsident Willi Stoph — ein Rückblick auf deutsch-deutsche Beziehungen, der ein Ausblick sein soll.
22.05 **Trilogie 1848:**
Die Paulskirche
Dokumentarspiel von Walter Boehlich und Carlheinz Caspari
Der zweite Beitrag der ZDF/ORF/SRG-Reihe um das Revolutionsjahr 1848 ist ganz sicher der spröde Beitrag der Reihe, aber der interessanteste. Er beginnt ungewöhnlich: Wie in der Art eines Fotografen nähert man sich dem Bauwerk in der heutigen Frankfurter Innenstadt. Dann kommt der Historiker Professor Lothar Gall ins Bild, der einige grundsätzliche Bemerkungen über den Geist, der dieses erste denkwürdige Parlament zusammenführte, macht. Und dann läßt Autor Walter Boehlich von Schauspielern in Kostümen Passagen aus Reden vortragen, die damals gehalten wurden. Die Redepassagen sind zu Themenkreisen gruppiert — und hier hat man Wert darauf gelegt, solche auszuwählen, die auch heute noch aktuell sind: das Recht auf Arbeit zum Beispiel oder die Judenfrage. Was fasziniert, ist das hohe geistige Niveau des später vielbespöttelten ,Professorenparlaments', in dem ausschließlich in freier Rede vorgetragen wurde, die Abwesenheit von Fraktionsdisziplin und Funktionärstum.
23.30 **Adolf-Grimme-Preis '80**
Bericht von Dieter Schmedding
23.50 **heute**

Die Helden der neuen Serie „Seiltänzer": Kai (Hans-Jürgen Müller, rechts) und Stefan (Bernd Rademacher, links); Dritte im Bunde ist Susanne (Ulrike Krämer).

III.

NORD
20.00 **Tagesschau**
20.15 **Die Kriminalpolizei rät**
20.20 **Meine Frau, die Hexe**
Spielfilm, USA 1942
21.35 **Kultur aktuell**
22.20 **Beat-Club**
WEST
20.00 **Tagesschau**
20.15 **Keiner killt so schlecht wie ich**
Spielfilm, USA 1970
21.55 **Kino '80**
22.40 **Hinter den Schlagzeilen**
23.25 **Nachrichten**
HESSEN
20.00 **Tagesschau**
20.15 **Filmstudio**
Meine kleinen Geliebten
22.15 **Nachrichten**
22.25 **Kulturkalender**
22.40 **Zeitgenossen**
Walter Kolbenhoff
SÜDWEST
19.00 **Fernsehspiel des Auslands:**
Coralie
20.05 **Bilderbogen**
Leonhard Misonne
Ein Fotograf aus Belgien
21.05 **Sport unter der Lupe**
Rheinland-Pfalz
21.50 **Magazin regional**
BAYERN
19.00 **Tatort:**
3:0 für Veigel
Mit Gusti Bayrhammer
22.25 **Sempö und die Vernissage**
20.45 **Rundschau**
21.00 **Bayernreport**
1. Aktualität: 2500 Mieter in Aufruhr. Zum drohenden Sanierungsskandal in München-Giesing. 2. Die Frau an der Kasse — Arbeitnehmerin 2. Klasse? 3. Ein Kuckucksei aus Bonn. Das neue Unterhalts-Vorschußkassen-Gesetz. 4. Oma auf Bestellung. Neuer Babysitter-Service in Augsburg.
21.30 **,Warum soll ich das eigentlich lernen?'**
22.15 **Mit Schirm, Charme und Melone**
23.05 **Rundschau**
23.20 **Actualités**

LESEHILFEN:

"Tagesschau" = Informationen über Politik, Wirtschaft, Kultur usw.; Sendung der ARD (1. Programm)

"Pro und Contra" = für und gegen eine Sache/Person; Diskussionssendung (ARD)

ausweichen = nicht richtig antworten

sich der Öffentlichkeit stellen = die Kritik und Fragen der Leute anhören und beantworten

Große *Parteien* in der Bundesrepublik:
SPD = Sozialdemokratische Partei Deutschlands
CDU = Christlich-Demokratische Union
CSU = Christlich-Soziale Union
FDP = Freie Demokratische Partei
Die Grünen

Politik aus unserer Gegend = Regionalpolitik

Bei uns wird der Fernseher um 20 Uhr angemacht. Tagesschau sehen wir gerne, damit man weiß, was passiert. Politische Sendungen, wenn die Kinder im Bett sind. Gut sind „Pro und Contra"-Sendungen, wo die Politiker gleich antworten müssen und nicht ausweichen können. Die Politiker stellen sich viel zu wenig der Öffentlichkeit. Nur vor den Wahlen. Und dann machen sie Propaganda für ihre Parteien. Ich finde, Parteipolitik sollte aus dem Fernsehen herausbleiben, dafür sollte mehr Politik aus unserer Gegend gebracht werden.

Gisela K., 33 Jahre, Hausfrau

Ü 1 "Politisch, Politiker, Politik": Was meint Frau K. damit? Immer das gleiche? Widerspricht sie sich? – Diskutieren Sie.

Ü 2 Suchen Sie politische Sendungen im Fernsehprogramm (oben). Um welche Themen ging es damals?

LESEHILFEN:

anmachen = einschalten

total kaputt = sehr müde (von der Arbeit)

Quizsendung = Frage- und Antwortspiel

Show = Unterhaltungssendung mit Musik, Tanz und Conférencier

Krimi = Film mit Polizei, Detektiv und Gangstern

"Tagesthemen" = Informationssendung der ARD am Abend (Nachrichten und Kommentare)

Länderspiel = Fußballspiel zwischen zwei Nationen, z. B. Holland – Brasilien

b) *(handschriftlicher Text)*

Fernsehen mach ich meist dann an, wenn ich total kaputt nach Hause komme. Es ist mir dann auch ziemlich egal, was es gibt – solange es keine Quizsendungen sind. Oder solche blöden Shows! Am liebsten hab ich dann Krimis. Oder auch alte Filme.

Natürlich guck ich mir die "Tagesthemen" an. Schließlich will ich ja wissen, was so am Tag passiert ist. Und zum Zeitunglesen komm ich immer erst abends. Auch Sport interessiert mich, besonders Fußball. Allerdings nicht so, daß ich regelmäßig gucken würde! Aber ab und zu – so bei Länderspielen und so.

Jürgen H., 39 Jahre, Studienrat

Ü 3 Welche Sendungen sieht Herr H. am liebsten? Warum?
Welche mag er nicht? Warum?

Ü 4 Frau K. und Herr H. sind ziemlich unterschiedliche Fernsehzuschauer. Stimmt das?

Ü 5 Schauen Sie sich das Fernsehprogramm (links oben) an. Was würde Herr H. sich wohl ansehen? Was bestimmt nicht?

Ü 6 Was meinen Herr H. und Frau K. zur Politik im Fernsehen? Vergleichen Sie bitte.

Ü 7 Schreiben Sie Ihre eigene Meinung zu Fernsehen und Politik in kurzen Sätzen auf – wie Frau K. und Herr H.

2 Was kann man im Fernsehen der Bundesrepublik Deutschland sehen?

Aus der Statistik:

Programmanteile in Prozent

	Deutsches Fernsehen ("1. Programm") (ARD)	Zweites Deutsches Fernsehen (ZDF)
Fernsehspiele und Spielfilme	18,2%	24,3%
Sport	8,1%	7,6%
Politik und Zeitgeschehen	42,3%	28,5%
Musik, Unterhaltung Kultur	21,2%	29,7%
Sonstiges	10,2%	9,9%

ARD = **A**rbeitsgemeinschaft der öffentlich-rechtlichen **R**undfunkanstalten der Bundesrepublik **D**eutschland (**N**orddeutscher **R**undfunk, Radio Bremen, **W**estdeutscher **R**undfunk, **H**essischer **R**undfunk, **S**ender Freies Berlin, **S**üdwestfunk, Süddeutscher Rundfunk, **S**aarländischer **R**undfunk, Bayerischer **R**undfunk)

ZDF = **Z**weites **D**eutsches **F**ernsehen (im ganzen Bundesgebiet, Zentrale in Mainz)

Ü 1 Vergleichen Sie die Programmangebote von ARD und ZDF.
Was fällt Ihnen auf?

Ihre Beobachtungen können Sie mit diesen Formulierungen ausdrücken:

– Der Anteil von . . . . . ist im . . . . . größer/höher.
– Es fällt auf, daß . . . . . mehr . . . . . sendet.
– Während . . . . . im . . . . . eine große Rolle spielt, bringt das . . . . . mehr . . . . .
– Im Vergleich zum . . . . . bringt . . . . . mehr . . . . .
– Der Anteil von . . . . . ist im . . . . . kleiner.
– Während der Anteil von . . . . . im . . . . . größer ist, ist er im . . . . . geringer/kleiner.

ARD-Fernsehanstalten 1980

Ü 2 Wie schätzen Sie die Programmanteile im Fernsehen Ihres Landes? Oder wissen Sie genaue Zahlen?
Legen Sie eine Tabelle an und vergleichen Sie mit den Fernsehprogrammen in der Bundesrepublik:

	ARD	ZDF	IHR LAND
Politik/ Information			
Filme und Unterhaltung			
Sport			

a) **Das Foto zeigt die Titelseiten der Zeitungen, die in den vier deutschsprachigen Ländern jeweils am meisten gelesen werden.**

Ü 1
1. Welche Zeitung gehört zu welchem Land?
2. Welche Unterschiede stellen Sie fest? (Charakter und Typ der Zeitungen)
3. Welche Zeitung bringt auf der Titelseite etwas zu diesen Themen: Politik (regional/national/ international), Sport, Verbrechen, Katastrophen, Werbung, soziale Probleme?

Ü 2 Besorgen Sie sich verschiedene deutschsprachige Zeitungen. Suchen Sie *eine* Nachricht oder Geschichte heraus. Vergleichen Sie, *wie* diese Nachricht oder Geschichte in den verschiedenen Zeitungen erscheint.

Ü 3 Diskutieren Sie: "Zeitungen beeinflussen ihre Leser politisch, indem sie ihnen politische Informationen verschweigen. Mit scheinbar aufregenden Berichten werden viele Käufer dazu gebracht, sich nur mit den Informationen zu beschäftigen, die für sie ausgewählt wurden."

Ü 4 Welche Zeitungen kennen Sie? Wie hoch ist ihre Auflage (die Zahl der gedruckten Exemplare)? Wem gehören sie? Welche Interessen haben sie? Schreiben Sie einen kurzen Bericht.

b) In der **Bundesrepublik** nimmt die Zahl der selbständigen Zeitungen immer mehr ab. 1954 gab es noch 225 eigenständige Redaktionen, im Jahre 1968 nur noch 150. Viele kleine Verlage lösen sich entweder auf oder schließen sich zusammen oder werden von Großverlagen aufgekauft. Der größte Verlagskonzern ist die Springer-Gruppe in Hamburg. Ihre wöchentliche Verkaufsauflage lag 1979 bei 44 Millionen Exemplaren (*Bild-Zeitung, Die WELT, Hamburger Abendblatt, BILD am Sonntag, BZ, Berliner Morgenpost* u. a.).

Lesehilfen:

selbständig/eigenständig = frei von anderen Zeitungen oder Verlagen
Redaktion = Leute, die die Zeitung schreiben
Konzern = gemeinsame Organisation von vielen Firmen durch *eine* Zentrale und *einen* Besitzer

4 Das Zeitungsspiel-Das Zeitungsspiel-Das Zeitungsspiel-Das Zeitungsspiel-Das Zeitungs

Das wird ein Spiel!
Alle machen mit!
Jeder bekommt
eine Rolle!

CHEFREDAKTEUR(IN) | REDAKTEUR(IN) | REPORTER(IN) | FILMSTAR | HERAUSGEBER(IN) | ABGEORNETE(R)

Sie sind Redakteur in einer kleinen Stadt. Sie sollen am Sonntagabend die erste Seite Ihrer Zeitung "machen".

Am Wochenende hat ein berühmter Filmstar Ihre Stadt besucht. Er ist hier geboren. Die Stadt war festlich geschmückt, der Bürgermeister gab einen Empfang.

Auf einer **Pressekonferenz** erfuhr man alles über den Star, seine großen Filme und was er jetzt vorhat: Er will eine Weltreise machen, einen neuen Film drehen, heiraten . . . . .
Er liebt die alte Heimat über alles. Man hört ihn aus der Jugend erzählen: die erste Liebesgeschichte; der Karneval, bei dem beinahe die Festhalle abgebrannt wäre; das Musikfest, wo alle Jugendlichen protestiert hatten . . . . .
Und man erfährt alles über die große weite Welt der Stars: die Welt der großen Politik und des Geldes, weißer Strände und teurer Hobbys; die Welt der Flugzeuge und der Mode; und die Welt der Erfolge und Enttäuschungen . . . . .

1 Spielen Sie diese Pressekonferenz!

Star unter uns!

Unser Star

Dieses Ereignis ist so wichtig, daß es auf die erste Seite Ihrer Zeitung kommt. Sie schreiben alles auf und machen eine wunderbare **erste Seite** mit großartiger Überschrift: "Star unter uns .....", "Unser Star", "Filmstar kann Heimat nicht vergessen" oder so ähnlich.

Filmstar kann Heimat nicht vergessen

2 Machen Sie diese Titelseite!

Als Sie fertig sind, kommt ein anderer Redakteur angelaufen. "Sehen Sie nur, was gerade aus dem Fernschreiber kommt! Es ist nicht zu fassen!"

Im Telex lesen Sie, daß am Nachmittag der Ministerpräsident (Kanzler oder Premier) und das gesamte Kabinett zurückgetreten sind, weil die Regierung in einer Sondersitzung des Parlaments wegen der Steuererhöhungen eine Abstimmung verloren hat. Neuwahlen sind bereits angekündigt.

3 Spielen Sie dieses Gespräch!

In einem eiligen Telefonat erfahren Sie, daß auch der **Abgeordnete** Ihrer Stadt zum Sturz der Regierung beigetragen hat. Zu einem **Reporter** hat er gesagt, er sei sehr verärgert, so daß er gegen die Regierung gestimmt habe. Das habe bereits bei den Etatberatungen angefangen, als für die Bildungspolitik kein Geld dagewesen sei, andere Projekte aber alles Geld bekommen sollten. Die Regierung müsse lernen, daß der kleine Mann nicht alles mitmache. Er, der Abgeordnete, sei seinem Gewissen und seinen Wählern verantworlich.

4 Spielen Sie das Interview!

LESEHILFEN:

Fern/schreiber = Telex
Minister/präsident, Kanzler, Premier = Chef der Regierung;
Kabinett = alle Minister, Regierung
Steuer/erhöhung = die Bürger müssen mehr an den Staat zahlen
Neu/wahlen = neue Wahl aller Abgeordneten für das Parlament

Abstimmung verlieren = nicht mehr als 50% der Stimmen bekommen
Abgeordneter = gewählter Vertreter eines Gebiets
beitragen = mitmachen, beteiligt sein
Etat/beratungen = die Geld- und Finanzplanung des Landes wird diskutiert
"der kleine Mann" = der normale Bürger

Sie schreiben sofort einen **längeren Artikel,** in dem
alle neuen Informationen enthalten sind.

5 Schreiben Sie den politischen Artikel!

Zum Schluß stehen Sie vor der schweren Aufgabe: Welchen Artikel bringen wir als "Aufmacher"? Was ist
wichtiger? Beides an erster Stelle bringen, das geht nicht. *Ein* Artikel muß unten auf die Seite kommen
und um die Hälfte gekürzt werden.
Sie berufen eine **Redaktionskonferenz** ein. Sie soll entscheiden. Beide Artikel, auch das Interview Ihres
Reporters liegen ihr vor.
Anwesend sind: der Herausgeber, alle Redakteure, einige Reporter. Am Schluß wird abgestimmt.

Ich finde . . . . . – Wieso?
Das ist wichtiger! – Wirklich?
Das wollen unsere Leser lieber. – Woher wissen Sie das?
Wenn man den kürzt, ist er nichts mehr wert.
Wer ist für . . . . .?
Wer stimmt für . . . . .?
Wer ist/stimmt dagegen?

6 Spielen Sie die Redaktionskonferenz!

**Verstehen/Nicht verstehen ausdrücken; sich über Kommunikation vergewissern;
Äußerungen als Aussage/Frage/Behauptung kennzeichnen**

11

①

○ Können Sie lauter sprechen, bitte? Ich kann Sie nicht verstehen.

● Ich sagte: morgen nachmittag um drei an der Ecke Wilhelmstraße/ Leibnizstraße.

○ Heinrichstraße?? Die liegt doch ganz woanders!?

● Leib – niz – straße!!!

○ Ach so! Leibnizstraße. Ja, ich verstehe. Also bis morgen.

● Bis morgen. Auf Wiederhören!

Ü 1 ▶ Neusser Weg – Heuserweg?
▶ Am Breitweg – weit weg?

②

○ Atomkraft? Nein, danke!!
● Was soll das heißen?
○ Wie?
● Was meinen Sie damit?
○ Ich bin dagegen!
● Und was sind Ihre Gründe?

Ü 2 ▶ Sonnenenergie
▶ Leben ohne Auto

Ich habe Angst! .... Die explodieren doch alle! Wir brauchen keine Atomenergie! Denken Sie an Amerika! Die machen die Natur kaputt. Wenn es Krieg gibt?

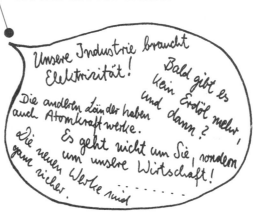

Unsere Industrie braucht Elektrizität! Die anderen Länder haben auch Atomkraftwerke. Es geht nicht um Sie, sondern um unsere Wirtschaft! Bald gibt es kein Erdöl mehr, und dann? Die neuen Werke sind ganz sicher.

③

○ Politiker sind alle Verbrecher.
● Wie bitte?
○ Ja, genau!
● Das ist doch nicht Ihr Ernst?!
○ Die machen doch, was sie wollen.
● Was heißt das denn?
○ Eben, die machen nur, was sie für richtig halten.
● Das machen *Sie* doch auch!
○ Was wollen Sie damit sagen?
● . . . . .
○ . . . . .

Ü 3 ▶ Lehrer
▶ Lehrbuchautoren

113

1. Der Adversativsatz

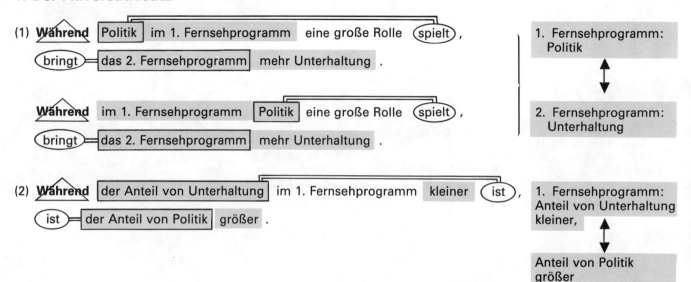

(1) **Während** | Politik | im 1. Fernsehprogramm | eine große Rolle | (spielt) ,

(bringt) — das 2. Fernsehprogramm | mehr Unterhaltung .

Während | im 1. Fernsehprogramm | Politik | eine große Rolle | (spielt) ,

(bringt) — das 2. Fernsehprogramm | mehr Unterhaltung .

1. Fernsehprogramm: Politik

↕

2. Fernsehprogramm: Unterhaltung

(2) **Während** | der Anteil von Unterhaltung | im 1. Fernsehprogramm | kleiner | (ist) ,

(ist) — der Anteil von Politik | größer .

1. Fernsehprogramm: Anteil von Unterhaltung kleiner,

↕

Anteil von Politik größer

2. Der Konsekutivsatz

(1) (a) Dieses Ereignis ist wichtig,

     ~~so~~ daß | es | auf die erste Seite der Zeitung | (kommt) .

(b) Dieses Ereignis ist so wichtig,

     daß | es | auf die erste Seite der Zeitung | (kommt) .

TATSACHE: Die neue Nachricht ist wichtig. FOLGE: Sie kommt auf die erste Seite.

(2) (a) Der Abgeordnete war verärgert,

     ~~so~~ daß | er | gegen die Regierung | (gestimmt hat) .

(b) Der Abgeordnete war so verärgert,

     daß | er | gegen die Regierung | (gestimmt hat) .

TATSACHE: Der Abgeordnete war verärgert. FOLGE: Er hat gegen die Regierung gestimmt .

3. Aktionsarten I

ANFANG	VERLAUF/DAUER	ENDE/ERGEBNIS
(a)	**(b)**	**(c)**
anmachen: Der Fernseher wird angemacht.	**an sein:** Der Fernseher ist an.	– – – – –
schön werden: Fernsehen wird durch BILD erst schön.	**schön sein:** Fernsehen ist schön.	– – – – –
	brennen: Die Festhalle brennt.	**abbrennen:** Die Festhalle brennt ab.
– – – – –		
legen: Beide Artikel werden vorgelegt.	**liegen:** Beide Artikel liegen vor.	– – – – –
– – – – – – – – – –	**PRÄTERITUM:** Er gab einen Empfang. Er wurde hier geboren.	**PERFEKT:** Er hat einen Empfang gegeben. Er ist hier geboren (worden).

4. Wortstellung I: Sätze mit NOMINATIVERGÄNZUNG, AKKUSATIVERGÄNZUNG und ANGABE

VORFELD	MITTELFELD				Im MITTELFELD steht:
(1) Gisela/Sie	macht	den Fernseher	um acht Uhr	an.	AKK vor ANGABE oder
Gisela/Sie	macht	um acht Uhr	den Fernseher	an.	ANGABE vor AKK; aber immer:
Gisela/Sie	macht	ihn	um acht Uhr	an.	AKK vor ANGABE (AKK: Definites Pronomen)
(2) Den Fernseher	macht	Gisela/sie	um acht Uhr	an.	NOM vor ANGABE; aber:
Den Fernseher	macht	jemand	um acht Uhr	an.	NOM vor ANGABE oder (NOM: Indefinites
Den Fernseher	macht	um acht Uhr	jemand	an.	ANGABE vor NOM Pronomen)
(3) Um acht Uhr	macht	Gisela/sie	den Fernseher	an.	NOM vor AKK
Um acht Uhr	macht	Gisela	ihn	an.	NOM vor AKK oder (AKK: Definites Pronomen)
Um acht Uhr	macht	ihn	Gisela	an.	AKK vor NOM
Um acht Uhr	macht	sie	ihn	an.	NOM vor AKK (NOM und AKK: Definites Pronomen)

5. Wortstellung II: Sätze mit NOMINATIVERGÄNZUNG, DATIVERGÄNZUNG und ANGABE

VORFELD	MITTELFELD			Im MITTELFELD steht:
(1) Sehr viele Zeitungen/Sie	gehören	seit Jahren	dem Springer-Verlag.	ANGABE vor DAT oder
Sehr viele Zeitungen/Sie	gehören	dem Springer-Verlag	seit Jahren.	DAT vor ANGABE; aber:
Sehr viele Zeitungen/Sie	gehören	ihm	seit Jahren.	DAT vor ANGABE (DAT: Def. Pronomen)
(2) Dem Springer-Verlag/Ihm	gehören	seit Jahren	sehr viele Zeitungen.	ANGABE vor NOM oder
Dem Springer-Verlag/Ihm	gehören	sehr viele Zeitungen	seit Jahren.	NOM vor ANGABE; aber:
Dem Springer-Verlag/Ihm	gehören	sie	seit Jahren.	NOM vor ANGABE (NOM: Definites Pronomen)
(3) Seit Jahren	gehören	sehr viele Zeitungen	dem Springer-Verlag.	NOM vor DAT oder
Seit Jahren	gehören	dem Springer-Verlag	sehr viele Zeitungen.	DAT vor NOM
Seit Jahren	gehören	sie	dem Springer-Verlag.	NOM vor DAT ⎫ Pronomen
Seit Jahren	gehören	ihm	sehr viele Zeitungen.	DAT vor NOM ⎬ vor Nomen
Seit Jahren	gehören	sie	ihm.	NOM vor DAT ⎭ (bei zwei Pronomen)

Ü 1 **Sagen Sie das anders (vergleichen Sie)!**

Beispiel: Im 1. Fernsehprogramm gibt es mehr Politik; im 2. Fernsehprogramm gibt es mehr Unterhaltung:
Während es im 1. Fernsehprogramm mehr Politik gibt, gibt es im 2. Fernsehprogramm mehr Unterhaltung.

Aufgabe: (1) Das ZDF bringt mehr Fernsehspiele; die ARD bringt mehr Sport. – (2) Gisela K. interessiert sich mehr für Politik; Jürgen H. interessiert sich mehr für Sport und Krimis. – (3) Viele kleine Verlage lösen sich auf; die Großverlage werden immer größer. – (4) Die eine Zeitung bringt auf der ersten Seite mehr Politik; die andere bringt mehr Verbrechen und Katastrophen. – (5) Der Anteil von Musik und Unterhaltung ist im Fernsehprogramm meines Landes größer/kleiner; der Anteil von Politik ist kleiner/größer. – (6) Manche Passanten nahmen das Geld des Unbekannten an; andere riefen die Polizei. – (7) Die Kollegen des verschwundenen Richters finden sein Verhalten unmöglich; ich kann es gut verstehen. – (8) Wir leben lieber auf dem Land; unsere Freunde leben lieber in der Stadt.

Ü 2 **Was paßt zusammen? Machen Sie Konsekutivsätze!**

Beispiel: **(a) Die neue Information ist wichtig, so daß sie auf die erste Seite kommt.**
(b) Die neue Information ist so wichtig, daß sie auf die erste Seite kommt.

Aufgabe: TATSACHEN: (1) Der neue Artikel ist wichtig. – (2) Der Abgeordnete war über die Regierung verärgert. – (3) Sport interessiert mich sehr. – (4) Quizsendungen und Shows sind langweilig. – (5) Manche Zeitungen berichten viel über Stars und Katastrophen. – (6) Die Politik der Regierung war schlecht. – (7) Du sprichst leise. – (8) Unser Urlaub in Italien war schön.
FOLGEN: (1) Er stimmte gegen die Regierung. – (2) Ich kann dich nicht verstehen. – (3) Ich schlafe fast dabei ein. – (4) Er kommt auf die erste Seite. – (5) Ich sehe mir fast jede Sportsendung an. – (6) Wir fahren nächstes Jahr wieder hin. – (7) Die Leser erfahren nur wenig über Politik. – (8) Sie hat die Wahlen verloren.

Kölner Dom: Ein Gigant, der nie sein Gleichgewicht fand

Gottes ewige Baustelle

Vermarktet, mißbraucht und bedroht, hat der Bau kaum die Chance, eine stille Andachtsstätte zu sein

Von unserem Redaktionsmitglied Stefan Klein

Was wohl auch haften bleibt beim Besucher, das sind sicherlich die vielen Superlative über den Dom, der acht Jahre lang das höchste Gebäude der Welt war (ehe 1889 das Washington-Monument errichtet wurde), in dessen Glockenturm „die größte schwingende Glocke der Welt" hängt und dessen Fassadenfläche bei keinem anderen Kirchenbau je erreicht wurde.

Wie hoch der auf vielen Münzen, Medaillen und Briefmarken verewigte Dom im Kurs steht, läßt sich auch an der Art und Weise seiner Vermarktung ablesen. Ob auf Kopftüchern oder Kugelschreibern, Mokkalöffeln oder Manschettenknöpfen, als Armbandanhänger oder Briefbeschwerer – der Dom ist in Köln in allen Formen und Farben zu haben. Und längst ist aus dem Wahrzeichen auch ein Warenzeichen geworden: Das Domsymbol ziert Firmenstempel von Banken und Brauereien, Parfümerien und Pelzbetrieben, Schnapsfabriken und Chemieunternehmen. Der 1. FC Köln hat die beiden stilisierten Türme ebenso im Emblem wie die Kölner Messegesellschaft.

Nie ganz ohne Gerüste

Und so wird denn wohl die Dombauhütte bis weit übers Jahr Zweitausend hinaus über Arbeitsmangel nicht zu klagen haben. Man prophezeit, daß „niemand der heute Lebenden den Dom jemals ganz ohne Gerüste sehen wird". Den Kölnern ist diese Aussicht freilich weniger Ärgernis als vielmehr Beruhigung. Denn „wenn der Dom fertig ist", sagen sie, „dann geht die Welt unter". Solcher Aberglaube erklärt sich aus der 730jährigen Geschichte des Doms, der eigentlich nie so recht zu einem stillen und zur Andacht mahnenden Gotteshaus werden konnte, weil er stets etwas anderes sein mußte: eine ewige Baustelle.

Superlative

"die größte Glocke"
"die größte Fassade"

der Dom

Armband-anhänger — *Briefbeschwerer* — *Münzen* — *Medaillen* — *Briefmarken*
Mokka-löffel — *Souvenirs Vermarktung* — *Kopftücher*
Kugelschreiber — *Manschetten-knöpfe*

Brauereien — *Banken* — *Fußball*
Messe — *Waren-Zeichen* — *Pelz-betriebe*
Chemie-unter-nehmen — *Parfümerien*
Schnaps-fabriken

Baustelle

Gerüste

auch übers Jahr 2000 hinaus

730 Jahre Geschichte

keine Andacht

Ü 1 Was heißt das:

- ► "Gottes ewige Baustelle"?
- ► eine "Andachtsstätte"?
- ► der "vermarktete" Kölner Dom?

Ü 2 Sind "Gotteshäuser" wie der Kölner Dom Ihrer Meinung nach

1. religiöse Andachtsstätten,
2. "Kunst",
3. beides zusammen,
4. keins von beiden, sondern . . . . . ?

Ü 3 1. Kennen Sie in Ihrem oder einem anderen Land "Gotteshäuser" (Kirchen, Moscheen, Tempel, Synagogen usw.), die auch "vermarktet" sind? Erzählen Sie.

2. Sollten "Gotteshäuser" vor Vermarktung geschützt werden?
Warum? – Wie?
Warum nicht?

Ü 4 Stört es Sie, daß junge Leute mit Rollschuhen vor dem Dom herumlaufen? Warum (nicht)?

Ü 5 Das Foto (rechts) zeigt Souvenirs vom Kölner Dom. Welche gefallen Ihnen (nicht)?
Welche würden Sie Freunden/Ihrer Familie mitbringen? Warum?

Ü 6 Wird durch diese Souvenirs der Kölner Dom mißbraucht? Warum (nicht)?

Ü 7 Machen Sie eine Liste und notieren Sie darauf, in welchen Formen der Kölner Dom "vermarktet" wird.
Benutzen Sie dazu die Informationen aus dem Zeitungsartikel (links) und dem Foto (oben).

KÖLN AM RHEIN

Das ist doch albern!!

Meine Kinder freuen sich darüber.

Das ist eine schöne Erinnerung.

SO EIN KITSCH!

2 "Wohnkultur"

a)

Das Neue an unserem Jahrhundert ist die "Wohnkultur". Die Sache gibt es überall, am vorbildlichsten in Skandinavien, das Wort nur bei uns. Es ist typisch deutsch.

Ü 1 1. Sehen Sie bitte im Lexikon nach, was "Wohnkultur" in Ihrer Sprache heißt.
2. Erklären Sie auf deutsch, was Sie unter "Wohnkultur" verstehen.

Ü 2 Betrachten und lesen Sie bitte *Deutsch aktiv 1,* Seite 44–47.
Gibt es in der Bundesrepublik eine oder mehrere "Wohnkulturen"?

b) Wohnstile

Ü 1 Betrachten Sie die sechs Zimmer rechts: Welches gefällt Ihnen am besten – welches am wenigsten? Warum?

Ü 2 Fast alle Deutschen haben ein "Wohnzimmer": Was heißt das?
Gibt es ein solches/ähnliches Zimmer auch in den Wohnungen in Ihrem Land?

Ü 3 Welche der sechs Wohnzimmer rechts könnte man auch in Ihrem Land finden, welche nicht?

Ü 4 Wie finden Sie den Geschmack der Deutschen bei der Einrichtung ihrer Wohnungen?

1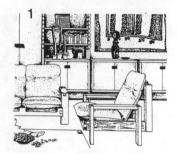

2

3

4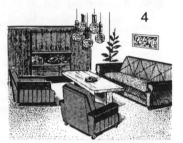

5

6

Ü 5 Diese Frage (links) zu den sechs abgebildeten Wohnzimmern wurde 10 000 Bürgern der Bundesrepublik gestellt. Betrachten Sie die statistischen Ergebnisse.
1. Was fällt Ihnen bei den Zahlen der Gesamtbevölkerung auf?
2. Gibt es große Unterschiede zwischen Männern und Frauen?
3. Welche Unterschiede zwischen den sechs Berufsgruppen stellen Sie fest?

WOHNSTIL

Frage: "Hier sind sechs Wohnzimmer abgebildet. Welches von diesen Zimmern gefällt Ihnen am besten? Ich meine: Für welches würden Sie sich entscheiden, wenn Sie in einem davon wohnen sollten?"

Vergleichen Sie die Bilder 1–6 (rechts oben).

	Nr. 1 %	2 %	3 %	4 %	5 %	6 %	August 1977 Unentschieden %	%
BEVÖLKERUNG INSGES.	11	18	18	18	18	15	2	= 100
Männer	11	15	16	18	22	15	3	= 100
Frauen	11	20	20	17	17	14	1	= 100
BERUFSKREISE								
Angelernte Arbeiter	7	17	16	28	15	16	1	= 100
Facharbeiter	11	13	19	20	19	17	1	= 100
Einfache Angest., Beamte .	14	18	17	12	23	15	1	= 100
Leitende Angest., Beamte .	10	18	21	10	23	16	2	= 100
Selbständige; freie Berufe .	11	26	18	12	23	6	4	= 100
Landwirte	7	31	26	19	9	9	4	= 100

Was deutsche und ausländische Kinder in der Bundesrepublik **3** über Weihnachten denken

Lesen Sie bitte diese Zusammenfassungen, bevor Sie die fünf Interviews vom Tonband hören.

Silja (11) freut sich auf Weihnachten, "weil alles so gemütlich ist". Am Tag vor Weihnachten wird der Weihnachtsbaum geschmückt, dann gehen alle in die Kirche. Danach zünden die Eltern zu Hause die Kerzen an, und Silja kann mit ihren Geschenken spielen. Sie hat keine Lust, für das Weihnachtsfest zu basteln oder zu backen. Den vorweihnachtlichen Rummel findet sie gemütlich. So wie Weihnachten bei ihr zu Hause gefeiert wird, findet sie es am schönsten. Sie freut sich auf ihren Geburtstag – wegen der Geschenke, und weil sie dann älter wird.

Peter (13) freut sich auf das Weihnachtsfest, das er manchmal mit seiner Familie in München, manchmal in den Skiferien feiert . . . . . wo der Weihnachtsbaum klein sein muß. Zu Hause kann er größer sein, weil mehr Platz da ist. Backen tut er nicht, aber "Sachen basteln" macht er gern. Die Geschenke gibt es am Heiligen Abend. Den "Betrieb" vor Weihnachten auf den Straßen von München, wo Mandeln und Kleinigkeiten für den Weihnachtsbaum verkauft werden, findet er "toll – echt wahnsinnig fröhlich". Peter möchte Weihnachten wie bisher feiern – so oder so – nur singen mag er nicht, weil er das nicht kann. Das sollen die anderen tun. Aber gemütlich und lustig soll es sein. Von den anderen Festen mag er den Geburtstag und Ostern: den Geburtstag "nur wegen den Geschenken", Ostern, weil er Ostereier so lustig findet.

Aya (12) freut sich sehr auf Weihnachten . . . . ., wenn der Tannenbaum aufgestellt wird, zuerst die Eltern ins Zimmer gehen, dann die Glocke klingelt und die Kinder ins Zimmer dürfen, um die Geschenke anzugucken. Danach wird dann gesungen. Die Geschenke sind "wahrscheinlich" das Wichtigste – aber auch, daß man dem andern etwas schenken kann. Der Rummel vor Weihnachten stört sie manchmal, weil Weihnachten kein großes Geschäft werden soll und weil man daran erinnert werden soll, "daß Jesus dort geboren ist". Am liebsten möchte sie zu Weihnachten zuerst in die Kirche gehen, daß man danach singt und es nicht "so wahnsinnig viele Geschenke gibt". Backen kann sie nicht; aber dafür bastelt sie für ihre Eltern, Großeltern und ihre Tante. Auf ihren Geburtstag freut sie sich wie auf Weihnachten, wegen der Geschenke.

Ayas Schwester **Inka (11)** hat etwas andere Vorstellungen von Weihnachten!

Rosetta (14) ist seit 10 Jahren in München und stammt aus Neapel/Italien. Sie hat schon öfter Weihnachten in München gefeiert. In Italien ging und geht sie Weihnachten meistens in die Kirche, in München nicht: Dort wird sie Weihnachten oft mit ihrer Familie eingeladen. In Neapel wird kein Weihnachtsbaum aufgestellt, dafür steht in der Kirche eine große Krippe. Der Münchener Weihnachtsrummel stört sie deshalb, weil er viel zu früh beginnt. Rosetta möchte Weihnachten am liebsten "wie jetzt – oder überhaupt nicht" feiern.

Ü 1 Notieren Sie die Äußerungen der Kinder in Stichworten.

Ü 2 In welchen Punkten haben die Kinder gleiche, ähnliche, unterschiedliche Meinungen/ Vorstellungen?

Ü 3 Vergleichen Sie besonders die Interviews mit Aya und Inka: Sie sind Schwestern!

Ü 4 Erklären Sie bitte mit eigenen Worten: "Heiliger Abend", "Weihnachtsbaum", "Krippe", "Rummel"/"Betrieb", "basteln".

4 Weihnachten – typisch deutsch?

Ü 1 Wird in Ihrem Land/bei Ihnen in der Familie Weihnachten gefeiert? – Wenn ja: wie?

Ü 2 Oder feiert man bei Ihnen (ungefähr zu dieser Jahreszeit) ein ganz anderes Fest?
  ▶ Wie ist das? Erzählen Sie.
  ▶ Vergleichen Sie es mit dem "deutschen" Weihnachtsfest.

Ü 3 Welche der folgenden Feste, die in den deutschsprachigen Ländern im Kalender stehen, kennen Sie?

– Weihnachten   – Namenstag
– Silvester/Neujahr   – Geburtstag
– Ostern   – Hochzeitstag
– Pfingsten   – Muttertag
– Karneval/Fasching
– Nationalfeiertag

  ▶ Was wissen Sie von diesen Festen?
  ▶ Welche Feste gibt es in Ihrem Land?

Feste, Aufzüge, Umzüge in der Bundesrepublik Deutschland

5

Karnevalszug

1.-Mai-Umzug

Bayreuth: Aufzug der Festspielgäste

Wallfahrt

Trachtenumzug

Festgottesdienst nach der Fronleichnamsprozession

Oktoberfest München

Ü 1 Was ist hier passiert? Was denken/vermuten die Leute? Was meinen Sie?

Ü 2 Sie stellen Ihren Wagen auf einem Parkplatz ab und gehen einkaufen. Als Sie wiederkommen, ist er weg . . . . .

Ü 3 Sie haben sich mit Ihrer/Ihrem Bekannten für 20 Uhr am Kino verabredet. Aber sie/er kommt nicht . . . . .

GEWISSHEIT	ANNAHME/VERMUTUNG	UNGEWISSHEIT
– Das weiß ich (*sicher/genau*).	– Ich nehme an (, daß)	– Ich weiß nicht (, ob/wann . . . . .)
– Ich bin (*ganz*) sicher (, daß . . . . .)	– Ich vermute (, daß)	– Ich bin *nicht sicher* (, ob/wer . . . . .)
– Ich weiß (, daß/wann/wer . . . . .)	– Ich glaube (*schon*) (, daß)	– Ich frage mich, ob/wo . . . . .
– Das kann ich (*ganz genau*) sagen:	– Mir scheint (, daß)	– Ich bezweifle, daß/ob . . . . .
– Ich erinnere mich (*genau*) (, daß/ wer/warum . . . . .)	– Das kann/könnte (*schon*) sein.	– Ich zweifle, ob/daß . . . . .
	– Das ist (*schon*) möglich.	– Ich muß (*mal/erst*) überlegen/nach-denken.
– Das ist so.	– Vielleicht/Möglicherweise/Wahr-scheinlich/Bestimmt	– (Ich habe) Keine Ahnung!
– So ist es.	– Er müßte in . . . . . sein.	– Mir ist *nicht klar,* ob/wer . . . . .
– Das ist *sicher/klar.*	– Sie sind *wohl* . . . . .?	– Es ist *nicht sicher,* ob/wo/daß . . . . .
– Jetzt ist es (*natürlich*) zu spät.	– Das ist *kaum* möglich.	– Das ist *nicht sicher!*
– Um diese Zeit ist sie (*doch*) immer in	– Sind Sie *etwa* . . . . .?	– Das ist (*noch ganz*) unsicher.
		– *Das fragt sich* (*aber/noch*).

1. Modalität

GEWISSHEIT

(a) Sicher(lich)
Gewiß } erinnern sich die Besucher an die vielen Superlative über den Dom.
Bestimmt

(b) **Es ist sicher, daß** die Besucher sich an die vielen Superlative über den Dom erinnern.

VERMUTUNG/MÖGLICHKEIT

(a)

Die Dombauhütte wird { vielleicht / vermutlich / wohl / möglicherweise / wahrscheinlich } noch viele Jahre Arbeit haben.

(b) **Es kann (könnte) sein,
Ich vermute (glaube),
Es ist möglich,
Es ist wahrscheinlich,** } **daß** die Dombauhütte noch viele Jahre Arbeit haben wird.

ZWEIFEL

(a) Der Kölner Dom hat { **kaum eine / wohl keine** } Chance, eine stille Andachtsstätte zu sein.

(b) **Es ist zweifelhaft,
Ich bezweifle,** } **daß (ob)** der Kölner Dom eine Chance hat, eine stille Andachtsstätte zu sein.

UNGEWISSHEIT

**Es ist ungewiß (unsicher),
Man weiß nicht,
Niemand weiß,** } { **ob** der Kölner Dom jemals fertig sein wird. / **wann** der Kölner Dom einmal fertig sein wird.

2. Aktionsarten II

ANFANG	VERLAUF/DAUER	ENDE/ERGEBNIS
(auf-)hängen: Die Glocke wird (auf)gehängt.	**hängen:** Die Glocke hängt.	– – – – –
(auf-)stellen: In Neapel wird kein Weihnachtsbaum aufgestellt;	**stehen:** dafür steht in der Kirche eine große Krippe.	– – – – –
bekommen: Sie bekommt Geschenke.	**haben:** Sie hat Geschenke.	
anfangen zu . . . . . /beginnen zu . . . . . : Sie fangen an, am Dom zu bauen. Sie beginnen, am Dom zu bauen.	**immer . . . . ./dauernd . . . . :** Sie bauen immer am Dom. Sie bauen (dauernd) am Dom.	**aufhören zu . . . . :** Sie hören auf, am Dom zu bauen.

3. Wortbildung IV

3. 1. Substantive aus VERB + SUBSTANTIV

die **Bau**/stelle ("bauen")
das **Wohn**/zimmer ("wohnen")
die **Spiel**/waren ("spielen")

VERB/SUBSTANTIV

3. 2. Substantive aus ADJEKTIV + SUBSTANTIV

die **Neu**/wahlen ("neu")
die **Groß**/stadt ("groß")
die **Frei**/zeit ("frei")

ADJEKTIV/SUBSTANTIV

3.3. Substantive aus PRÄPOSITION + SUBSTANTIV

die **Über**/schrift ("über")
der **Vor**/mittag ("vor")
der **Mit**/arbeiter ("mit")

PRÄPOSITION/SUBSTANTIV

3.4. Substantive aus PARTIZIPIEN

der Ab-**ge**-ordn-**et**-e (ab-**ge**-ordn-**et**: PARTIZIP II)

die An-**ge**-stell-**t**-e (an-**ge**-stell-**t**: PARTIZIP II)

der Vor-sitz-**end**-e (vor-sitz-**end**: PARTIZIP I)

3.5. Substantive aus VERB + "-er"

der **Verkäuf**/er (ein Mann, der verkauft)
der **Lehr**/er (ein Mann, der lehrt)
der **Erzieh**/er (ein Mann, der erzieht)

VERB/er

3.6. Substantive auf "-in"

die Freund/in (◄──► der Freund)
die Lehrer/in (◄──► der Lehrer)
die Verkäufer/in (◄──► der Verkäufer)

SUBSTANTIV/in

Ü 1 **Ihrer Meinung nach sind die folgenden Aussagen richtig. Sagen Sie das bitte!**

Beispiel: Viele Besucher kennen die Superlative über den Kölner Dom:
  (a) Sicher (sicherlich, gewiß, bestimmt) kennen viele Besucher die Superlative über den Kölner Dom.
  (b) Es ist sicher (Ich bin sicher), daß viele Besucher die Superlative über den Kölner Dom kennen.
Aufgabe: (1) Der Kölner Dom bleibt eine "ewige" Baustelle. – (2) Der Kölner Dom ist so bekannt wie der Eiffelturm in Paris. – (3) Mit dem Kölner Dom wird viel Geld verdient. – (4) In Deutschland wird Weihnachten genauso/ganz anders gefeiert wie/als bei uns. – (5) Viele Leute in Deutschland denken Weihnachten nur ans Schenken. – (6) Politik spielt in Deutschland eine größere/kleinere Rolle als bei uns. – (7) Man kann die Leute politisch beeinflussen, indem man ihnen politische Informationen verschweigt.

Ü 2 **Ihrer Meinung nach sind die folgenden Aussagen möglicherweise richtig. Sagen Sie das bitte!**

Beispiel: Die Arbeiten am Kölner Dom gehen nie zu Ende:
  (a) Die Arbeiten am Kölner Dom werden vielleicht (vermutlich/wohl/möglicherweise/wahrscheinlich) nie zu Ende gehen.
  (b) Es kann (könnte) sein (Ich vermute/Ich glaube/Es ist möglich/Es ist wahrscheinlich), daß die Arbeiten am Kölner Dom nie zu Ende gehen.
Aufgabe: (1) Der Kölner Dom ist die berühmteste Kirche in Deutschland. – (2) Der Kölner Dom bleibt eine "ewige" Baustelle. – (3) Ich brauche viel Zeit, bis ich die Deutschen richtig kenne. – (4) Die Deutschen arbeiten mehr als wir. – (5) Die Regierung verliert die nächsten Wahlen. – (6) Die Großkonzerne werden immer größer. – (7) Morgen komme ich nicht zum Sprachkurs.

Ü 3 **Sie bezweifeln, daß die folgenden Aussagen richtig sind. Sagen Sie das bitte!**

Beispiel: Der Kölner Dom ist das berühmteste Bauwerk in Deutschland:
  (a) Der Kölner Dom ist kaum (wohl nicht) das berühmteste Bauwerk in Deutschland.
  (b) Es ist zweifelhaft (ich bezweifle), ob (daß) der Kölner Dom das berühmteste Bauwerk in Deutschland ist.
Aufgabe: (1) Du hast genug Zeit, Deutschland kennenzulernen. – (2) Die Leute bei uns haben mehr Zeit als die Leute in Deutschland. – (3) Die Leute in Deutschland sind zufriedener als die Leute bei uns. – (4) Die Zeitungen können ihre Leser politisch beeinflussen. – (5) Männer interessieren sich mehr für Politik als Frauen. – (6) Frauen haben eine Chance, dieselben Berufe zu erlernen wie die Männer. – (7) Die "kleinen Leute" können die Politik der Parteien mitbestimmen.

Ü 4 **Sie können die folgenden Fragen nicht beantworten. Sagen Sie das bitte!**

Beispiel: Wird der Kölner Dom jemals fertig sein?:
  Es ist ungewiß (Ich weiß nicht), (a) ob der Kölner Dom jemals fertig sein wird.
  (b) wann der Kölner Dom einmal fertig sein wird.
Aufgabe: (1) Wird es jemals genug Arbeit für alle geben? – (2) Werden alle Menschen jemals in Freundschaft miteinander leben? – (3) Werden jemals alle Menschen genug zu essen haben? – (4) Werden die Kriege jemals aufhören? – (5) Werden wir jemals genug Zeit füreinander haben? – (6) Werden unsere Städte jemals kinderfreundlich sein? – (7) Werden die Menschen jemals die Chance haben, ihr Leben selbst zu bestimmen? – (8) Werde ich jemals meine Heimat wiedersehen?

Gastarbeiter zwischen Isolation und Integration

Heimat in der Fremde?

Gettobildung

Junge Ausländer sollen leichter Deutsche werden

Niemandskinder, die nicht „nach Hause" wollen

"Deutschland wäre schön, wenn die Deutschen nicht wären…"

Bürger zweiter Klasse?

Aus Türken und Griechen Germanen machen?

Keine Chance für Ausländer?

① Isolation statt Integration

Da kann man den Lebensmut verlieren

② Kinder von Ausländern fühlen sich in der Bundesrepublik immer noch wie in einem sprachlichen und sozialen Getto

Von Christian Schneider

③   Von den vier Millionen Ausländern, die heute in Deutschland leben, sind mehr als eine Million unter 15 Jahre alt. Viele von ihnen wurden schon hier geboren, die meisten von ihnen werden vermutlich auch hier bleiben. Etwa 1,1 Millionen Kinder von Gastarbeitern warten in den Heimatländern darauf, von ihren Eltern in die Bundesrepublik nachgeholt zu werden.

④   Ist die Bundesrepublik auf die zweite Ausländergeneration vorbereitet? "Manchmal denke ich, ich bin ein Mensch zweiter Klasse", sagt Belgin Kesici. Die junge Türkin kam 1973 als Zehnjährige zusammen mit ihrer fünf Jahre jüngeren Schwester nach München, wo ihre Mutter bereits ein Jahr zuvor eine Arbeitsstelle als Schneiderin gefunden hatte.

⑤   Als die damals Zehnjährige nach München kam, konnte sie gerade "danke, bitte und auf Wiedersehen" sagen. Einen Monat nach ihrer Ankunft in München kam sie in eine rein deutsche 4. Grundschulklasse: "Da hab' ich blöd geguckt und nichts verstanden."

⑥   Die Erinnerung an ihre ersten Monate in der Bundesrepublik sind für das Mädchen wie ein Alptraum. "Ich wollte Deutsch lernen, weil ich mit den anderen Kindern sprechen wollte. Mir wäre es am liebsten gewesen, ich hätte den ganzen Tag Deutschunterricht gehabt." Auf ihrem Stundenplan standen aber wöchentlich nur zwei Deutschstunden. Die Folge war die völlige Isolation. "Weil ich nichts verstand, konnte ich auch keine Hausaufgaben machen. Dafür habe ich mich dann am Nachmittag vor den Fernseher gesetzt, da liefen im 3. Programm immer so lustige Filme." Die Bilder wenigstens konnte sie verstehen.

Ü 1 In Abschnitt ③ stehen 5 wichtige Informationen über Ausländer in der Bundesrepublik – welche?

In Abschnitt ④ stehen 5–6 Informationen über Belgin Kesici – welche?

Gliederung und Übungen zum Text links

① Isolation   ② Wie in einem Getto

DA KANN MAN
DEN LEBENSMUT
VERLIEREN.

③ 4 Mio. Ausländer:
1 Mio unter 15, viele
hier geboren.
1,1 Mio kommen noch.

④ Belgin Kesici:
"Mensch zweiter Klasse"

⑤ Deutsche Schulklasse:
"Nichts verstanden"

⑥ "Ich wollte Deutsch
lernen" – aber wöchentlich
nur 2 Deutschstunden.

⑥ Völlige Isolation

⑥ "Konnte keine Haus-
aufgaben machen."

"Habe mich immer vor
den Fernseher gesetzt."

Ü 2 1. Lesen Sie bitte die Gliederung (links).

2. Vergleichen Sie die Gliederung mit dem Zeitungsartikel auf der Seite links.

3. Sind in der Gliederung alle wichtigen Punkte des Zeitungsartikels? – Welche fehlen?

4. Können Sie eine bessere Gliederung machen?

Ü 3 Erzählen Sie den Inhalt des Zeitungsartikels mit Hilfe der Gliederung.

4 Millionen Ausländer (davon 1,9 Millionen Beschäftigte) – das sind 6,5% der Bevölkerung in der Bundesrepublik **3**

1.165.000

110.000

610.000

189.000   573.000

306.000

Frankfurt hat vor München den höchsten Ausländeranteil

Frankfurt (AP) Den mit Abstand höchsten Ausländeranteil unter den Großstädten in der Bundesrepublik hat Frankfurt. Wie das Presse- und Informationsamt der Stadt mitteilte, wird die Zahl der melderechtlich erfaßten ausländischen Einwohner Ende des Jahres bei rund 127 400 liegen, was einen Anteil an der Wohnbevölkerung Frankfurts von 20,2 Prozent ausmacht. Es folgen München und Stuttgart mit 16,2 beziehungsweise 15,9 Prozent (jeweils Stand Anfang 1979). Von den in Frankfurt gemeldeten Ausländern stellen die Jugoslawen mit 20,6 Prozent das größte Kontingent, gefolgt von den Türken mit 17,9 und den Italienern mit 14 Prozent.

Ü 1 Welche Informationen finden Sie in der Graphik oben?

Ü 2 Machen Sie mit diesen Informationen einen kurzen Bericht.

Ü 3 Welches sind die wichtigsten Informationen in dem Zeitungsartikel (oben)?

Ü 4 Schreiben Sie jetzt einen Bericht mit allen Informationen aus Graphik und Artikel. Können Sie dafür zuerst eine Gliederung machen?

4 Spanier, die in München leben und arbeiten, machten einen Vergleich zwischen Deutschen und Spaniern. Sie notierten die 4 positivsten und die 4 negativsten Eigenschaften. Hier das Ergebnis:

DEUTSCHE:
arbeitsam
egoistisch
wenig Sinn für die Familie
ordentlich
pünktlich
kontaktarm
tadelsüchtig
diszipliniert

SPANIER:
fleißig
schwatzhaft
ungebildet
liebenswürdig
fröhlich
starker Sinn für die Familie
unbeständig
unorganisiert

Ü 1 Sortieren Sie diese Eigenschaften nach positiv (+) und negativ (–):

DEUTSCHE		SPANIER	
+	–	+	–
.....	.....	.....	.....
.....	.....	.....	.....
.....	.....	.....	.....
.....	.....	.....	.....

Ü 2 Wie sind die Deutschen Ihrer Meinung nach?

Ü 3 Mit welchen Eigenschaften würden Sie sich und Ihre Landsleute beschreiben?

5 Das ist ein Text von Mustapha El Hajaj aus Marokko. Er lebt und arbeitet (als Verkäufer) seit vielen Jahren in Berlin.

Die Deutschen

Die Deutschen!

Das Seltsamste an Deutschland ist,
daß hier Männer Kinderwagen schieben,
daß Radios so billig und Teppiche so teuer sind
und daß den ganzen Tag Kirchenglocken bimmeln.

In Deutschland dachte ich zu Anfang, hier würden
den Leuten Hunde geboren anstatt Kinder.
Denn sie haben viele Hunde
und tragen sie auf dem Arm.

Hunde und Katzen
leben wie Könige in Deutschland.

In Deutschland gibt es Leute, die haben Geld
und sehen trotzdem traurig auf die Erde.
Sollen sie doch den Kummer denen überlassen,
die kein Geld haben.

Die Deutschen sind pünktlich wie die Eisenbahn.

Das kommt daher,
daß sie nur ein Gleis kennen,
nie vom Weg abgehen,
kein Unkraut, keine Blumen
in den Seitenwegen pflücken.

Sie fahren immer geradeaus,
sind pünktlich wie die Eisenbahn
und nehmen nichts wahr.

Ü Notieren Sie Mustaphas Beschreibung der Deutschen in Stichworten

Drei junge Ausländerinnen

Nilgün – 16 Jahre

Nilgün ist 16 Jahre alt. Seit August 1974 lebt sie mit ihren Eltern und ihren drei kleinen Geschwistern in München. Als sie aus der Türkei hierher kam, hatte sie geweint vor Freude. Nach Jahren der Trennung war sie wieder bei ihren Eltern. Und sie war in einem Land, in dem es, wie sie glaubte, Arbeit für sie gab und Hoffnung. Heute, fünf Jahre später, glaubt Nilgün nicht mehr daran. Während ihre Eltern arbeiten, muß sie in der kleinen Zweizimmerwohnung auf ihre Geschwister aufpassen. Letzten Sommer kam sie aus der Schule. Den Hauptschulabschluß hatte sie nicht geschafft. Seither sucht Nilgün vergeblich eine Lehrstelle als Schneiderin.

Evi Pantalezi – 14 Jahre

Evi Pantalezi muß lange überlegen, welche Sprache sie besser kann, ob Griechisch oder Deutsch: "Vielleicht spreche ich ein bißchen besser Deutsch als Griechisch", meint sie schließlich und entschuldigt sich sogleich, "obwohl ich Deutsch auch nicht gut kann!" –
Im Augenblick kann Evi sich noch nicht vorstellen, einmal für immer nach Griechenland zu gehen. "Hier habe ich meine Schule und möchte meinen Beruf lernen."
"In der Schule lerne ich irgendwie was anderes, und zu Hause leben wir aber richtig griechisch", erzählt Evi. "In Deutschland hat die Frau mehr Rechte als in Griechenland. Da heißt es immer: Die Frau soll zu Hause bleiben." "Bei uns zu Hause ist das so, da hat mein Vater zu sagen, und meine Mutter muß sich unterordnen, das gefällt mir überhaupt nicht. Eine Frau kann doch genauso gut ihre Meinung äußern!"

Clemencia de Uña, 18 Jahre

"Ich glaube, ich würde eingehen, wenn ich nicht im Urlaub nach Spanien fahren könnte", gesteht Clemencia de Uña, die bereits seit zehn Jahren in Deutschland lebt. "Der Anfang", erzählt sie, "war sehr schwer. Wir konnten uns gar nicht verständlich machen. Die Nachbarn, die wollten uns auch nicht verstehen." Ihre Eltern hatten damals Arbeit in Frankfurt gefunden und zwei Monate später Clemencia und ihre um drei Jahre jüngere Schwester nach Deutschland geholt. Seit der Geburt ihres kleinen Bruders, der in Frankfurt/M. zur Welt gekommen ist, geht ihre Mutter nicht mehr arbeiten. "Meine Mutter spricht besser Deutsch als mein Vater, weil sie ja immer einkaufen gehen muß. Mein Vater hat sich nie so richtig um die Sprache gekümmert, im Betrieb haben die sich schon daran gewöhnt, daß er halb Deutsch und halb Spanisch spricht."

Ü 1 Wer sagt was?

A	Im Urlaub nach Hause!	Anfang in Deutschland schwer	Nachbarn wollten sie nicht verstehen	Eltern fanden Arbeit in Frankfurt	Kinder nachgeholt	Mutter spricht besser Deutsch als Vater

B	Lange Trennung von den Eltern	Hoffnung auf Arbeit	Immer auf Geschwister aufpassen	Kein Hauptschulabschluß	Keine Lehrstelle

C	Muttersprache oder Deutsch?	Will hier Beruf lernen	Gegensatz: Schule – zu Hause	In Deutschland hat die Frau mehr Rechte

Ü 2

1. Warum spricht Clemencias Mutter besser Deutsch als ihr Vater?
2. Warum geht die Mutter nicht mehr zur Arbeit?
3. Wie erklärt Evi, daß die Frauen in ihrer Heimat weniger Rechte haben als in Deutschland?
4. Wie ist Evis Meinung dazu? Was denken Sie selbst darüber?
5. Welche Hoffnung hat Nilgün verloren? Warum?

1

Viele Fische – aber kein Sieger!
Siegerehrung fiel ins Wasser

Trotz guter Vorbereitung und Organisation, trotz herrlichen Wetters und reicher Beute endete der Sportangler-Wettbewerb in diesem Jahr mit einem Skandal.

Die Regeln waren bekannt; trotzdem konnte man sich nicht auf einen Sieger einigen. Obwohl Gerd Harms aus Bremerhaven einen Karpfen fing, der 15 kg wog, wollten seine Konkurrenten

○ Ich habe den größten gefangen. Mindestens fünfzehn Kilo! Ich habe gewonnen!

● Reiner Zufall! Ich habe die meisten gefangen. Sieben Stück! Alle dreißig Minuten einen!

●● Das sind doch ganz billige Fische! Ich habe zwei Aale gefangen! Die kosten dreimal so viel! Ist doch ganz klar, daß . . . . .

● Was???

○ So eine Frechheit! Ich habe den größten . . . . .

●● Und ich die teuersten . . . . .

○ Aber ich . . . . .

● Hilfe!

Sie haben in einem Test nur drei Fehler gemacht, aber Ihr Lehrer hat Ihnen sechs Fehler angestrichen . . . . .

Sie sind beim Trimmen einen Kilometer in sechs Minuten gelaufen.
Sie erzählen das einem Freund. Er sagt, er laufe einen Kilometer in weniger als fünf Minuten – und er kenne jemand, der laufe noch viel schneller . . . . .

Sie haben in der Stadt nach langem Suchen einen Parkplatz gefunden.
Sie wollen gerade einparken, da fährt ein anderes Auto in die Parklücke, und der Fahrer sagt, das sei <u>sein</u> Parkplatz . . . . .

15. 9.

Liebe Olga,

ich habe Dir lange nicht geschrieben. Wir waren inzwischen verreist. Wir waren in Terremonsina. Das waren 4 herrliche Wochen. Wir sind diesmal mit der Eisenbahn runtergefahren. Das war sehr bequem und überhaupt nicht anstrengend.

Die Leute waren sehr nett. Wir haben uns unterhalten und diskutiert, obwohl wir keine Fremdsprache können. Wir haben mit Händen und Füßen geredet.

Terremonsina ist eine kleine Hafenstadt. Wir hatten dort eine ausgezeichnete Unterkunft, weil wir uns rechtzeitig angemeldet hatten. Ein wunderschönes Hotel direkt am Meer. Da war die Hitze nicht so groß. Im August ist es in dieser Gegend immer sehr heiß. Wir haben jeden Tag geschwommen, gut gegessen, viel Wein getrunken.

Abends sind wir immer in die Stadt gegangen und haben auf dem Markt Obst gekauft. Wir fanden besonders schön, daß es dort noch nicht viele Touristen gibt. Ihr müßt die Gegend auch mal kennenlernen!

Die Rückfahrt war wieder sehr schön, allerdings sehr lang; wir waren 26 Stunden unterwegs.

Wir haben Euch noch viel zu erzählen!

Auf bald und herzliche Grüße

Deine Jutta

Sie schreibt, ...	Aber . . . . . In Wirklichkeit . . . . . Das stimmt nicht . . . . . Das ist nicht richtig . . . . .
Während sie schreibt, ...	hatten/waren sie (tatsächlich/in Wirklichkeit) . . . . .

1. Der Konzessivsatz

(1) (a) Obwohl wir keine Fremdsprache können, haben wir uns unterhalten und diskutiert.

(b) Wir können (zwar) keine Fremdsprache; trotzdem haben wir uns unterhalten und diskutiert.

(2) (a) Obwohl die Organisation gut war, endete der Wettbewerb mit einem Skandal.

(b) Die Organisation war (zwar) gut; trotzdem endete der Wettbewerb mit einem Skandal.

(c) Trotz guter Organisation
Trotz der guten Organisation } endete der Wettbewerb mit einem Skandal.

2. Nebensätze ohne Konjunktion

2.1. "daß"-Sätze

Manchmal denke ich, ich bin ein Mensch zweiter Klasse.

=

Manchmal denke ich, daß ich ein Mensch zweiter Klasse bin.

2.2. Konditionalsätze

Mir wäre es am liebsten gewesen, ich hätte den ganzen Tag Deutschunterricht gehabt.

=

Mir wäre es am liebsten gewesen, wenn ich den ganzen Tag Deutschunterricht gehabt hätte.

2.3. Konzessivsätze

War die Organisation auch gut, (so) endete der Wettbewerb (doch) mit einem Skandal.

=

Obwohl die Organisation gut war, endete der Wettbewerb mit einem Skandal.

Ü 1 Sagen Sie das anders

Beispiel: Wir können zwar keine Fremdsprache; trotzdem haben wir uns unterhalten:
(a) Obwohl wir keine Fremdsprache können, haben wir uns unterhalten.
(b) Wir haben uns unterhalten, obwohl wir keine Fremdsprache können.

Aufgabe: (1) Ich kann Deutsch zwar auch nicht gut; trotzdem spreche ich besser Deutsch als Griechisch. – (2) Sie leben zwar schon lange in Deutschland; trotzdem fühlen sich viele Ausländer wie in einem Getto. – (3) Sie wollen zwar einen Beruf erlernen; trotzdem finden die meisten ausländischen Jugendlichen keine Lehrstelle. – (4) Die ausländischen Kinder wollen zwar Deutsch lernen; trotzdem gibt es noch nicht genug Deutschunterricht für sie. – (5) Die Bundesrepublik braucht zwar die ausländischen Arbeitnehmer; trotzdem haben die Ausländer nicht die gleichen Rechte wie die Deutschen. – (6) Die Regeln waren zwar bekannt; trotzdem konnte man sich nicht auf einen Sieger einigen. – (7) Er hatte zwar den größten Fisch gefangen; trotzdem wurde Gerd nicht Sieger.

Ü 2 **Sagen Sie das anders**

Beispiel: Trotz guter Organisation endete der Wettbewerb mit einem Skandal:
(a) Die Organisation war zwar gut; trotzdem endete der Wettbewerb mit einem Skandal.
(b) Obwohl die Organisation gut war, endete der Wettbewerb mit einem Skandal.

Aufgabe: (1) Trotz schlechten Wetters haben wir uns im Urlaub gut erholt. – (2) Trotz der weiten Fahrt wollen wir nächstes Jahr wieder in Spanien Urlaub machen. – (3) Trotz großer Gewinne haben die Öl-Konzerne die Preise weiter erhöht. – (4) Trotz des teuren Benzins fahren die meisten Leute immer noch mit dem Auto zur Arbeit. – (5) Trotz guter Vorbereitung hat Deutschland das Länderspiel gegen Österreich verloren. – (6) Trotz der schweren Aufgaben haben wir die Prüfung bestanden.

Ü 3 **Sagen Sie das anders**

Beispiel: (1) Ich weiß, du hast keine Zeit: **Ich weiß, daß du keine Zeit hast.**
(2) Hätte ich mehr Zeit, würde ich dich besuchen: **Wenn ich mehr Zeit hätte, würde ich dich besuchen.**
(3) Habe ich auch wenig Zeit, so besuche ich dich doch: **Obwohl ich wenig Zeit habe, besuche ich dich (doch).**

Aufgabe: (1) In Deutschland dachte ich zu Anfang, hier würden den Menschen Hunde anstatt Kinder geboren. – (2) Manchmal habe ich geglaubt, ich lerne die deutsche Sprache nie. – (3) Ich glaube, viele Deutsche wollen die Ausländer gar nicht verstehen. – (4) Könnte ich nicht im Urlaub nach Hause fahren, würde ich "eingehen". – (5) Könnte ich eine Lehrstelle finden, wäre ich sehr glücklich. – (6) Hättest du mir etwas gesagt, hätte ich dir geholfen. – (7) Sind die Chancen auch schlecht, so suche ich doch weiter eine Lehrstelle. – (8) Ist die Bezahlung auch nicht schlecht, so macht mir die Arbeit doch keinen Spaß.

1 Nachbarländer der Bundesrepublik Deutschland, in denen auch Deutsch gesprochen wird

In Mitteleuropa sprechen über 90 Millionen Menschen Deutsch als ihre Muttersprache:

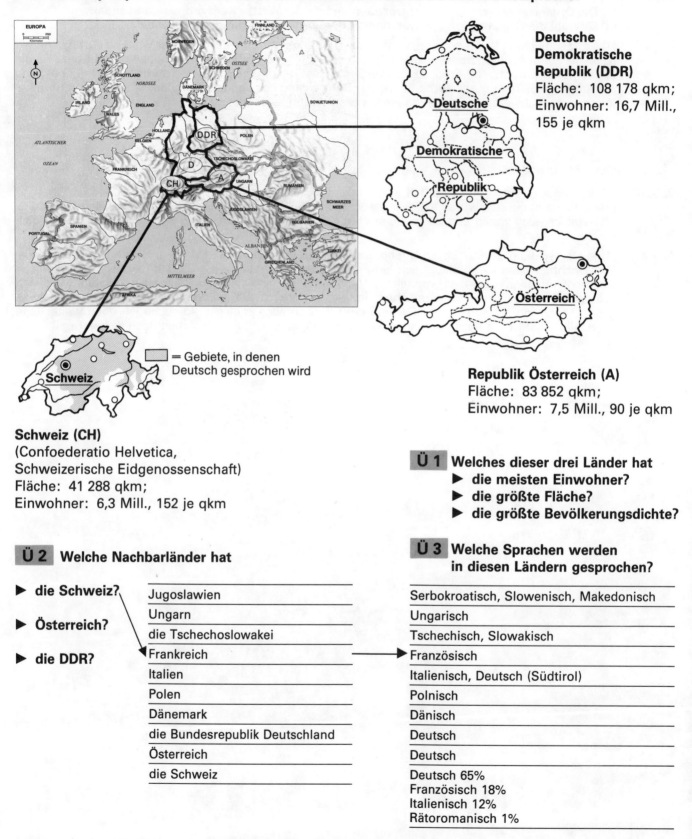

Deutsche Demokratische Republik (DDR)
Fläche: 108 178 qkm;
Einwohner: 16,7 Mill., 155 je qkm

= Gebiete, in denen Deutsch gesprochen wird

Republik Österreich (A)
Fläche: 83 852 qkm;
Einwohner: 7,5 Mill., 90 je qkm

Schweiz (CH)
(Confoederatio Helvetica,
Schweizerische Eidgenossenschaft)
Fläche: 41 288 qkm;
Einwohner: 6,3 Mill., 152 je qkm

Ü 1 Welches dieser drei Länder hat
► die meisten Einwohner?
► die größte Fläche?
► die größte Bevölkerungsdichte?

Ü 2 Welche Nachbarländer hat

► die Schweiz?

► Österreich?

► die DDR?

Ü 3 Welche Sprachen werden in diesen Ländern gesprochen?

Jugoslawien	Serbokroatisch, Slowenisch, Makedonisch
Ungarn	Ungarisch
die Tschechoslowakei	Tschechisch, Slowakisch
Frankreich	Französisch
Italien	Italienisch, Deutsch (Südtirol)
Polen	Polnisch
Dänemark	Dänisch
die Bundesrepublik Deutschland	Deutsch
Österreich	Deutsch
die Schweiz	Deutsch 65% Französisch 18% Italienisch 12% Rätoromanisch 1%

Ü 4 Welche Städte im deutschsprachigen Raum kennen Sie? In welchen Ländern liegen diese Städte?

Wie Österreich, die Schweiz und die DDR sich selbst darstellen

Wir haben auf den folgenden Seiten die Prospekte und Broschüren verwendet, die von den Fremdenverkehrszentralen bzw. Auslandspresseagenturen der einzelnen Länder herausgegeben werden.

2

Symphonie aus Landschaft und Kultur: Österreich

Es gibt im österreichischen Sprachschatz manche Wörter, die man einem Ausländer erst erklären muß; eines davon heißt *Sommerfrische* und meint einen Ort, wo man im Sommer Entspannung und Erholung findet. Als Sommerfrische bietet sich denn auch Österreich wie kaum ein zweites Land an. Die wechselvolle Landschaft, die in weiten Teilen ihre Ursprünglichkeit bewahrt hat, birgt eine Fülle weithin noch wenig bekannter Möglichkeiten, sich über den Sommer frisch zu erhalten: Österreich ist ein ideales Land für Urlauber, die ihre Ferien aktiv gestalten möchten. Neben vielfältigen kulturellen Eindrücken wartet hier eine Menge von Sommersportarten darauf, von den Fremden entdeckt zu werden: Sommerfrische abseits der großen Touristenströme.

Als ideales Urlaubsland ist Österreich im Ausland längst bekannt: Die meisten denken an Skiferien in den österreichischen Alpen, an die vielfältigen kulturellen Traditionen, an Kaiserschlösser, Sachertorten, an Walzer und allenfalls an Dirndlkleider. Die Klischeevorstellungen von Österreich als nicht allzu fernem Ferienziel übersehen dabei zumeist, daß die kleine Republik zwischen Boden- und Neusiedler See weit vielgestaltiger ist, als die landläufigen Vorstellungen versprechen. Österreich ist noch immer ein Touristenland, das der Entdeckung harrt.

Lesehilfen:

```
"Sommerfrische"
    └── wo man sich im
        Sommer entspannen
        und erholen kann
    viele verschie-
    dene Landschaften
    └── wo man frisch
        bleibt, wenn es
        heiß ist
    └── aktive Ferien:
        Sport im
        Sommer
    wo nicht viele
    Touristen sind
    └── Was jeder von Österreich
        weiß:
        – Berge      – Schlösser
        – Schifahren – Torte
        – Kultur     – Walzer
        Das sind die
        "Klischeevorstellungen".
    Man kann aber in Österreich
    noch viel Neues finden.
```

Ü 1 Was wissen Sie über Österreich?
Woran denken Sie, wenn Sie "Österreich" hören?

Ü 2 Im Text werden einige "Klischeevorstellungen" über Österreich genannt. Welche?

Ü 3 Erklären Sie den Ausdruck "Sommerfrische".

Ü 4 Warum steht das Wort "Symphonie" in der Überschrift?

Ü 5 Wollen Sie mehr über Österreich wissen? Dann schreiben Sie bitte eine Postkarte/ einen Brief an:

```
Österreich-Information
Margaretenstraße 1
A-1040 Wien IV
Telefon (222) 57 57 14
```

3

Reise durch Europa – raste in der

SCHWEIZ +

Die Schweiz ist ein Mosaik

Die Schweiz besteht aus 23 Kantonen, von denen drei erst noch politisch zweigeteilt sind. Jeder Kanton ist ein Miniaturstaat mit seiner eigenen, wechselvollen Geschichte. Vier Kulturkreise überschneiden sich, und Deutsch, Französisch, Italienisch und Romanisch sind die vier offiziellen Landessprachen. Schweizer, welche nur eine einzige davon sprechen, sind recht selten.

Ein Volk aus lauter Minderheiten

Weil jeder Schweizer zu einer Minderheit gehört, ist er verständigungsbereit und billigt den anderen ebensoviel Eigenständigkeit zu, wie er für sich selber beansprucht. Aber das Verständnis füreinander geht nur so weit, als es freiem Willen entspringt, denn der Schweizer ist jedem Zwang zur Einordnung oder gar zur Unterordnung abgeneigt. Deshalb liegt eine der wenigen Charaktereigenschaften, welche – ohne Rücksicht auf Volksstamm oder Sprache – allen Schweizern zu eigen ist, im gesunden Mißtrauen gegen alles, was nach Bürokratie und Obrigkeit riecht. Kein Normalschweizer wäre imstande, seine Seele dem Staat zu verkaufen.

Lesehilfen:

> Die Schweiz

> "Mosaik" = ein Bild aus vielen kleinen Teilen

> 23 einzelne kleine Staaten

> 4 Sprachen

> Jeder Schweizer gehört zu einer Minderheit (Minorität).

> Eigenschaften der Schweizer:
> – Toleranz (leben und leben lassen);
> – Freiheitsliebe (kein Zwang; keine Unterordnung);
> – Mißtrauen gegen die Bürokratie und den Staat.

Ü 1   Was fällt Ihnen ein, wenn jemand von der Schweiz spricht?

Ü 2   Erklären Sie: "Die Schweiz ist ein Mosaik" (Politik; Kultur; Sprache; Landschaft).

Ü 3   Welche "Charaktereigenschaften" der Schweizer werden im Text genannt?

Ü 4   Was bedeutet "Jeder Schweizer gehört zu einer Minderheit" (Politik; Sprache; Kultur)?

Ü 5   Sie planen einen Urlaub in Österreich, in der Schweiz oder in der Bundesrepublik Deutschland:
     – Sie sind interessiert an: Festspielen/Sport/Ruhe/Wein . . . . .
                         Bergen/Seen/einer Stadt . . . . .
     – Sie haben 2/3/4 . . . . . Wochen Zeit.
     – Sie wollen "preiswert"/bequem/luxuriös reisen.
Schreiben Sie einen Brief an die zuständige Fremdenverkehrszentrale.

Schweizerische
Verkehrszentrale
Direktion
Bellariastrasse 38
CH-8027 Zürich
Telefon (01) 202 37 37

Information über Reisen in der Bundesrepublik:

Deutsche Zentrale
für Tourismus
Beethovenstraße 69
D-6000 Frankfurt/Main
Telefon (0611) 7 57 21

Die DDR stellt sich vor
PANORAMA DDR (1976)

4

Mit diesem Buch stellt sich ein Land vor, das seit drei Jahrzehnten an der Seite seiner Verbündeten und Freunde konsequent und kontinuierlich den Weg des Sozialismus und des Friedens geht. Die Deutsche Demokratische Republik, hervorgegangen aus dem aufopferungsvollen Werk von Generationen, nimmt teil an der Umwandlung der Welt zum Wohle der Menschen. Sie ist Heimstatt eines Volkes, das aus vielfältigen Erfahrungen und im Ergebnis eigenen Schöpfertums weiß: der Sinn des Sozialismus – das ist das Wohl des Menschen.

Gestützt auf das bisher Erreichte, mit der Gewißheit der sozialistischen Gegenwart und mit dem Blick auf die kommunistische Zukunft wird das Volk der DDR weiterhin die entwickelte sozialistische Gesellschaft gestalten und so grundlegende Voraussetzungen für den allmählichen Übergang zum Kommunismus schaffen. Die Werktätigen der DDR werden – wie in den anderen Ländern der sozialistischen Gemeinschaft – dieses historische Werk vollbringen, weil es dem eigenen Volk zum Wohle gereicht und weil es zugleich ein Beitrag für die internationale Sache des Friedens und des Sozialismus sein wird. (S. 10).

Urlaub und Erholung

Das Recht auf Erholung und Freizeit gehört zu den in der Verfassung der DDR festgelegten Grundrechten der Bürger. Es entspricht dem Wesen eines sozialistischen Staates, alle notwendigen Bedingungen für die Gesundheit und Lebensfreude der Menschen zu schaffen. Schon seit Jahren macht es das Gesetzbuch der Arbeit Bereichsleitern und Gewerkschaftsleitungen zur Pflicht, bereits zum Jahresbeginn die persönlichen Urlaubspläne der Werktätigen mit den betrieblichen Erfordernissen in Übereinstimmung zu bringen. (S. 273)

Größte Bedeutung im Urlaubswesen hat der Feriendienst des Freien Deutschen Gewerkschaftsbundes. Laut Beschluß des VIII. Parteitages der SED (1971) sollte bis zum Jahre 1975 die Zahl der Ferienreisen des FDGB und der Betriebe auf insgesamt etwa 2 Millionen erhöht werden. Weit mehr wurde erreicht . . . . .

Die Gewerkschaftsleitungen vergeben die Ferienplätze in den Betrieben unter Berücksichtigung persönlicher und betrieblicher Umstände. (S. 274–275)

Von Jahr zu Jahr verbringen mehr DDR-Bürger ihren Urlaub im Ausland. 395 000 Reisen in die schönsten Gegenden der sozialistischen Bruderländer bot das Reisebüro der DDR für das Jahr 1975 an. (S. 276)

16,2 Millionen Bürger anderer Staaten, davon 4,9 Millionen Bürger aus nichtsozialistischen Staaten und 3 Millionen aus Berlin-West, reisten im Jahre 1975 in die DDR ein. (S. 273, 278)

Urlaub und Erholung

Grundrecht in der Verfassung: Gesundheit und Lebensfreude

Gesetzbuch der Arbeit:

Die Leiter der Arbeitsbereiche und der Gewerkschaften

planen   helfen

Erfordernisse des Betriebs   *persönliche Urlaubspläne*

koordinieren

Feriendienst der Gewerkschaften

vergibt Plätze in Ferienheimen   *führt Reisen durch*

Auslandsreisen in die sozialistischen Staaten

Statistik der ausländischen Besucher in der DDR

Ü 1   **Lesen Sie den Text links und beantworten Sie die Fragen:**
1. Was steht über "Erholung und Freizeit" in der *Verfassung der DDR*? Was steht darüber im *Gesetzbuch der Arbeit*?
2. Was muß man tun, wenn man Urlaub machen will?
3. Welche Bedeutung haben die Gewerkschaften? Wie werden Ferienplätze verteilt?
4. Wohin fahren die Bürger der DDR, wenn sie ins Ausland fahren?

Ü 2   **Wenn Sie in die DDR reisen würden, was würde Sie besonders interessieren? Politik, Kultur, Landschaft, Technik, Sport . . . . .?**

Von dieser Stelle bekommen Sie weiteres Informationsmaterial:

```
Auslandspresseagentur
Wilhelm-Pieck-Straße 49
DDR-1054 Berlin
```

5 Wie es ist, wenn man als "deutschsprachiger Ausländer" in der Bundesrepublik lebt

Wir haben eine Österreicherin und einen Schweizer interviewt. Bitte lesen Sie diese Kurz-texte, bevor Sie die Interviews hören.

Frau Messner ist aus Österreich, aus einem kleinen Ort in der Nähe von Innsbruck in Tirol. Sie wohnt mit ihrem Mann seit 1972 in Kassel. Sie fühlt sich in Deutschland sehr wohl, sagt sie. Aber anfangs hatte sie Schwierigkeiten bei der Eingewöhnung. Nicht der Umzug in die Bundesrepublik hat ihr Leben sehr verändert, sondern der Wechsel von der Kleinstadt in die Großstadt Kassel (Theater, Oper).
An den Deutschen fällt ihr das Leistungsstreben und die Zuverlässig-keit auf.
Frau Messner und ihr Mann fahren oft nach Tirol. In den letzten Jah-ren hat sich dort viel geändert: Es gefällt ihr nicht, daß in den Bergen Hochhäuser gebaut worden sind; aber den Leuten geht es jetzt bes-ser – es gibt höhere Renten und soziale Leistungen. Wenn Frau Mess-ner nach Österreich zurückkehren könnte, würde sie sich besonders auf das Bergsteigen, das Schilaufen und die vielen Freunde von frü-her freuen.
Die Deutschen reagieren immer recht freundlich, wenn sie merken, daß Frau Messner aus Österreich kommt. Viele erinnern sich wohl an ihren Urlaub. Die Deutschen fahren ja gerne in die Ferien nach Öster-reich: wegen der schönen Landschaft, der gemeinsamen Sprache, des gewohnten Essens – und wegen der menschlichen Wärme der Leute, meint sie.
Zum Schluß liest Frau Messner *aus diesem Buch*, S. 135, den 2. Absatz des Textes über Österreich vor; dann spricht sie ein Gedicht auf "tirolerisch" und "übersetzt" es ins "Hochdeutsche".

Dr. Kaspar Spinner ist Schweizer. Seit 1972 wohnt er mit seiner Fami-lie in Kassel.
Er sagt, daß er sich in Deutschland wohlfühle. Er findet, daß die Unterschiede zwischen dem Leben in der Schweiz und dem in der Bundesrepublik nicht sehr groß sind: Die Deutschen essen weniger Gemüse und Salat als die Schweizer, meint er. Mit seinem Urteil über die Deutschen ist er sehr vorsichtig geworden, je länger er in der Bundesrepublik lebt. "Die Deutschen sind nicht so laut und arrogant, wie die Schweizer meinen", sagt er. Seiner Meinung nach diskutieren die Deutschen gerne.
Nach Hause fährt er nicht sehr oft. In den letzten Jahren hat man auch in der Schweiz viele neue – und nicht immer schöne – Häuser und Lifte gebaut. Herr Spinner stellt eine gewisse "Amerikanisierung" des Lebens fest; das betreffe auch die "inneren Werte". Wenn er in die Schweiz zurückginge, würde er sich besonders auf die Berge und Seen freuen.
Die Deutschen besuchen die Schweiz besonders gerne wegen der Berge und der schönen alte Städte.
Obwohl Deutsch seine Muttersprache ist, hatte Herr Spinner in Deutschland doch viele Verständigungsschwierigkeiten, besonders am Anfang. Ihm fällt in der Bundesrepublik die starke Polarität zwi-schen "konservativ" und "links" im politischen Leben auf. Echte Liberalität – wie sie für die Schweiz typisch ist – gebe es hier kaum. Herr Spinner liest zum Schluß *aus diesem Buch*, S. 136, den 2. Absatz des Textes über die Schweiz vor. Danach spricht er ein Gedicht auf "schwyzertütsch" und "übersetzt" es ins "Hochdeutsche".

6

Berlin

West   Ost

Udo Lindenberg

Gesamtdeutsche Romanze: Liebe in einer geteilten Stadt

Wir wollen doch einfach nur zusammensein

Stell dir vor, du kommst nach Ostberlin,
und da triffst du ein ganz heißes Mädchen,
so ein ganz heißes Mädchen aus Pankow,
Und du findest sie sehr bedeutend und sie dich auch.

5   Dann ist es auch schon so weit,
Ihr spürt, daß ihr gern zusammen seid,
Und ihr träumt von einem Rockfestival auf dem Alexanderplatz
mit den Rolling Stones und 'ner Band aus Moskau.

Doch plötzlich ist es schon zehn nach elf,
10   Und sie sagt: "He, du mußt ja spätestens um 12 wieder drüben sein,
sonst gibt's die größten Nerverei'n,
denn du hast ja nur 'nen Tagesschein."

Mädchen aus Ostberlin, das war wirklich schwer.
Ich mußte geh'n, obwohl ich so gerne noch geblieben wär'.
15   Ich komme wieder und vielleicht geht's auch irgendwann mal ohne Nerverei'n.
Da muß doch auf die Dauer 'was zu machen sein.

Ich hoffe, daß die Jungs das nun bald in Ordnung bringen
Und wir woll'n doch einfach nur zusammen sein,
Vielleicht auch mal etwas länger, vielleicht auch mal etwas enger.
20   Wir woll'n doch einfach nur zusammen sein.

Worterklärungen:

3 *heiß* = attraktiv; 4 *Pankow* = Stadtteil von Ostberlin; 4 *bedeutend* = wichtig; 7 *Alexanderplatz* = größter und wichtigster Platz in Ostberlin; 10 *drüben* = in Westberlin; 11 *Nervereien* = Ärger, Schwierigkeiten (mit den Behörden); 12 *Tagesschein* = Ausweis, mit dem Besucher aus der Bundesrepublik/Westberlin sich einen Tag in Ostberlin aufhalten können; 16 *was zu machen sein* = eine Lösung (dieses Problems) zu finden sein; 17 *die Jungs* = die Politiker beider Seiten, die für Berlin verantwortlich sind; 19 *enger* = mit mehr Kontakt.

Ü Erzählen Sie die "Liebesgeschichte" von Udo und dem Ostberliner Mädchen:
— Wie beginnt sie?
— Mit welchen Worten sagt Udo, daß er "verliebt" ist?
— Wovon träumen die beiden?
— Warum muß Udo wieder gehen?
— Was hofft Udo?

Der Status von Berlin

7

a) Aus der Sicht der DDR und "des Ostens":

"Inmitten der DDR liegt Westberlin, eine Stadt mit besonderem politischem Status, der vor allem in dem Vierseitigen Abkommen über Westberlin vom 3. September 1971 festgelegt ist".

b) Aus der Sicht der Bundesrepublik und "des Westens":

"In der Erkenntnis, daß ohne Beilegung des Berlin-Konflikts eine allgemeine Entspannungspolitik in Europa keine Chance hatte, traten die vier Mächte im März 1970 zu Verhandlungen über Berlin zusammen. Das Ergebnis war das Vier-Mächte-Abkommen vom 3. September 1971, das am 3. Juni 1972 in Kraft trat. Es brachte keine endgültige Lösung des Berlin-Problems – die Unterzeichner konnten sich nicht einmal über seinen geographischen Geltungsbereich einigen, der nach westlicher Auffassung ganz Berlin, nach sowjetischer nur Westberlin umfaßt."

Das Vier-Mächte-Abkommen über Berlin vom September 1971:

"Der Osten"/die DDR:
Es gilt nur für Westberlin; Westberlin ist eine Stadt mit besonderem politischem Status.

"Der Westen"/die Bundesrepublik:
Es gilt für die ganze Stadt Berlin (Ost- und Westberlin).

Es gibt noch keine endgültige Lösung des Berlin-Problems.

○ Na, das ist aber eine Überraschung! Wo kommen Sie denn her?!
● Direkt aus dem Urlaub! Ich war eine Woche beim Schifahren.
○ Und wie war's?
● Ganz einmalig! Am liebsten würde ich gleich wieder hinfahren!
○ Das kann ich mir gut vorstellen. Bei diesem Wetter hier! Und wie war das Wetter bei Ihnen?
● Einfach phantastisch. Nur blauer Himmel und Sonne! Die ganze Zeit!
○ Da haben Sie aber wirklich Glück gehabt.
● Das kann man wohl sagen! So, jetzt nehme ich mir ein Taxi und lasse mich nach Hause bringen. Tschüs!

○ Na, das ist aber eine Überraschung! Wo kommen Sie denn her?!
● Aus dem Urlaub. Sie können sich nicht vorstellen, wie ich mich eben geärgert habe! Ich bin so sauer!
○ Was ist denn los? Was war denn?
● Erst hatte der Zug zwei Stunden Verspätung – und dann war er total überfüllt!
○ Ach, Sie Ärmste. So ein Pech. Und da mußten Sie die ganze Zeit stehen?
● Nee, ich hab' mich einfach in die erste Klasse gesetzt.
○ Sehr gut!
● Ja, aber ganz zum Schluß kam noch der Schaffner, und ich mußte 40 Mark nachzahlen! Stellen Sie sich das einmal vor! Ich hatte doch schließlich ein Recht auf einen Sitzplatz, oder?!
○ Also, ich würde mich an Ihrer Stelle bei der Bundesbahn beschweren!
● Da können Sie sich drauf verlassen! Aber jetzt bringe ich erst mal die Sachen da nach Hause.

Ü **Spielen Sie die Szenen A, B und C.**

Ⓐ

Sie erzählen einem Bekannten von Ihrem Urlaub. Sie waren am Meer. Das Wetter war nicht besonders gut; aber die Leute waren sehr nett. Sie haben sich sehr gut erholt.

Ⓑ

Sie treffen einen Kollegen und erzählen ihm von Ihrer Reise durch die Schweiz und Österreich. Sie haben viel erlebt (Verkehr, Berge, Wein, Leute), Schönes und weniger Schönes!

Ⓒ

Sie sprechen mit Ihrem Lehrer. Sie haben gestern zwei Stunden versucht, die Grammatik zu verstehen. Aber das Lehrbuch ist so schlecht, daß man es wegwerfen sollte! Sie sind sehr sauer auf das Buch und wollen damit nicht mehr arbeiten!

 Wie war's?
 Was war denn?

● Ganz einmalig!
  Phantastisch!
  Ausgezeichnet!

● Ich habe mich sehr geärgert.
  Ich bin sauer.
  Ich werde mich beschweren.

○ Da haben Sie wirklich Glück gehabt.

○ So ein Pech!
  das tut mir leid.

1. "Funktionsverben"

1.1. Funktionsverben mit "aktiver" Bedeutung

(1) Sie **bringen** die Urlaubspläne mit den betrieblichen Erfordernissen in Übereinstimmung.
    (= Sie machen, daß die Urlaubspläne mit den betrieblichen Erfordernissen übereinstimmen).

(2) Sie **bringen** das nun bald in Ordnung.
    (= Sie machen, daß das nun bald in Ordnung ist.)

(3) Das Abkommen **trat** am 3. Juni in Kraft.
    (= Das Abkommen begann am 3. Juni zu gelten.)

1. 2. Funktionsverben mit "passiver" Bedeutung

(1) Die Urlaubspläne **kommen** mit den betrieblichen Erfordernissen in Übereinstimmung.
    (= Die Urlaubspläne werden mit den betrieblichen Erfordernissen in Übereinstimmung gebracht.)

(2) Das **kommt** nun bald in Ordnung.
    (= Das wird nun bald in Ordnung gebracht.)

2. Vergleichssätze mit "als" und "wie"

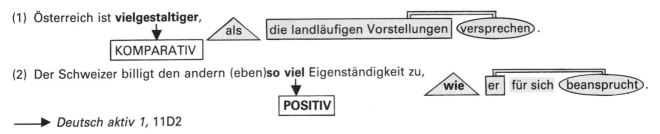

(1) Österreich ist **vielgestaltiger**, als die landläufigen Vorstellungen versprechen .
    KOMPARATIV

(2) Der Schweizer billigt den andern (eben)**so viel** Eigenständigkeit zu, wie er für sich beansprucht .
    POSITIV

⟶ *Deutsch aktiv 1*, 11D2

3. Der Relativsatz II

3.1. Relativsätze mit "welch-"

Schweizer,   sind recht selten.

    welche nur eine einzige Sprache sprechen,   ("welche" = "die")

RELATIV-
PRONOMEN

3.2. Relativsätze mit PRÄPOSITION + RELATIVPRONOMEN

Die Schweiz besteht aus **23 Kantonen,**

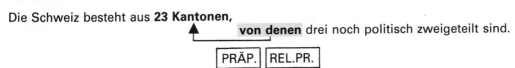

    von denen drei noch politisch zweigeteilt sind.

PRÄP. REL.PR.

(= Die Schweiz besteht aus **23 Kantonen**; **drei von ihnen** (= den 23 Kantonen) sind noch politisch zweigeteilt.)

4. Wortbildung V:

4.1. Adjektive aus SUBSTANTIV + "-voll", "-los", "-reich", "-arm"

wechsel/**voll**: ein wechselvolles Leben (= ein Leben voller Wechsel, **mit vielen** Wechseln)
rat/**los**: die Experten sind ratlos (= die Experten sind **ohne** Rat, können **keinen** Rat geben)
kinder/**reich**: eine kinderreiche Familie (= eine Familie **mit vielen** Kindern)
industrie/**arm**: ein industriearmes Land (= ein Land **mit wenig** Industrie)

4.2. Adjektive aus VERB + "-bar"

trink/**bar**: Der Wein ist trinkbar. (= Mann **kann** den Wein trinken.)
un/trink/**bar**: Das Wasser ist untrinkbar. (= Man **kann** das Wasser nicht trinken.)
bezahl/**bar**: Die Miete ist bezahlbar. (= Mann **kann** die Miete bezahlen.)
un-bezahl-**bar**: Die Miete ist unbezahlbar. (= Man **kann** die Miete nicht bezahlen.)

AUSNAHME:
zahl/bar: Die Miete ist am Monatsanfang zahlbar. (= Man **muß** die Miete am Monatsanfang **bezahlen**.)

4.3. Adjektive aus "über-" + ADJEKTIV/PARTIZIP II

über/glücklich: Sie sind überglücklich. (= Sie sind **mehr als** glücklich.)

ADJEKTIV

über/besetzt: Der Bus ist überbesetzt. (= Der Bus ist **mehr als** besetzt.)

PARTIZIP II

4.4 Adjektive aus "-aller-" + ADJEKTIV (im Superlativ)

aller/schwerst-: Diese Arbeit ist die allerschwerste. (= Diese Arbeit ist die **schwerste von allen** (Arbeiten); diese
Arbeit ist **schwerer als alle anderen** Arbeiten.)
aller/schönst-: Die Schweiz ist das allerschönste Land. (= die Schweiz ist **schöner als alle anderen** Länder.)

ADJEKTIV
(im Superlativ)

5. Wortstellung III: Sätze mit AKKUSATIVERGÄNZUNG und DATIVERGÄNZUNG im Mittelfeld

VORFELD	MITTELFELD				Im MITTELFELD steht:
(1) Der Lehrer/Er	muß den Ausländern		die Wörter	erklären.	DAT vor AKK
Der Lehrer/Er	muß ihnen		die Wörter	erklären.	DAT vor AKK
(2) Der Lehrer/Er	muß sie		den Ausländern	erklären.	AKK vor DAT
Der Lehrer/Er	muß sie		ihnen	erklären.	AKK vor DAT

6. Wortstellung IV: Sätze mit NOMINATIVERGÄNZUNG, AKKUSATIVERGÄNZUNG und DATIVERGÄNZUNG im Mittelfeld

VORFELD	MITTELFELD				Im MITTELFELD steht:
(1) Heute	muß der Lehrer/er	den Ausländern	die Wörter	erklären.	NOM vor DAT vor AKK
Heute	muß der Lehrer/er	ihnen	die Wörter	erklären.	NOM vor DAT vor AKK
(2) Heute	muß der Lehrer/er	sie	den Ausländern	erklären.	NOM vor AKK vor DAT
Heute	muß der Lehrer/er	sie	ihnen	erklären.	NOM vor AKK vor DAT
(3) Heute	muß sie	der Lehrer	den Ausländern	erklären.	AKK vor NOM vor DAT
Heute	muß sie	ihnen	der Lehrer	erklären.	AKK vor DAT vor NOM
(4) Heute	muß ihnen	der Lehrer	die Wörter	erklären.	DAT vor NOM vor AKK

➤ *Deutsch aktiv 2,* 11GR4 und 5

Ü 1 Ergänzen Sie

Beispiel: (1) Österreich ist **vielgestaltiger, als** die landläufigen Vorstellungen versprechen.
(2) Der Schweizer billigt den anderen **so viel** Eigenständigkeit zu, **wie** er selbst beansprucht.

Hinweis: Gebrauchen Sie die folgenden Adjektive im Positiv bzw. im Komparativ: "groß", "spät", "teuer", "viel", "leicht", "arrogant".

Aufgabe: (1) Frau Messner hatte in Deutschland anfangs . . . . . Schwierigkeiten, ... sie geglaubt hatte. – (2) Die Unterschiede zwischen Deutschland und der Schweiz sind nicht . . . . ., ... manche Leute meinen. – (3) Die Deutschen sind nicht . . . . ., ... die Schweizer meinen. – (4) Unser Urlaub in Österreich war . . . . ., ... wir uns ausgerechnet hatten. – (5) Ihr kommt . . . . ., ... ihr es versprochen habt. – (6) Deutsch lernen ist . . . . ., ... ich vermutet habe.

Ü 2 Sagen Sie das anders

Beispiel: Die Schweiz besteht aus 23 Kantonen (von den Kantonen sind drei politisch zweigeteilt):
Die Schweiz besteht aus 23 Kantonen, von denen drei politisch zweigeteilt sind.

Aufgabe: (2) Voriges Jahr haben wir eine Reise durch die deutschsprachigen Länder gemacht (von den deutschsprachigen Ländern hat uns die Schweiz am besten gefallen). – (2) Die Landschaften Österreichs (von den Landschaften Österreichs haben viele ihre Ursprünglichkeit bewahrt) bergen noch viele unbekannte Möglichkeiten. – (3) Die vier offiziellen Landessprachen (von den offiziellen Landessprachen spricht fast jeder Schweizer mehr als eine) sind: Deutsch, Französisch, Italienisch, Romanisch. – (4) Die Klischeevorstellungen von Österreich (von den Klischeevorstellungen habe ich schon viel gehört) stimmen nicht. – (5) Heute besuchen uns unsere Bekannten (von den Bekannten habe ich dir schon viel erzählt). – (6) Er hat die Prüfungen (vor den Prüfungen hatte er große Angst) gestern bestanden.

Ü 3 Gebrauche Sie in den folgenden Sätzen Personalpronomen

Beispiel: Der Lehrer muß den Ausländern die Wörter erklären:
(a) Der Lehrer muß ihnen die Wörter erklären. (b) Der Lehrer muß sie den Ausländern erklären.
(c) Der Lehrer muß sie ihnen erklären.

Aufgabe: (1) Der Schweizer billigt den andern Eigenständigkeit zu. – (2) Kein Schweizer verkauft dem Staat seine Seele. – (3) Das Reisebüro bietet seinen Kunden preiswerte Reisen an. – (4) Die DDR verspricht ihren Bürgern schöne Reisen. – (5) Sie stellt ihren Eltern ihren neuen Freund vor. – (6) Ich will meiner Freundin ein schönes Buch schenken.

Ü 4 Ergänzen Sie

Beispiel: Der Lehrer muß ihnen die Wörter erklären; heute **muß ihnen der Lehrer die Wörter erklären.**

Aufgabe: (1) Er muß sie ihnen erklären; heute . . . . . . – (2) Ich habe mir ein interessantes Buch gekauft; gestern . . . . . . – (3) Ich habe es mir gekauft; gestern . . . . . – (4) Die Schweizerische Verkehrszentrale hat mir einen Prospekt geschickt; vorige Woche . . . . . . – (5) Sie hat ihn mir geschickt; vorige Woche . . . . . . – (6) Wir haben uns einen Gebrauchtwagen gekauft; voriges Jahr schon . . . . . . – (7) Wir haben ihn uns gekauft; voriges Jahr schon . . . . . . – (8) Peter hat mir einen Brief geschrieben; schon vor einer Woche . . . . . . – (9) Peter hat ihn mir geschrieben; schon vor einer Woche . . . . . .

1

● Bitte volltanken.
○ Super oder Normal?
● Normal.
○ Soll ich auch nach dem Öl sehen?
● Ja, bitte.

○ Ihr Öl ist in Ordnung. Zahlen Sie an der Kasse.
● Wo kann ich hier Wasser und Luft prüfen?
○ Steht gleich hier an den Zapfsäulen.
● Ah ja! Danke schön!

○ Öl brauchen Sie einen Liter. Was nehmen Sie?
● Ich weiß nicht. Was meinen Sie?
○ Mit dem hier können Sie nichts falsch machen.
● Also gut, einen Liter!
○ Zahlen an der Kasse, bitte.
● Vielen Dank.

○ Das Öl stimmt.
● Ist hier eine Toilette?
○ Da um die Ecke. Schlüssel kriegen Sie an der Kasse.
● Vielen Dank.

○ Alles o.k. An der Kasse, bitte . . . . .
● Ich will zur Reinoldikirche. Wie komme ich da hin?
○ Wenn Sie hier rausfahren, nach rechts rum, dann immer den Schildern "Zentrum" folgen. An der Ampelkreuzung, wo die Straßenbahn ist, geradeaus. Dann über die erste – zweite – dritte Ampel . . . . .
● Äh, gibt's bei Ihnen einen Stadtplan zu kaufen?
○ Ja, an der Kasse.
● Danke.

Ü 1 **Was bekommt man alles an einer Tankstelle?**

Ü 2 **Was ist der Unterschied zwischen "Bedienung" und "SB" (= Selbstbedienung)?**

Auszug aus unseren
Reisebedingungen

Zahlung

Bei der Anmeldung ist eine Anzahlung von DM 50,– je Person in bar zu leisten. Restzahlung beim Empfang der Reisedokumente etwa 10 Tage vor Reisetermin.

Rücktritt

Bei Flugpauschalreisen im Linienverkehr (IT-Reisen) bis zum 22. Tag vor Reiseantritt DM 30,– pro Person; vom 21.

bis 15. Tag vor Reiseantritt 10% des Reisepreises, mindestens DM 30,–; ab 14 Tage vor Reiseantritt 15%, mindestens DM 30,– pro Person.

Umbuchung

Bei Umbuchungen werden bis zum 22. Tag vor Reisebeginn DM 20,– pro Person erhoben. Spätere Umbuchungen werden wie ein Rücktritt mit nachfolgender Neuanmeldung behandelt.

Ü

Haben Sie Prospekte über Reisen nach Ägypten? . . . .

Gibt es Flugreisen dorthin? . . . .

Ich möchte die Pyramiden sehen. . . . .

Was kostet eine 14-Tage-Reise? . . . .

Ich würde gerne im August fliegen. . . . .

Brauche ich einen Reisepaß? . . . .

Was muß man noch beachten? . . . .

14 Tage	3 Wochen	1 Monat	6 Tage	5 Wochen
3.800,–	1.300,–	1.500,–	350,–	7.950,–
allein	mit Ehefrau	mit Frau und 2 Kindern	allein	2 Personen
August	5.6. / 1.8. 7.4. / 15.7. / 12.8.	September	jeden Montag	Oktober/November
Reisepaß	Versicherung	Impfung gegen Cholera	Visum	Impfung gegen Gelbfieber

▶ Sie buchen die Reise und bezahlen sofort.

▶ Sie buchen und zahlen DM 150,– an.

▶ Sie kommen morgen wieder.

▶ Sie wollen noch überlegen und Ihre Frau/Ihren Mann/Ihre Freundin/Ihren Freund fragen.

Alphabetisches Wortschatzregister

Diese Liste enthält in alphabetischer Reihenfolge alle Wörter und Wendungen, die das Lehrbuch *Deutsch aktiv 2* neu einführt oder in Bedeutungen verwendet, die im ersten Band nicht vorkommen.

Hinweise zur Benutzung des Registers

● **Stichwort und Fundstellen:**

Beispiel 1: Abreise 9T1 – das bedeutet: Dieses Wort wird in Kapitel 9, Abschnitt T1 erstmals im Lehrwerk verwendet.

Beispiel 2: abnehmen 1T1, 3T5 – das bedeutet: Dieses Wort wird an den aufgezählten Stellen in zwei unterschiedlichen Bedeutungen/Verwendungsweisen erstmals benutzt.

● **Vier Wortschatzgruppen werden im Druck unterschieden:**

1. Beispiel: Aal 13INT – In normaler gerader Drucktype werden Wörter aufgelistet, die zum aktiven Sprech- und Schreibwortschatz dieses Lehrbuchs gehören, aber nicht in der Wortschatzliste des *Zertifikats Deutsch als Fremdsprache* enthalten sind.
2. Beispiel: **abmelden** 9T4 – In **halbfetter gerader** Drucktype erscheinen alle Wörter, die in den aktiven Sprech- und Schreibwortschatz der Lerner überführt werden und zugleich in der Zertifikatsliste enthalten sind.
3. Beispiel: *abtrocknen* 03 – Diese *kursiv* gesetzten Wörter/Wendungen treten ausschließlich in Lesetexten bzw. Arbeitshinweisen dieses Lehrbuchs auf und werden in Übungen nicht oder nur beiläufig verwendet. Sie brauchen deshalb nicht in den aktiven Lerner-Wortschatz überführt zu werden.
4. Beispiel: ***offiziell*** 14T3 – ***Halbfett und kursiv*** gesetzte Wörter treten in *Deutsch aktiv 2* nur in Lesetexten auf und sind damit primär dem rezeptiven Bereich und dem passiven Wortschatz des Lerners zugeordnet; da sie aber gleichzeitig in der Zertifikatsliste enthalten sind, werden sie im Register hervorgehoben, damit der Lehrer sie in Zertifikatskursen gezielt aktivieren kann.

● **Erklärung verwendeter Zeichen und Abkürzungen:**

„. . ." Wörter oder Wendungen in Anführungszeichen gehören zur Umgangssprache oder zu einer bestimmten Fachsprache und werden im Register – soweit möglich oder nötig – paraphrasierend erläutert:

(. . .) Durch kurze Texte in runden Klammer werden Ausdrücke aus Umgangs- oder Fachsprache erklärt.

~ Dieses Zeichen steht für das Hauptstichwort, das in Unterstichworten enthalten ist.

- Bindestrich am Wortende deutet an, daß das betreffende Wort nicht für sich, sondern immer mit (verschiedenen) Wörtern oder Wortteilen zusammen auftritt.

etw. = „etwas"

jmd. = „jemand" bzw. eine flektierte Form dieses Worts.

A

„à la carte essen" 8T2
Aal 13INT
ab und zu 3T1
abbilden 12T2
Aberglaube 12T1
abgeben 02
abgeneigt sein 14T3
Abgeordnete(r) 11T4
abhängig 1T3
abhauen 2T2 (= weglaufen), 6T6
abholen 6INT
Abitur 8T1
Abkommen 14T7
Ablauf 6INT
ablehnen 8INT
Ablehnung 1INT1
abmelden 9T4
abnehmen 1T1, 3T5

Abonnement 8T2
Abreise 9T1
abreißen 9T3
Absatz 14T5
abschleppen 4GRÜ4
Abschleppdienst 4T2
Abschleppwagen 4T1
abschließen 6T1
Abschluß,
　　Realschul~ 7T5
　　Hauptschul~ 13T6
abschmecken 3INT1
Abschnitt 13T2
abseits 14T2
Absender 5SIT1
absolut 2T7
Abstammung 7T3
Abstand 13T3
abstellen 12INT
abstimmen 11T4

Abstimmung 7T6
Abteilung,
　　~sleiter 3T5
　　Haushalts~ 10SIT2
abtrocknen 03
abwechselnd 8T1
Abzweigung 01
achten,
　　auf etwas ~ 3T4
Acker 03
ADAC 4T1
　　(= **A**llgemeiner **Deut**scher **A**utomobil**c**lub)
addieren 6INT
Adresse 4T7
afrikanisch 6INT
Agentur,
　　Auslandspresse~ 14T4
Ägypten 15SIT2
ähnlich 03

Ahnung 7INT
Akkord,
　　~lohn 7T1
Aktion 8INT
aktiv 3INT2
„Aktivierer" 3T1
Aktivität 3T4
akzeptieren 1T3
albern 12T1
Alkohol 3T1
Alkoholismus 6T5
all-,
　　vor ~em 7T5
alle 13INT1
Allein,
　　~stehende(r) 8T3
aller-,
　　~**dings** 7T5
　　~schwerst- 7T2
alles 3T5

allgemein,
~heit 7T3
allmählich 14T4
Alltag 9T3
Alptraum 13T2
also bitte! 3T3
Alter,
~sgruppe 1T1
älter 3T4
Alternative 9T4
Amateur 8T1
„Amerikanisierung" 14T5
Amt,
Schul~ 7T5
an-,
etwas ~haben 2T4
anbieten 4INT3
Andacht 12T1
anders 6T1Ü2
andrerseits 1T4
ändern 3T3
Anfang 9T5, 14T5
anfangen 03
anfangs 3T5
anfertigen 4T9
Angabe 7T1
angeblich 3T3
Angeklagte(r) 9T2
angelaufen kommen (= schnell kommen) 11T4
Angeln,
Sport~ 13INT1
angemessen 7T3
angenehm 3INT3
Angestellte(r) 3T5
ankommen 03
auf etwas ~ 8T1
ankündigen 11T4
Anlage 8T3
Anlaß 7T3
Anleitung 3INT1
anmachen 3T6
(= einschalten), 11T1
Anmeldung 15SIT2
Annahme 12INT
annehmen 1INT2, 8INT, 9T5
Anorak 2T3
anrichten 3INT1
Anruf 6T3
anrufen 01Ü2
anschauen,
jmd. ~ 6T3
Anschauung 7T3
anschließen 6INT
Anschrift 4T7
ansehen 6INT
Ansicht 7INT
Anspruch 7T3
anständig 6T3
anstatt 12T5
ansteigen 4T9
anstreichen 13INT1
anstrengend 13INT2

Anteil 1T1, 4T9
~nahme 4INT3
~seigner 7T6
Antipathie 3INT3
anwachsen 4T9
anwesend 7T3
Anzahlung 15SIT2
Anzeige 3INT2
anzeigen 02
anzünden 12T3
anzweifeln 7T3
Apfelsaft 3T5
Arbeit 7T1
Arbeiter 7T1
Fach~ 7T2
Hilfs~ 7T1
Arbeitgeber 7T1
Arbeitnehmer 7T1
arbeitsam 13T4
Arbeitsamt 7T5
Arbeitsentgelt 7T1
Arbeitsgemeinschaft 11T2
arbeitslos 1T3, 6T5
„Arbeitsunvermögen" 7T3
Arbeitsverhältnis 7T1
Arbeitsvertrag 7T1
Arbeitszeit 7T2
~ordnung 7T3
Ärger 2T1
ärgern,
jmd. ~ 03
Ärgernis 12T1
Argument,
Haupt~ 9T6
~ationshilfe 7INT
arm 02
kontakt~ 13T2
Armband,
~anhänger 12T1
arrogant 14T5
Art 12T1
Artikel 9T4
Arzt,
Ärztin 1T3
Zahn~ 6INT
Atlas,
Auto~ 15SIT1
Atomkraftwerk 11INT
Attraktion 8T3
attraktiv 3INT3
auf einmal 3T4
aufbauen 6T5
auffallen 3INT3
Auffassung 14T7
auffordern 8INT
Aufforderung 7T3
aufgeben,
etwas ~ 9T4
ein Telegramm ~ 5SIT1
aufhören 3T4
Auflage,
Verkaufs~ 11T3

aufleuchten 6INT
auflösen 11T3
„Aufmacher" 11T4
aufmerksam, jmd. auf sich/ etw. ~ machen 6T3
aufopferungsvoll 14T4
aufpassen 01
aufregend 11T3
Aufregung 2T6
aufschreiben 4T7
aufsehen 6T6
Aufsichtsrat 7T6
aufstellen 12T3
aufsuchen 7T3
Aufzug 12T5
Augenblick 8INT
aus, „etw. ist ~" 6T3
Ausbildung 1T5
~sberuf 7T5
ausdrücken 3INT3
auseinander 6T3
Ausfahrt 01
Ausflug 8INT
ausfüllen 5SIT1
Ausgabe, Zeugnis~ 2T6
Ausgaben 1INT2
ausgeben 1T1
ausgehen 2T1
ausgenommen 7T3
auskommen 1INT2
mit jmd. ~ 6T3
Auskunft 7T5
Ausland 01
~spresseagentur 14T4
Ausländer 13T1
ausmachen 13T3
Auspuff 5SIT2
ausreichend 2T1
ausrollen 4GRÜ4
ausruhen 8T1
Aussage 11INT
außerdem 01
äußern 1INT1
Aussicht 7T5
ausstehen, jmd. nicht ~ können 3INT3
aussteigen 9T4
Ausstellung 6INT
aussuchen,
her~ 11T3
auswählen 11T3
ausweichen 11T1
Ausweis 14T6
Auszubildender 7T3
Auszug 15SIT2
Autoatlas 15SIT1
Autobahn 01
~karte 4T1
~kreuz 4T2
~meisterei 4T1
Autofahrer 4T6
Autokosten 4T9
Automat,
Spiel~ 8T1

Auto,
~nummer 4T7
~teile 5SIT2
~unfall 4T7
~werkstatt 5SIT2

B

backen 12T3
Backhendl 3T6 (= Back- hähnchen)
Backwaren 3T5
bald,
bis ~! 01
auf ~! 13INT2
"Band" 6T5 (= Musik- gruppe)
Bank 02, 12T1
bar 15SIT2
basteln 8T1
Batterie 6INT
Bauarbeiter 3T5
Bauer 3T5, 6T5
Baum,
Pflaumen ~ 6T6
Bau, ~stelle 12T1
bayerisch 2T5
beachten 15SIT2
Beamter 2INT2
beanspruchen 14T3
beantworten 2T1
bedanken,
sich~ 5SIT2
bedeuten 2T1
~d 14T6
Bedeutung 7T6Ü3
Bedienung 15SIT1
Bedingung 1INT2
beeinflussen 7T6
Beet,
Gemüse~ 9T3
befleißigen,
sich~ 7T3
befragen 6T1
befreundet (sein) 6T3
befriedigend 2T1
befürchten 4T3
begegnen 7T4
begeistern,
sich~ für 6T5
Begeisterung 14INT
Beginn 7T5
beginnen 1GRÜ1
Begründung 1INT1
behalten 02
behandeln 1T5
Behauptung 11INT
behindern 4T4
behindert (sein) 8T3
Behörde 8T1
Beilegung 14T7
beinahe 11T4
beißen 1INT1
beitragen 11T4

beklagen, sich ~ 4T3
bekannt 3GR7
Bekannte(r) 9T4
bekleidet (sein) 2T4
belasten 2T7
Beleidigung 7INT
beleidigt (sein) 1T5
Belgien 5SIT1
bemerken 5SIT2
benachrichtigen 4T1
benehmen, sich gut/
　schlecht ~ 6T3
benutzen 7T3
Beobachtung 11T2
Berater,
　Berufs~7T5
　Industrie~ 4T3
　Schul~ 2T1
berechnen 6INT
Bereich 3T4
　Teil~ 7T6
bereit 4T3
bereits 6T3
Berg 4INT1
　~steigen 14T5
Bericht 1T1
berichten 01
Berücksichtigung 14T4
Beruf 1T3, 3INT2
beruflich,
　frei~ 6T1
Berufsberater 6T2
Berufsbildungsgesetz 7T3
Berufsfachschule 7T5
berufstätig 1T3
Beruhigung 12T1
berühmt 1INT2
beschäftigen,
　„etw. beschäftigt jmd."
　(= er muß immer daran
　denken) 6T3
　„mit etw. beschäftigt
　sein" 8T1
Beschäftigte(r) 13T3
Beschäftigung 7T3
beschließen 3T5
Beschluß 14T4
beschreiben 01
beschriften 8T1
beschweren 14INT, 12T1
Besitzer 7T6
besonders 2T3
besorgen 11T3
besprechen 4INT1
bestäuben 3T6
bestehen 4INT1
Bestimmung 8T3
bestimmt 1INT1, 4T7
Bestimmtes,
　etw. ~ 8T1
beteiligen,
　sich ~ 2T1
Beteiligte(r) 4T6
betrachten 7T6Ü1

betragen, sich ~ 2T1
betreffen 14T5
Betrieb 6T1, 12T3
　etw. in ~ nehmen 6INT
　In~nahme 6INT
Betrug 02
Beule 5SIT2
bevölkert 1T4
Bevölkerung 1T1
　~sdichte 14T1
bevor 9T1
bewältigen 4T9
bewerben 9GRÜ4
Bewerbung 6T2
bezahlen 4INT3
bezeichnen 4T2
Beziehung 4INT1
beziehungsweise 13T3
Bezirkskrankenhaus 9T5
bezweifeln 12INT
Bibel 8T3
bieten 8T3
Bikini 3T5
Bild 01Ü2
　(= hier: Fernseh~)
bildschön 2INT2
Bildung 1INT2
　Getto~13T1
　~swesen 7T5
Billardsaal 7T3
billigen 14T3
bimmeln 13T5
Birne 3T5
bis 3T1
　~ bald! 01
bisher 12T3
bißchen 3T5
bleich 6T6
blöde 3INT3
bloß 4INT1
blühen 6T6
böse 4INT3
Boshaftigkeit 6T3
Branche 7T2
Brathähnchen 3T5
Bratkartoffeln 3T5
Brauerei 12T1
brav 2INT2
Bremse 5SIT2
brennen,
　ab~ 11T4
Briefbeschwerer 12T1
Broschüre 14T2
Brot 3T5
　~geber 7T3
Brüssel 5SIT1
brutal 3INT3
buchen 3T3
Budget,
　Familien~ 4T9
Bundesbürger 8T1Ü10
Bundespost 5SIT1
Bundeswehr 6T5
bundesweit 7T5

Bürgermeister 11T4
Büroangestellte(r) 3T5
Bürokratie 14T2
Bursche 6T3

C

ca. 1T1 (= zirka)
Campingbus 6T1
Campingplatz 01
Caritas 8T3
Cassetten-Recorder 6INT
Chance 6T2
Charakter 2INT2
charakterisieren 3INT2
charmant 3INT2
Charterflug 3T3
Chef 3T5
Chemiestudent 9T5
Chemieunternehmen 12T1
chemisch 7INT
Cholera 15SIT2
Clique 6T3 (= Gruppe von
　Freunden)
cm 3T1 (= Zentimeter)
Comic 2T7
Conférencier 8T2
contra,
　pro und ~ 11T1
Cousin 1T2
Cousine 1T2

D

Dackel 2INT2
dadurch 6GR3
dagegen sein 1T5
daher 13T5
dahinter 6GR3
damals 6T5
damit 6T3
daneben 6GR3
Dänemark 6T2
dänisch 14T1
dann 01
darauf 6GR3
darin 6GR 3
darstellen 7INT
Darstellung 13INT2
daran 6GR3
darin 6GR 3
darüber 7T5
darum 01
darunter 6GR3
Dauer 14T6
　~welle 10SIT1
davor 6GR3
dazu 6GR 3
dazwischen 6GR3
defekt 5SIT2
dementieren 13INT2
Demonstration,
　Schüler~ 6T5

denken 1T4
　„etw./jmd. gibt mir zu ~"
　6T3
Detektiv 11T1
dereinst 6T6 (= damals)
derzeit 4T9
deswegen 9T5
deutlich 2T6
deutschsprachig 14T1
Diät 3T5
dicht 1T4
Dichter 6T5
dienen 7T3
Dienst,
　in den ~ von jmd.
　treten 7T1
　Ferien~ 14T4
　Kranken~ 7T5
　~ältest- 7T3
diesmal 01
Ding 3INT2
direkt 8T2
Dirndlkleid 14T2
Diskothek 4INT1
Diskussionsspiel 1T4
diskutieren 2T7
Disziplin,
　Fahr~ 4T3
diszipliniert 13T4
dividieren 6INT
Dokument,
　Reise~ 15SIT2
Dombauhütte 12T1 (= Bau-
　unternehmen)
doof 3INT3
dorthin 15SIT2
drehen,
　einen Film ~ 11T4
Drillinge 7T6
dringend 3T2
Drogen,
　~sucht 6T5
drüben 5SIT1
Druck 2T1
　~erei 8T1
drücken 6INT
dunkel 3INT2
dünn 3T6
durch 3T1
durchfallen 4INT3
durchführen 6INT
Durchreise 5SIT2
durchschnittlich 3T3
Durchschnittsgewicht 3T3
durchwählen 5SIT1

E

eben 11INT
ebenso 03
Echo 9T3
Ecke 11INT
egoistisch 13T4

Ehe,
~scheidung 1T1
~schließung 1T1
Ehre 7T3
Ehrung,
Sieger~ 13INT1
eigen- 1T1
zu ~ sein 14T3
~ständig 11T3
eigentlich 2INT1
eilig 5SIT2
Einbahnstraße 4T4
Eindruck 3T2
einfach 01
einfädeln, „etw. ~" 6T3
einfallen 14T3
Eingang 9INT
eingehen 13T6
Eingewöhnung 14T5
einig 7INT
sich ~en 13INT1
einkaufen 4INT1
Einkommen 4T9
Einnahme 7T3
einnehmen 8T1
einmalig 14INT
Einordnung 14T3
einparken 13INT1
einrichten 8T3
einschalten 6INT
Einschreiben 5SIT1
einsetzen, etw. ~ 6INT
einstellen 5SIT2, 6INT
Einstellung 8T1
Eintritt 8T2
einverstanden 2T6
einwandfrei 6T3
einweisen 9T5
einzeln 14T3
einzig,
~artig 8T3
Eis,
~creme 3T5
Eisenbahn 13T5
Eisen 3GR7
Elektriker 7T5
Elektrizität 11INT
Eltern 1T2
Emblem 12T1
Empfang 11T4
Empfänger 5SIT1
empfehlen 4T1
empfinden 7INT
Ende 1GRÜ5
endgültig 14T7
Energie,
Atom~ 11INT
Sonnen~ 11INT
eng 6T3
England 2T7
englisch 2T7
Engpaß 9T3
entdecken 14T2
entlassen 7T5

entmündigen 9T5
entscheiden,
sich ~ 12T2
entschließen,
sich ~ 01
Entschuldigung 1GRÜ5
entspannen 14T2
Entspannungspolitik 14T7
entsprechen,
~d 7T5
Enttäuschung 14INT
entwerfen 12T2
entwickeln,
sich ~ 1T5
erben 9T5
erbitten 9INT
Erde 13T5
Erdöl 11INT
Ereignis 6T5
erfahren 4T2
Erfahrung 3T4
Erfolg 1T4
erfordern 7T2
erfragen 4INT1
Ergebnis 13T4
erhalten 14T2
erheblich 9T5
Erhöhung,
Lohn~ 7T2
erholen,
sich ~ 14T2
Erholung 8T3
~surlaub 7T3
~swerk 8T3
erinnern,
sich ~ 02
Erinnerung 13T2
erkennen 4T2
Erkenntnis 14T7
erklären 2GR8, 7INT
Erklärung 9T1
erkundigen,
sich ~ 2INT1
erlauben 6T3
erleben 14INT
ermorden 6T5
ernähren 7T3
Ernst 11INT
erreichen 14T4
errichten 12T1
erscheinen 9T1
erschrecken 4T1
Ersparnis 1INT2
erst-,
„die ~e rechts" 01Ü2
erwachsen 7T3
Erwachsene(r) 1T5
Erwartung 3T4
erwerben 9T3
erzählen 03
erziehen 1T4
Erzieherin 6T2
Erziehung,
~sfragen 8T3

Esel 9T3
Etatberatung 11T4
evangelisch 8T3
europäisch 4T7
ewig 12T1
Exemplar 11T3
Experte 7T5
explodieren 11INT

F

Fach 2T1
~arbeiter 7T2
~**mann** 8INT
Fahrbahnrand 4T1
Fahrbahnstreifen 4T2
Fahrdisziplin 4T3
fahren,
weg~ 01
Fahrrad 02
Fahrt,
~richtung 4T1
~route 01
Fall 9T2
fallen,
zur Last ~ 9T3
falsch 1T1Ü1
Farbige(r) 6T3
Fassade 12T1
fassen 1T6
„es ist nicht zu ~" 11T4
FC (= **F**ußball**c**lub) 12T1
fehlen 6T1
Fehler 1T4
Feier 1INT1
feierlich 8T3
fein 6INT
Feld 03
Ferien 01
fern,
~halten 2INT2
Fernschreiber 11T4
fernsehen 2T7
Fernsehspiel 11T2
fertig 1T5
fest 6T2
~**halten** 4T1
~legen, etw. = 14T7
~*lich* 11T4
~*stehen* 9T5
~**stellen** 4T4
Festspiel,
~gast 12T5
Fett 3T5
Film 4INT1
finanziell 1T3
finden 02, 1T4
Finderlohn 02
Firma,
Groß~ 7T6
Firmengröße 7T6
Firmenkapital 7T6
Fisch 3T5

fit 3T4
Flamme 13GRÜ4
Fläche 14T4
Fleisch 3T5
~brühe 3T5
Fleiß 2T1
fleißig 2INT2
fliegen 4INT1
fließen 4T4
flippern 8T1
Flöte,
~nstunde 8T1
fluchen 6T4
Fluggäste 3T3
Flughafen 3T3
Flugreise 15SIT2
folgen 2T4, 11GR2
folgend 7T1
Forelle 3T5
Form,
Gesichts~ 2T3
Formular 5SIT1
formulieren 1INT2
Formulierung 6T2
Fotograf 6T1
fotografieren 8T1
Frage 2T4
~bogen 8T1
Frechheit 1T5
frei 1T5
Freiheit 1T5
freilich 9T3
freiwillig 7T1
Freizeit 2T7
fremd 4T7
Fremdenverkehr 14T3
Fremdsprache 1GRÜ2
Freude 14INT
freuen, sich ~ 1INT1
Freund 01
freundlich,
„das ist sehr ~" 02Ü1
Freundschaft 4INT1
Frieden 14T4
frieren 3T2
Gefrierhaus 7T4
frisch 14T2
Friseur 10SIT1
Frist 7T1
fröhlich 12T3
fromm 7T3
Fronleichnam,
~sprozession 12T5
früher 2T7
frühstücken 03
fühlen 1T6, 3T4
sich wohl~ 3T5
führen 2T1
Führerschein 4T8
funktionieren 5SIT2
funktionsfähig 9T3
für sich 3T1
(= allein)
Furche 03

furchtbar 3INT3
fürchten 4T3
Fuß,
  ~gänger 4T4
  zu ~ 6T5
Fußball,
  ~spiel 01Ü1
füttern 1INT1

G

Gang,
  Spazier~ 8T1
Gangster 11T1
ganz und **gar** (nicht) 7INT
gar 3INT1
garnieren 3T6
Gas 1INT2
  ~pedal 5SIT2
Gast,
  ~geber 7T3
  "Gastarbeiter" 13T1
geben 3INT1
Gebiet,
  Ruhr~ 7T2
gebildet,
  un~ 13T4
geboren werden 11T4
Gebrauchsanweisung 6INT
Geburt 13T6
  ~stagsparty 1INT1
Gedicht 6T5
geduldig 9T2
Gefahr 3T1
gefährden 3T4
gefährlich 3T1
  lebens~ 3T1
Gefrierhaus 7T4
Gefühl 4INT1
gegen 6T3
Gegend 11T1
Gegensatz 13INT1
Gegenteil 2T6
  ~ig 7INT
gegenüber 3INT3
Gegenvorschlag 8INT
Gegner 4T7
  ~isch 4T7
gehen,
  mit jmd. ~ 6T3
Gelände 9T3
Gelbfieber 15SIT2
gelegentlich 9T5
gelingen 9T4
gelten 3T4
Geltungsbereich 14T7
Gemeinde 7T2
gemeinsam 3T3
Gemeinschaft 14T4
Gemüse 3T5
genau 7INI
Generation 14T4
  Ausländer~ 13T4

Genußmittel 1INT2
geographisch 14T6
gereichen 14T4
Gericht,
  Land~ 9T1
gering 7T5
gern(e) 2INT1
Gerüst 12T1
gesamt- 11T4
Geschäft 3INT2, 12T3
  ~sreise 4T1
geschehen 1T6
Geschenk 5SIT1
Geschichte 12T1
geschieden 3INT2
Geschlecht 7T3
Geschmack 12T2
Geschwister 1T2
gesellig 9T1
Gesellschaft 1T2, 8T1
  geschlossene ~ 8T2
Gesetz 4T7
  Berufsbildungs~ 7T3
  Bundesurlaubs~ 7T3
  Grund~ 7T3
  Jugendarbeitsschutz~ 7T3
  Mitbestimmungs~ 7T6
Gesicht,
  ~sform 2T3
Gesinnung 7T3
Gespräch 6T5
Gestalt 2T3
gestalten, etw. ~ 6T5
gestatten 7T3
gestehen 13T6
gesund 3T1
Gesundheit 3T1
Getto,
  ~bildung 13T2
Gewerbe 7T5
  ~ordnung 7T3
Gewerkschaft,
  Deutscher ~sbund
  (= DGB) 7T5
  Freier Deutscher ~sbund
  (= FDGB) 14T4
Gewicht 3T3
Gewinn 8T2
  ~en 2T5
Gewissen 11T4
Gewißheit 12INT
gewöhnen,
  sich an etw. ~ 13T6
gewöhnlich 5SIT1
gewohnt 9T3
gigantisch 9T3
Glas,
  Gläschen 3T1
  ~kasten 5SIT1
glatt 3INT3, 4T1, 10SIT1
Glaube,
  Aber~ 12T1
gleich 01, 8INT

~berechtigt 6T3
~zeitig 4T9
Gleis 13T5
Gliederung 13T2
Glocke 12T1
glücklich 1T4
Glück,
  ~szahl 2T5
  ~wunsch 4INT1
goldgelb 3T6
Goldstück 03
Gott,
  "ach du lieber ~" 03
Gottesdienst,
  Fest~ 12T5
Gramm (g) 3T5
Graphik 6T2
Grenzübergang 4T2
großartig 11T4
Größe 2T3
Großeltern 1T2
Großmutter 1T2
Großraum 4T2
Großvater 1T2
grün,
  loden~ 4T7
Grund 3INT3
Grundgesetz 7T3
grundlegend 14T4
Grundrecht 14T4
Grundsatz 3T5
Grundschule 2T1
Gründung 6T5
  ~sversammlung 9T3
Gruppe,
  Jugend~ 6T5
grüßen 03
gucken (= sehen) 11T1
  an~ 12T3
Gummistiefel 2T3
gut, "etw. für ~ halten"
  1T4
gutaussehend 6T3
Gutschein,
  Lebensmittel~ 7T2
Gymnasium 2T1

H

Haarfarbe 2T3
Hafen,
  ~stadt 13INT2
haften 12T1
Hähnchen,
  Brat~ 3T5
halb- 03
  ~tags 1T3
  ~tagsstelle 1T4
Hälfte 7T6
Halle,
  Fest~ 11T4
Halt(e)verbot 4T4
Handarbeit 2T1

Handel,
  Buch~ 7T4
Handwerker 9T3
handwerklich 7T5
harren 14T2
Hase 03
häufig 3T1
Hauptschulabschluß 13T6
Haus,
  ~arzt 3T4
  ~aufgaben 2T7
  ~frau 2T7
  ~halt 4T9
  ~wirtschaft 2T1
heben 3GR6
heilig 12T3
Heiliger 9T5
Heim,
  Ferien~ 8T3
Heimat 6T5
Heimstatt 14T4
heiß 5SIT2, 14T6
heißen,
  "was soll das ~?" 3T3
Heizung 1INT2
helfen,
  "es hilft nichts" 02
herausbleiben 11T1
herausfinden 6T1
Herausgeber 11T4
heraussuchen 11T3
her-
  ~einkommen 2INT1
  ~kunft 2INT2
herrlich 13INT2
hervorgehen aus 14T4
Herz 3T4
  "jmd. ins ~ schließen"
  (= jmd. mögen) 6T3
  ~krankheiten 3T1
  ~lich 4INT1
heute 1T3
heutzutage 7T2 (= heute)
hier 01
hierher 01
Hilfe 4INT3
Hilfsarbeiter 7T1
hilfsbereit 9T1
Himmel 14INT
himmlisch 12T4
hinaus 1INT1
  ~lassen 12T1
hinnehmen 6T3
hinter- 01
  ~einander 7T2
  ~lassen 9T5
Hinweis 2T4
  ~schilder 4T2
historisch 14T4
Hitze 13INT2
Hobby 1INT2
hoch,
  ~heben 4T1
  ~leistungssport 3T4

höchstens 4T1
Hochzeit,
  ~stag 12T4
Hof,
  Bauern~ 6T5
hoffen 14T6
hoffentlich 01
Hoffnung 6T1
höflich 03
Höhle 8T1
hold (= lieb) 6T6
Holz 8T1
Hotel,
  ~übernachtung 01
Huhn 9T3
hypothetisch 1INT2

I

Ideal 14T2
Idee 2T6
Indentität 9T5
Illustrierte 1T1
Impfung 15SIT2
imstande sein 14T3
Inbetriebnahme 6INT
indem 11T3
Indifferenz 3INT3
Industrie,
  Stahl~ 7T2
  ~berater 4T3
infolge 4T2
Information 7T3
informativ 7INT
informieren 2T4
Ingenieur 2T7
Inhalt 7T1
innen 3T6
inmitten (= mitten in) 14T7
innerhalb 5SIT1
Insel 1T6
insgesamt 4T2, 5SIT2
Institut 8T1
Integration 13T2
interessant 1T4, 3INT3
Interessen 3INT2
Interessent 9T3
interessieren 2T7
international 4INT1
Interview 1T2
  ~en 1T2
inzwischen 9T5, 13INT2
irgendwie 4INT3
irren, sich ~ 9INT
Isolation 13T2
isoliert 2T6
Italien 6T2
  ~isch 14T1

J

jährlich 7T2

Jahrzehnt 14T4
jawohl 8T2
je, ~ nach 7T6
jemals 12T1
jemand 02
jeweils 3T5
Journalist,
  ~ik 7T4
Jugend,
  ~arbeitsschutzgesetz
  7T3
  ~gruppe 6T5
  ~liche 8T1
Junge 2T3

K

Kabine 5SIT1
Kabinett 11T4
Kalorie 3T4
  ~ntabelle 3T5
kämpfen 7T2
Kaninchen 1INT1
Kanton 14T3
Kanzler 11T4
kaputt,
  ~gehen 3T1
  sich ~machen 3T2
Karneval 11T4
Karpfen 13INT1
,,Karre'' (= Auto) 8INT
Karriere 9T3
Karte 4T2
Kartoffel 3T5
  Brat~ 3T5
  ~suppe 3INT1
Klasse 8T2
,,Kasseler'' 8T2
katholisch 8T3
Käufer 11T3
Kaufhaus 10SIT2
Kaufmann,
  Hotel~ 7T5
kaum 1T1
Kegel 8T1
Kegeln 8T1
Kennzeichen 4T7
kennzeichnen 13INT2
Kerl 2T2
Kerze 12T4
Kilogramm (kg) 3T1
Kilokalorie (kcal) 3T5
Kind 1T2
  ~erfeindlich 1T4
  ~erlos 1TÜ3
  ~erreich 1T1Ü3
  ~erwagen 13T5
Kino 6T5
kirchlich 6T5
Kitsch 12T1
Klappe 4T1
klären 9T5

Klasse 2T1
  Mittel~ 4T9
  Spitzen~ 7T6
Klassenlehrer 2T6
Klavier,
  ~stunde 8T1
Kleidung 1INT2
Kleinigkeit 12T4
Kleinkind 8T3
klingeln 12T3
Klischee,
  ~vorstellung 12T2
klug 2INT2
Knopf 6INT
  Manschetten~ 12T1
knusprig 3T6
k.o. 01
kochen 1T4
Kochtopf 10SIT2
Kochzeit 3INT1
Kollege 3T3
Kollegin 3T5
Kolonne 4T2
komisch 3INT3
kommandieren,
  herum~ 6T5
Kommunikation 11INT
kommunistisch 14T4
Kompott 6T3
Konferenz,
  Presse~ 11T4
Konflikt 6T3
Konkurrent 13INT
konsequent 14T4
konservativ 14T5
Kontakt 2T6
  ~arm 13T2
Kontingent 12T4
kontinuierlich 14T4
Kontrolle,
  Kontrolleur 02Ü3
kontrollieren,
  etw. ~ 7T6, sich ~ 3T4
kontrovers 7INT
konzentrieren, sich ~ 2T7
Konzern 11T3
koordinieren 14T4
,,Kopf hoch'' 6T3 (= sei
  nicht traurig)
Kopfschmerztablette 4INT3
Kopfweh 3T1
körperlich 3T5
Körperpflege 1INT2
Kosten 4T2
Kotflügel 5SIT2
krachen 4T7
Kraft,
  Atom~werk 11INT
Krankenhaus 15SIT1
Krankenpfleger 7T5
Krankenschwester 6T2
Krankenwagen 4INT3
Krankheit 3T1
kratzen 1INT1

Kredit,
  ~geber 7T3
Kreislauf,
  ~krankheiten 3T1
Krieg 6T5
kriegen 15SIT1
  (= bekommen)
Krimi 11T1
Kripo 9T5
  (= Kriminalpolizei)
Krippe 12T3
Krise,
  Weltwirtschafts~ 6T5
kritisch 6T5
krumm 03
Kugelschreiber 12T1
Kühler 5SIT2
Kultur 11T1
  ~kreis 14T3
Kummer 13T5
kümmern,
  sich ~ um 6T1
kündigen 7T1
Kunst, 2T1
  ~erziehung 12T1
Kupplung 5SIT2
Kur 3T5
  ~ort 8T3
Kurs,
  ,,hoch im ~ stehen'' 12T1

L

Labor,
  ~ant 7T3
lachen 03
lächeln 7T2
lächerlich 3INT3
Laden,
  Bio~ 9T3
Lage 6INT
Laienspiel 8T1
landen 6T5
landläufig 14T2
Landschaft 14T2
Landwirtschaft 9T4
lang 4T2
längst 1GRÜ5, 14T2
Last,
  zur ~ fallen 7T3
laufen 03, 13T2
laut 7T2
lauter 14T3
Leben 1T3
  ~**dig** 2INT2
  ~sgefährlich 3T1
  ~skünstler 6T5
  ~**smittel** 7T2
  ~smut 13T2
  ~sversicherung 7T2
  ~swandel 7T3
Leber 3T1
lebhaft 2INT2

Leder 3GR7
~n 2T4
~waren 10SIT2
ledig 1T1
Lehrling 2T7
Lehrer 1T3
leicht 3T6
leiden, jmd. ~ können 3INT3
leider 02, 7INT
leise 1GRÜ4
leisten,
etw. ~ 6T1, 15SIT2
sich etw. ~ 8T3
Leistung 14T5
~sstreben 14T5
Hoch~ssport 3T4
leiten 8T1
~d 3INT2
Leiter,
Heim~ 8T3
Leitung 5SIT1
Leserbrief 5T3
leuchten,
auf~ 6INT
Leute 02Ü2
Lexikon 1T6
liberal, ~ität 14T5
lieb,
am ~sten 8T1
Liebe 1T5
lieben,
jmd. über alles ~ 6T3
Lieblingsbeschäftigung 8T1
Lieblingsessen 3T5
Linienverkehr 15SIT2
„links" 14T5
Liste 5SIT2
Loch 5SIT2
lockig 12T3
lodengrün 7T4
Löffel,
Tee~ 3T5
Eß~ 3T5
Lohn,
Brutto~ 7T1
Netto~ 7T2
lohnen, sich ~ 3T5
Lokal,
Tanz~ 8T1
los 02
~fahren 4T1
Lösung 1GRÜ9, 14T6
Lotto 2T5
Luft 15INT
~hansa 3T3
~post 5SIT1
lüften 9T5
Lüge 02
Lust,
~haben, etw. zu tun 01
lustig 1T6
luxuriös 14T3

M

machen,
„das macht" (= das kostet) 5SIT1
Macht 14T7
Magazin 6T1
mahnen 12T1
makedonisch 14T1
Mal 4T3
manchmal 2T6
Mandeln 12T3
mangelhaft 2T1
männlich 3INT2
Mannschaft 8T1
Manschettenknöpfe 12T1
Märchen 03
Margarine 7T2
Marke,
Brief~ 5SIT1
Marmelade 3T5
Maß 3T4
Mathematik 2T1
Mechaniker(in) 6T2
Medaille 12T1
Medien 11T1
Medikament 3T1
Meditation 6T4
Meer 4INT1
Mehl 3T6
mehr als 1T1
mehrer- 6T3
meiden 4T2
Meinung 1T4, 3INT3
meist(ens) 2INT2
melden 2T3
Melderecht,
~lich erfaßt 13T3
Menge 5SIT1
merken 14T5
Merkmal 2T3
merkwürdig 6T2
~keit 9T1
Messe 9INT
Metall 8T1
Miete 1INT2
Mietwohnung 1INT1
Milch,
~produkte 3T5
Milliarde 4T9
Minderheit 14T3
mindestens 5SIT1
Miniatur- 14T3
Ministerpräsident 11T4
Ministerium,
Bundesbildungs~ 7T6
mischen,
unter~ 3T6
Mißtrauen 14T3
Mitarbeiter 7T3, 7T6
Mitbestimmung 7T6
~sgesetz 7T6
Mitglied,
Personal~ 7T3

Mittagessen 6INT
mitteilen 2T6
Mitteilung 4T5
Mittel 6T3
Möbel 1INT2
Mode 11T4
Damen~n 10SIT2
Herren~n 10SIT2
Kinder~n 10SIT2
Mofa 8T1
möglich 1INT1
~keit 1T5
~st 7T5
Mokka,
~löffel 12T1
Moment 15SIT1
momentan 6T5
Monat 1T1
~lich 1INT2
Mond 6T6 (= hier: Monat)
Monteur 7T4
Moral 7INT
~isch 7T3
Mosaik 14T3
Moschee 12T1
Motor 4T1
Mühe 3T5
Multiplikation 6INT
multiplizieren 3T1
mündig,
ent~en 9T5
Münze 12T1
Musik 2T1
~er 6T1
Muster 7T1
Mut 6T1
~ig 9T4

N

nach 01, 2INT2
~denken 2T2Ü3
~hilfestunde 8T1
~richt 11T1
~teil,
jmd. be~teiligen 7T3
Nähe 01
Nahrungsmittel 1INT2
nämlich 6T3
national 11T1
Natur 8INT
naturrein 9T3
„Nazizeit" 6T5
(= 1933–1945)
nebenan 9T4
Neffe 1T2
negativ 6T5
Neger 6T3
nennen 3INT3
Nervenklinik 9T5
nervös 2T6, 4INT3
Netz,
Straßen~ 4T9

Neujahr 12T4
(= 1. Januar)
neulich 01
nicht 02
Nichte 2T1
nichts,
„es hilft ~" 02
Nichtverstehen 11INT
nie 1INT1, 2T2
Niederlande, die ~ 4T7
niemand 9T2
nimmer 6T6 (= nicht mehr)
noch,
~ nicht 01
normal 3T5
„Normal" 15SIT1 (= Normalbenzin)
Not,
~dienst 2T1
Note 2T1
nötig 10SIT1
Notruf 4T1
~säule 4T1
notwendig 14T4
Null 5SIT1
Nummer 01
Nuß 3T6
nutzen 3T5

O

ob 01
Obrigkeit 14T3
Obst 3T5
obwohl 6T3
oder? 3T1
(= nicht wahr?)
Ofen,
~leute 7T2
öffentlich 9T6
Öffentlichkeit 11T1
offiziell 14T3
Offizier 6T5
öfter 2INT2
ohne 1T1
Öl 3T5, 4T1
~sardinen 3T5
Oma 2T2 (= Großmutter)
Oper 8T2
Opfer,
auf~ungsvoll 14T4
~stock 9T5
orangefarben 9T2
ordentlich 13T4
Ordnung,
etw. in ~ bringen 8T1
Gewerbe~ 7T3
Organisation 11T3
Orientierung 5SIT1
Ort 1T6
Wohn~ 7T3

P

paar, ein ~ 01
packen,
　bepackt sein 9T2
Paketkarte 5SIT1
Panne 4T1
　~ndienst 4T1
Papier 8T1
　§ (= *Paragraph)* 7T3
Parfümerie 12T1
Park 02
parken 4T4
Parklücke 13INT1
Parkplatz 13INT1
Parkverbot 4T4
Parlament 11T4
Partei 7T1, 11T1
　~politik 11T1
　~*tag* 14T4
Partner 1T4
Party,
　Geburtstags~ 1INT1
Paß 5SIT1
　Reise~ 15SIT2
Passagier 3GRÜ6
Passant 4T6
passen 3INT2
Pauschalreise 15SIT2
Pause,
　Arbeits~ 7T3
Pelz,
　~betrieb 12T1
Person 3INT1
Personal 7T3
　~ausweis 5SIT1
Personenbeschreibung
　3INT2
Personenwagen (= PKW)
　4T9
persönlich 1T5
Petersilie 3INT1
Pfadfinder 6T5
Pfanne,
　Stiel~ 3T6
Pfeffer 3T6
Pfennig 5SIT1
Pferd 7T6
pfiffig 7INT
Pflicht 7T3
　ver~et sein 7T3
pflücken 13T5
Pfund 3T5
Phantasie 2T6
Philosophie 7T4
Plan 1T6
planen 01
Platte,
　Braten~ 8T2
Polarität 14T5
Polen 14T1
Politik 4INT1
Politiker 11T1
politisch 7T3

Polizei 9T5
　~dienststelle 2T4
Polizist 2T3
polnisch 14T1
Pommes Frites 3T5
positiv 8T1
Post 4INT3
　~bote (= Briefträger)
　5SIT1
　~**lagernd** 5SIT1
　~**leitzahl** 5SIT1
Praktikant,
　~enstelle 7T5
Praktikum 7T5
Präsident 8T3
präzisieren 6INT
preiswert 14T3
Premier 11T4
Presse,
　Auslands~agentur 14T4
　Kartoffel~ 3T6
Prestige 7T5
privat 6T5
pro,
　~ und contra 11T1
Probearbeitsverhältnis 7T1
probieren, etw. aus~ 8T2
Problem 3T1
Prof. (= Professor) 3T4
Programm 01
　(= hier: Fernsehpro-
　gramm)
Projekt 11T4
Propaganda 11T1
Prospekt 14T2
protestieren 6T1
Prozent 6INT
Prozeß 9T1
Prüfung 4INT1
Protokoll 4T7
Publikum 8T2
Pudel 2INT2
Punkt 4T2
pünktlich 2INT2
putzen 1T4
Pyramide 15SIT2

Q

qkm (= Quadratkilometer)
　14T1
Quelle 9T3
Quizsendung 11T1

R

Rad 2T2
　(= Fahrrad)
　~fahrer 4T6
Rahm 3T6
Rahmen 7T1
Rasen 2INT2

rasieren 10SIT1
Rasse 2INT2
Rat 3T4
raten 2T4, 3T2
ratlos 7T5
rätoromanisch 14T1
Rätsel 9T5
　~*n* 9T5
Raum 14T1
　Arbeits~ 7T1
räumlich 9INT
reagieren 14T5
Reaktion 9T3
Realschule 2T1
Realschulabschluß 9T3
rechnen 2T7
Rechnung 4GRÜ4
Recht 7T3
　~**sanwalt** 9T1
　~**schaffenheit** 7T3
recht 14T3
　~**zeitig** 13INT2
Redaktion 11T3
Redlichkeit 7T3
regelmäßig 4T2
regeln, etw. ~ 7T1
Regierung 1GRÜ9, 11T4
regional 11T3
reich 1INT2, 8T3, 13INT1
-**reich** 1T1Ü3
reichen 3T6
Reichsmark 7T2
Reifen 5SIT2
　~panne 5SIT2
Reihe,
　der ~ nach 02
rein 13T2
Reinigung 4INT3
Reise 01
　Geschäfts~ 4T1
　~antritt 15SIT2
　~bedingungen 15SIT2
　~büro 15SIT2
　~gesellschaft 2INT1
　~n 3INT2
　~paß 15SIT2
　~termin 15SIT2
reißen 3GRÜ5
rekonstruieren 02
Religion 4INT1
　~slehre 2T1
religiös 7T3
Rennfahrer 6T1
renovieren 1INT1
Rente 8T3
Rentner 8T3
Reparatur 5SIT2
reparieren 4GRÜ4
Reporter 3T1
　~in 11T4
Respekt 7T2
Rest,
　~zahlung 15SIT2
Resultat 7INT

Revolution 6T5
Rezeption 8T2
Richter 9T1
Richtung 01
riechen 14T3
Ring,
　Zwiebel~ 3T6
riskieren,
　etw. ~ 9T4
roden 9T3
roh 3T5
Rolle 1T3
Rollschuhe 8T1
Romanze 1T6
Route 4T1
Rücklicht 5SIT2
Rucksack 9T2
Rückseite 6INT
Rücksicht,
　~ nehmen auf 1T5
Rücktritt 15SIT2
rufen 03Ü1
ruhig 2T2
　sei ~ 03
rühren 1T6
Rummel 12T3
rund 7T6
　~**funk** 7T5
　~**funkanstalt** 11T2
　~lich 2T3
runterfahren 13INT2

S

sachdienlich 2T4
Sachschaden 4T7
sachlich 1T6
Salat 02
　~*kopf* 3T6
Salbeitee 9T3
Salz 3T6
sammeln 8T1
Sanatorium 2T1
sauber 1INT1
　~*keit* 7T3
säubern 9T3
„sauer" 4T3
Saxophon 6T4
SB 15SIT1 (= Selbstbedie-
　nung)
S-Bahn 2T1 (= **S**chnell-
　bahn)
schaffen 13T6
　~*skraft* 7T3
Schaffner 14INT
schälen 3INT1
Schalter 6INT
Schaltung 5SIT2
schätzen 11T2
Scheibe 3T5
　~wischer 5SIT2
Scheidung 1T1

Schein 9T5
  Führer~ 4T8
  Tages~ 4T6
  ~bar 11T3
  ~en 7T5
  ~werfer 5SIT2
Scheitel 10SIT1
scheitern 9T4
schenken 9T6
schicken 4T1, 5SIT1
Schi-Langlauf 8T1
schießen 8T1
schimpfen 4INT3
Schlaftablette 3T1
schlagen 3T6
Schlankheit,
  ~skur 3T4
  ~smittel 3T4
schleppen 4T1 (= hier: abschleppen)
schließen,
  eine Ehe ~ 1GR8
  einen Vertrag ~ 7T1
schließlich 11T1
schlimm 4T3
Schloß 14T2
  Kaiser~ 14T2
Schluß 2T2Ü3
  zum ~ 3T3
schmelzen 3T6
Schneebesen 3T6
Schneiderin 13T2
schmücken 11T4
schmutzig 4INT3
Schnaps 03
Schokolade 3T5
Schöpfertum 14T4
schrecklich 3INT3
schreien, jmd. an~ 6T3
Schrift 1T6
  ~führer 8T1
  ~lich 7T5
Schritt 03
Schuh 10SIT2
Schulangst 2T1
Schulberater 2T1
schuld 4T6 (= schuldig)
Schulexperten 2T1
Schule 1T5
Schüler,
  ~in 6T3
  Mit~ 2T6
Schulstreß 2T1
Schultasche 2T3
Schulwesen 7T5
schützen 9T6
  ~verein 8T1
Schwager 1T2
Schwägerin 1T2
schwarz, „~sehen" 6T3
schwatzhaft 13T4
Schwiegereltern 1T2
Schwiegermutter 1T2
Schwiegersohn 1T2

Schwiegertochter 1T2
Schwiegervater 1T2
schwierig 4T3
  ~keit 2T6
schwimmen 3T6
schwinden 6T6
schwingen 12T1
schwyzertütsch 14T5
SED (= Sozialistische Ein-
  heitspartei Deutsch-
  lands) 14T4
See 14T3
Seele 14T3
seitdem 9T1
seither 13T6
Sekretärin 4T3
selbständig 1T5, 3INT2
Selbstbedienung 15SIT1
Selbstmord,
  Kinder~versuche 2T1
selbstverständlich 1INT1
  ~keit 7T2
selten 3T1
seltsam 13T5
Semmelbrösel 3T6
Sender 4T2
Sendung 5SIT1, 11T1
serbokroatisch 14T1
servieren 3T6
Show 11T1
Sicherheit 1T5
  mit ~ 2T6
  ~svorschrift 3T3
sieden 3T6
Sieger 4INT1
singen 6T5
sinken 4T9
Sinn,
  etw. hat (k)einen ~ 6T3
Situation 4T2
Sitzung 9T1, 11T4
Skandal 13INT1
Slowakisch 14T1
Slowenisch 14T1
so daß 11T4
sogar 6T3
sogleich 13T6
Sohn 1T2
solange 11T1
solidarisieren,
  sich ~ 7INT
sollen 02
Sommerfrische 14T2
Sonder-
  ~sitzung 11T4
  ~marken 5SIT1
sondern 2T7
sonst 1INT1, 2T6
sonstiges 11T2
sorgen 1T4, 4INT3
sortieren 8T1
Soße 3T5
Souvenir 12T1
sowjetisch 14T4

sozial 14T5
Sozialismus 14T4
sozialistisch 14T4
Sozialpädagoge 1T3
Spanier 13T4
sparen 1INT2
Spaß 2T7
spät 1T5
  ~er 1INT2, 8T1
  ~estens 14T6
spazierengehen 03
Spender 9T5
sperren 4T2
speziell 7T5Ü
Spiel,
  ~kamerad 2T6
  ~waren 10SIT2
Spitzenklasse! 7T6
Sport 2T1
  ~artikel 10SIT2
  Hochleistungs~ 3T4
  ~ler 8T1
  ~lich 3T5
Sprache 3INT2
Sprachschatz 14T2
Sprechstunde 2T6
Sprung,
  „man kann keine großen
    Sprünge machen" 7T2
spüren 6T4
spurlos 9T2
Staat, ~sanwalt 9T1
Stadtplan 01
Stadtsparkasse 7T2
Stahl,
  ~industrie 7T2
stammen 6T5
Stand 13T3
ständig 2T7
stark 2T1
  „etw. ~ finden" 6T4
Statistik 1INT2
statt 13T2
Stätte,
  Andachts~ 12T1
stattfinden 9T2
Status 14T7
Stau 01, 4T1
  ~karte 4T3
  ~see 01
Stecker 6INT1
stehen,
  gegen etw. ~ 6T3
  wie steht's mit . . .? 3T2
  ~bleiben 5SIT2
steif 3T6
steigen 2T1, 3T3
Stelle 1T2
  Praktikanten~ 7T5
stellen, jmd ~ 7T6
  sich ~ 11T1
Stellung 3INT2
Stempel,
  Firmen~ 12T1

sterben 03
Stereo-Anlage 6INT
stets 12T1
Steuer,
  ~erhöhung 11T4
Stichwort 2T2Ü2
Stil,
  Wohn~ 12T2
stilisiert 12T1
still 2INT2
Stimme 7T6
  ~ngleicheit 7T6
stimmen, etw. stimmt 3T3
  gegen etw.~ 11T4
Stock 01, 1T6
Stoff 8T1
Stoßstange 5SIT2
Strafzettel 4T5
strahlen 4INT1
Strand 11T4
Straßenbahn 15SIT1
Straßennetz 4T9
Strecke 01
Streik 7T2
streiken 4T1
streiten 13INT1
streng 2T6
Streß 9T3
stricken 8T1
Strom 1INT2, 14T2
  ~erzeugung 9T3
Stück 9T4
Student, ~enre-
  volte 6T5
Studie 4GR2
Studienkollege 2INT1
Studienrat 4T3
studieren 3INT2
Studium 7T4
Sturz 11T4
stützen 14T4
subtrahieren 6INT
Suche,
  auf der ~ sein 6T4
suchen 6T4
Suchmeldung 2T3
Sucht,
  Drogen~ 6T5
Summe 7T3
summieren 3T1
„Super" 15SIT1 (= Super-
  benzin)
Superlativ 12T1
Suppe 3INT1
  ~ngrün 3INT1
süß 3INT3
Silvester 12T4 (= 31. De-
  zember)
Symbol,
  Dom~ 12T1
Sympathie 4INT1
sympathisch 3INT3
Symphonie 14T2
Synagoge 12T1

System,
~atisch
Szene 1INT1

T

Tabelle 11T2
Tablette 3T1
Schlaf~ 3T1
tadelsüchtig 13T4
Tagesschau 11T1
Tageszeitung 1GRÜ7
täglich 3T1
Tagung,
Bildungs~ 8T1
Tango 6T5
Tannenbaum 12T4
tanken,
voll~ 15SIT1
Tankstelle 15SIT1
Tanz,
~kurs 6T5
~en 4INT1
Tarif,
~vertrag 7T1
Taste 6INT
Tätigkeit 7GR2
Tatsache 1T1
taxieren 7T4
Team 7INT
Technik 3INT2
Teenager 6T3
Teig 3GRÜ5
Teil 3INT1
teilen 7INT
teilnehmen 6T5
Telefon 01
~buch 5SIT1
~ieren 5SIT1
~nummer 5SIT1
Telegramm 4INT3, 5SIT1
Telex 11T4 (= Fern-
schreiben)
Tempel 12T1
Temperament 2INT2
Tendenz,
Sicherheits~ 4T9
Teppich 13T5
Termin,
~kalender 8T3
Reise~ 15SIT2
teuer 01
Text 03Ü1
Theater 4INT1
Tip 2T1
Tischtennis 8T1
Titel 1T6
~seite 11T3
Tochter 1T2
Tod 6T5
tödlich 4T9
Toleranz 14T3
toll 12T3

Torte,
Sacher~ 14T2
tot 03
total 7INT (= ganz)
Tour,
Auto~ 01
~ismus 14T3
~ist 13INT2
Tracht,
~enumzug 12T5
traditionell 1T2, 14T2
tragen 2T4
tragisch, etw. ~ nehmen
4INT3
„trampen" 6T5 (= per An-
halter fahren)
tranchieren 3T6
Träne,
„jmd. kommen die ~n"
(= er weint) 6T3
Traum 9T3
träumen 14T6
traut 12T4 (= geliebt)
treiben,
Sport ~ 2T4
Trennung 13T6
Trimmaktion 3T4
treten,
in Kraft ~ 14T7
trimmen, sich 3T4
Trimmsport 3T4
trotzdem 6T5
tschechisch 14T1
Tschechoslowakei 14T1
Tschüs! 14INT (= Auf Wie-
dersehen.)
Tuch, Kopf~ 12T1
tun 1T4, 1T5
Tür,
„jmd. vor die ~ setzen"
(= jmd. hinauswerfen)
6T3
Auto~ 5SIT2
Turm,
Glocken~ 12T1
turnen 2T7
Typ 3INT3, 11T3
„jmd. ist mein ~" (= ich
finde jmd. gut) 3INT3

U

üben 1T6
über 11INT
überall 1T5
Übereinstimmung 14T4
überfüllt 14INT
Übergang 7T5
Grenz~ 4T2
übergeben, etw. ~ 8T3
Übergewicht 3T1
überhaupt 1INT2
überholen 03

überlegen,
überleg mal! 01
übernachten 4T2
Übernachtung 4T2
Hotel~ 01
überraschend 7INT
überrascht sein 03
Überraschung 14INT
überreden, jmd. ~ 1INT1
überschreiten 7T3
Überschrift 11T4
übersehen 14T2
Übersetzung 6INT
Übersicht 7T5
~lich 7INT
Überstunde 7T2
überzeugen,
jmd.~ 6T3
überzeugt sein 7INT
üblich 01
übrigens 7T5
Ufer, Ost~ 01
Uhr 1T5
UKW 4T2 (= Ultrakurz-
welle)
Umbuchung 15SIT2
Umfrage 13T4
Umgebung 2T6
Umleitung,
~sstrecke 4T2
umsonst 8T2
Umstand 14T4
Umwandlung 14T4
Umzug 12T5
unabhängig 1T3, 1T5
unberührt 9T3
unbeständig 13T4
unentschieden 12T2
unentschuldigt 9T2
Unfall 4T2
~gegner 4T7
~protokoll 4T6
~skizze 4T7
Ungarisch 14T1
Ungarn 14T1
ungeheuer 6T6
ungenügend 2T1
Ungewißheit 12INT
unglaublich 2INT1
Unglück,
ver~en 4T9
unhöflich 03Ü1
Universität 1T3
Unkraut 13T5
unmöglich 3INT3
unorganisiert 13T4
Unruhe 6T5
Unsinn 02
unsympathisch 3INT3
unterbringen 9T5
unterhalten,
sich ~ 6T2
etw. ~ 7T3
Unterhaltung 1INT2

Unternehmen 7T6
unterordnen 13T6
Unterordnung 14T3
Unterricht 2T1
unterschiedlich 4T3
unterstreichen 3T4
Unterstützung 4T9
Untersuchung 9T5
unterwegs 03, 4T1
Unterzeichner 14T7
unverheiratet 1T1
unwahr 13INT2
unzufrieden 7GRÜ5
Urlaub, ~sreise 4T3
Ursprünglichkeit 14T2
Urteil 6T5
usw. 01 (= **u**nd **s**o **w**eiter)

V

verabreden,
sich ~ 12INT
verändern 6T1
verärgert 11T4
verantwortlich 7T3
Verantwortung,
~sbewußt 7T3
Verband 7T5
Verbesserung 7T9
Verbindung 6T3
verboten 02Ü3
Verbrechen 11T3
Verbrecher 11INT
verbringen 01
Verbündete(r) 14T4
verdienen 3INT2
Verdienst 7T1
Verein,
Gesang~ 8T1
Schützen~ 8T1
Sport~ 8T1
Verfassung 14T1
verflixt 02
Verfügung 7T3
vergeben 14T4
vergeblich 13T6
vergessen 2INT1
vergewissern, sich ~ 11INT
vergleichen 1T1Ü2
vergnügt 03
Vergütung 7T1
Verhalten,
~sregel 4T7
Verhandlungssaal 9T2
verheiratet 1T3
Verhinderung 7T3
Verkauf,
Frei~ 8T2
Verkäuferin 3T5
Verkehrs-,
~durchsage 4T2
~funk 4T2
~lage 4T2

~mittel 4T9
~teilnehmer 4T2
~unfall 4T3
~zeichen 4T5
Verlag 9INT
verlassen 6T3
   sich ~ auf etw. 14INT
   sich ~ vorkommen 6T3
verletzt 4T7
Verleumdung 6T3
verliebt 7GRÜ5
verlieren 5SIT2
verloben 6T3
Verlobung 6T3
verlorengehen 1T6
Vermarktung 12T1
vermissen 2T4
Vermittlung,
   ~sstelle 7T5
Vermögen 9T5
vermuten 2T4
vermutlich 1T3
Vermutung 12INT
vernünftig 2T2
Verpflegung 01
verreisen 2INT1
Verrichtung 7T3
verrühren 3T6
Versammlung,
   Gründungs~ 9T3
verschenken 9T5
verschicken 9T3
verschweigen, etw. ~ 11T3
verschwinden 9T2
Versorgung,
   Wasser~ 9T3
Verspätung 14INT
versprechen 6T2
verständlich,
   sich ~ machen 13T6
verständigungsbereit 14T3
Verständnis 9T4
versuchen 03
Verteidiger 9T1
verteilen 9T5
verteilt 1T3
Verteilung 1T4
Vertrag,
   Arbeits~ 7T1
   Ausbildungs~ 6T2
vertreten 7INT
Vertreter 7T6
verunglücken 4T9
Verwaltung,
   ~sangestellte 8T1
Verwandte 2T3, 3INT2
Verwendung 7T1
verzeichnen,
   etw. ist zu ~ 7T5
Vetter 1T2
vielfältig 14T2
vielgestaltig 14T2
vielleicht 02
vielmehr 12T1

Viertelstunde 4T1
Visum 15SIT2
„voll und ganz" 7INT
vollbringen 14T4
völlig 9T4
vollkommen 7INT
Vollmilch 3T5
Vollwaise 9T5
Volksstamm 14T3
Voltzahl 6INT
Vorabend 4T3
Voraussetzung 14T4
vorbei 01
   ~kommen 01
vorbereiten 9T1
Vorbereitung 9T3
vorbestellen 8T2
Vorbestellung 8T2
Vorgang 02
vorhaben, etwas 8T1
vorläufig 9T5
Vorschlag 8INT
   Gegen~ 8INT
vorsichtig 1INT1
Vorsitzende(r) 7T6
vorstellen,
   sich etw. ~ 6T3
Vortag 4T3
Vorteil 9T6
Vorwahl 5SIT1
vorwärts 4T2

W

Waage 3T3
wachen 12T3
wachsen,
   auf~ 6T5
Wahl,
   Neu~ 11T4
wählen 7T6
„wahnsinnig" 12T3 (=
   hier: sehr)
während 3T5
wahrnehmen 13T5
wahrscheinlich 1T1
Wahrzeichen 12T1
Wallfahrt 12T5
Walzer 14T2
wandern 3INT2
Wanderung 8T1
„Wandervögel" 6T5
wann,
   seit ~? 2INT1
Wärme 14T5
Ware,
   ~nzeichen 12T1
Warnblinkanlage 4T1
Wartezeit 4T2
was 4INT1
waschen 03
Waschstraße 15SIT1

Wasser 15SIT1
   ~ader 9T3
   ~bett 6T4
   „ins ~ fallen" 13INT
   Mineral~ 3T5
Wechsel 14T5
   ~voll 14T2
Weg,
   Seiten~ 13T5
wegen 12T3
wegfahren 2T3
weggehen 6T3
Wehrdienst 6T5
weiblich 3INT2
weinen 1T6
weil 3T3
Weile 03
Weise 12T1
weit 01
weiter,
   ~gehen 4T3
   ~hin 9T2
weithin 14T2
Welt 11T4
   ~krieg 6T5
   ~reise 11T4
   ~wirtschaftskrise 6T5
   „zur ~ kommen" 13T6
wenden, sich ~ 7T5
wenig, ein ~ 7T5
wenigstens 6T3
Werbung 11T3
werfen 9T5
   „das Geld zum Fenster
   raus~" 7T2 (= viel Geld
   für unnötige Dinge ausgeben)
Werk 14T4
   Erholungs~ 8T3
Werken 2T1
werktäglich 7T3
Werktätige(r) 7T3
Wert 14T5
Wesen 14T4
Wettbewerb 13INT1
wetten 03
Wettlauf 03
wichtig 02
widerruflich 7T1
widersprechen 2GRÜ2
wiederholen 7T6
„Wiederhören, auf ~" 8T2
wiegen 3T3
wieviel 02
Willen 14T3
Wind,
   ~rad 9T3
   ~schutzscheibe 4T5
Wirklichkeit 9T3
Wirtschaft,
   Welt~skrise 6T5
   ~swunder 6T5
Witwe 8T3
wo 1T5

woanders 11INT
wobei 6GR3
Wochenende 6INT
wöchentlich 13T2
wodurch 6GR3
wofür 6GR3
wogegen 6GR3
wohinter 6GR3
wohl 02Ü1
Wohl 14T4
   ~fahrtsmarken 5SIT1
   ~*täter* 9T5
Wohnkultur 12T2
Wohnung 1INT1
Wohnwagen 4T1
Wolke 6T6
womit 6GR3
wonach 6GR3
woneben 6GR3
woran 6GR3
worauf 6GR3
woraus 6GR3
worin 6GR3
Wort 1T6
worüber 4INT1
worum 6GR3
worunter 6GR3
wovor 6GR3
wozu 6GR3
wozwischen 6GR3
Wunsch 1INT1
Wünschelrute 9T3
Wurst 3T5
   Leber~ 3T5

Z

zahlbar 7T1
zahlen 3T3
Zahlung 15SIT2
zähflüssig 4T2
zählen 03
Zapfsäule 15SIT1
zart 3T6
Zeichen,
   Waren~ 12T1
zeichnen 2T7
Zeichnung 7T6Ü1
zeigen 4INT3
Zeile 1T6
Zeit,
   ~ haben 01
   ~geschehen 11T2
   ~raum 1T1
   ~**schrift** 6T3
   ~schriftentext 6T2
Zelt,
   Vier-Personen-~ 01
Zentrale 11T2
Zentrum 15SIT1
   Erholungs~ 8T3
zerstampfen 3INT1
zerstören 6T5

Zertifikat 4INT1
Zettel 2INT1
Zeug 3T5
Zeuge 4T6
Zeugnis 2T1
~ausgabe 2T6
Ziege 9T3
ziehen 5SIT2, 3T6
Ziel 6T1
~scheibe 8T1
zierlich 3INT2
Zisterne 9T3

Zoll,
~inhaltserklärung 5SIT1
zucken,
„mit den Schultern ~"
9T2
zuerst 02
Zufall 13INT1
zufällig 4INT3
zufrieden 4T3
zugleich 14T4
Zuhause 1T5
Zukunft 6T1

zukünftig 6INT
Zulage 7T1
zuletzt 2T4
zumeist 14T2
zumutbar 7T1
zunehmen 3T3
zurückgezogen 9T1
Zusammenarbeit 7T1
Zuschauer, Fernseh~ 11T1
Zuschlag 5SIT1
zuständig 14T3
zustimmen 7INT

Zustimmung 1INT1
zuverlässig 2INT2
~keit 14T5
zwar 4T9, 4GR1
Zwang 14T3
Zweck, Ausbildungs~ 7T3
Zweifel,
an~n 7T3
be~n 12INT
Zwiebel 3T5
zwischen,
~ **12.30 und 14 Uhr** 2T1

Quellennachweis für Texte und Abbildungen

Abendzeitung, München (S. 95) gekürzt und bearbeitet nach einem Beitrag von Peter Ehm vom 23./24. 6. 79; (S. 98) nach Beiträgen vom 12. und 20. 6. 79

ADAC, München (S. 51) Karte, 1 Foto

Ararat Verlag, Stuttgart (S. 128) "Die Deutschen" von Mustapha el Hajaj aus "Fünf Geschichten – Deutsch-Türkisch"

Atrium Verlag, Zürich (S. 18) "Sachliche Romanze" von Erich Kästner aus "Dr. Erich Kästners lyrische Hausapotheke", © Atrium Verlag, Zürich

Auslandspresseagentur der DDR, Berlin (Hg.) (S. 137, 139) Auszüge aus "Die DDR stellt sich vor. Panorama DDR", Berlin 1976

Ausstellungs- und Messe-GmbH des Börsenvereins des Deutschen Buchhandels, Frankfurt/Main (S. 100) aus "Frankfurter Buchmesse 1979"

Bauer: Heinrich Bauer Fachzeitschriftenverlag, München (S. 68) Leserbrief "Wenn ich . . ." aus "Bravo" 48/79

Bavaria-Verlag (S. 71) Spitzkatz 1 Foto; (S. 121) Baumann 1 Foto, Gaiser 1 Foto

Buller, Wido (S. 96) Projekt 'Sarakiniko' auf griechischer Insel, Ithaca/Griechenland und Bad Oeynhausen

Bundesanstalt für Arbeit, Nürnberg (Hg.) (S. 77) Arbeitsvertragsmuster aus der Orientierungsschrift "Auf dem Wege zum Beruf", Ausgabe A, 1980

Bundesbildstelle (S. 71) 5 Fotos

Burda GmbH, Offenburg (S. 68) Leserbriefe "Ich liebe . . .", "Vater mag . . .", "Darf er . . ." aus "Rocky" 48/79 und 10/80

Cornelsen-Velhagen & Klasing (S. 127) Kartenskizze aus Jirsa – Wilms "Deutsch für Jugendliche anderer Muttersprache", Aufbaukurs

Deutsche Bundespost, Oberpostdirektion München (S. 63/64)

Deutsche Krankenversicherung AG, Köln/Berlin (S. 38), der Text geht auf eine Anzeige der DKV zurück, weicht jedoch im Wortlaut davon ab

Dortmund: Stadt Dortmund, der Oberstadtdirektor, Vermessungs- und Katasteramt (S. 8, 9) Karten

Edizione e progetto di Lazzarotto, Bolzano (S. 91) Ausschnitt aus "Straßenkarte des Dolomitengebiets"

Familienferienstätte Dorfweil/Taunus (S. 90) Ausschnitte aus Prospekten

Griechische Zentrale für Fremdenverkehr, Frankfurt/Main (S. 96) 1 Foto

Gruner + Jahr Druck- und Verlagshaus, Hamburg (S. 66) nach einem Beitrag aus "Stern" 15/1979

Hamburger Abendblatt, Hamburg (S. 78) Text und Foto (l.) nach einem Beitrag vom 1. 12. 78

Hessische/Niedersächsische Allgemeine, Kassel (S. 56/o.) gekürzt und bearbeitet nach einem Beitrag vom 11. 7. 79; (S. 67, 6T2a) do. vom 14. 7. 79

Hürlimann, Ernst (S. 29) Zeichnung "Zeugnis"

Interfoto (S. 46) 5 Fotos; (S. 71) 11 Fotos

Inter Nationes, Bonn (S. 67, 6T2b) aus Wilms, "Inter Nationes II" 4–1973, Themengruppe 4, Beiheft Texte; (S. 67, 6T2c) nach "Sozialreport" 5–1978, IN-Press/Barbara Kister

Kassel: Oberbürgermeister der Stadt Kassel, Allgemeine Polizeibehörde (S. 54 o.)

Kment, U. (S. 68) 1 Foto

KNA-Bild (S. 129) 1 Foto

List: Paul List Verlag, München (S. 43) aus "Was Männern so gut schmeckt" von L. Aureden, List-Taschenbuch Nr. 23

Luchterhand: Hermann Luchterhand Verlag, Neuwied und Darmstadt (S. 79) Helga M. Novak, "Arbeitnehmer – Arbeitgeber" aus Helga M. Novak "Palisaden – Geschichten und Prosa 1967–1975", Sammlung Luchterhand Bd. 306, Luchterhand Verlag, Darmstadt 1980

Marnach, Gitta (S. 129) Texte aus "Kontraste" 2/79, 19. Jg., Herder Verlag, Freiburg/Br.

Mehl, Heinz (S. 129) 1 Foto

Norddeutscher Rundfunk, Hamburg (S. 80) nach Interviews aus: "Die Sprechstunde des NDR" vom 28. 9. 79; die Namen der Interviewpartner wurden geändert

Ohlbaum (S. 100) 1 Foto

Österreichische Fremdenverkehrswerbung, Wien (Hg.) (S. 135) Text, Foto aus: "Ferienjournal Österreich" 1979

Polyglott Verlag, München (S. 134) Kartenskizzen

Presse-Bild Bohm, Dortmund (S. 78) Foto (r.)

Presse- und Informationsamt der Bundesregierung, Bonn (Hg.) (S. 79) aus: "Frag mal", 11. Aufl. 1979, S. 38/39; (S. 81) in Anlehnung an "Information – Bundesrepublik Deutschland" 16 = "Sozialpartner", Bonn 9–79; (S. 139) aus: "Tatsachen über Deutschland" = Goldmann Sachbuch 11 222, S. 56/57, Wilhelm Goldmann Verlag, München

Rauh, W. (S. 121) 1 Foto

Ross, Werner (S. 118) Zitat aus "Deutschland – typisch deutsch?", S. 77, Verlag Mensch und Arbeit, München 1976

Scherling, Theo (S. 120) Zeichnung © Theo Scherling

Schweizerische Verkehrszentrale (SVZ) (Hg.) (S. 136) Text, Foto aus Prospekt "Schweiz" 1979

Springer: Axel Springer Verlag, Hamburg (S. 96/o.l.) nach: "Hör zu" 31/79

Star Musik Produktion, Hamburg (S. 69) Udo Lindenberg, "Er wollte nach London", (S. 139) Udo Lindenberg, "Wir wollen doch einfach nur zusammen sein", beide Titel aus der LP 6.21138 AS/"Alles klar auf der Andrea Doria" (Teldec).

Steinmetz, H. (S. 71) 1 Foto

Stenglein, Hans A. (S. 117) 1 Foto

Stiftung "Musikgymnasium der Regensburger Domspatzen" (S. 120) 1 Foto

Süddeutsche Zeitung, München (S. 14) gekürzt nach einer Meldung vom 7. 11. 78; (S. 29) Zeichnung "Zeugnis" von Ernst Hürlimann; (S. 40/o.) nach einer Meldung vom 23. 6. 77; (S. 41) stark gekürzt und bearbeitet nach einem Beitrag von Richard Janssen vom 3. 5. 79; (S. 57/l.) gekürzt nach einem Beitrag vom 3. 5. 79; (S. 116) Foto und Auszüge aus einem Beitrag von Stefan Klein vom 13.–15. 5. 78; (S. 126) aus einem Beitrag von Christian Schneider vom 22./23. 12. 79, Foto SZ; (S. 127) Zeitungsnotiz vom 27. 12. 79

Suhrkamp Verlag, Frankfurt/Main (S. 72) aus: Bertolt Brecht, "Gesammelte Werke" Bd. 8, Werkausgabe, S. 232

Tann, Jürgen (S. 15) 1 Foto

tz, München (S. 26/u.) Schlagzeile aus "tz" vom 15. 2. 80

Ullmann (S. 46) 1 Foto

Verlag Fritz Molden, Wien (S. 118) Abbildungen und Statistik aus: "Allensbacher Jahrbuch der Demoskopie 1977", Hg. E. Noelle-Neumann, Wien 1977

Verlag Kölner Dom, Köln (S. 116/o.r.) Ansicht des Domplatzes zu Köln, Zeichnung von Janscha-Ziegler, Wien 1798, aus: "Kölner Dom-Bild-Kalender 1980"

Die Zeit, Hamburg (S. 17) Leserbriefe

Die Namen der abgebildeten Personen wurden z. T. geändert.

Wir danken allen, die uns durch Genehmigung zum Abdruck, zur Wiedergabe auf Tonträgern oder auf andere Weise freundlich unterstützt haben.